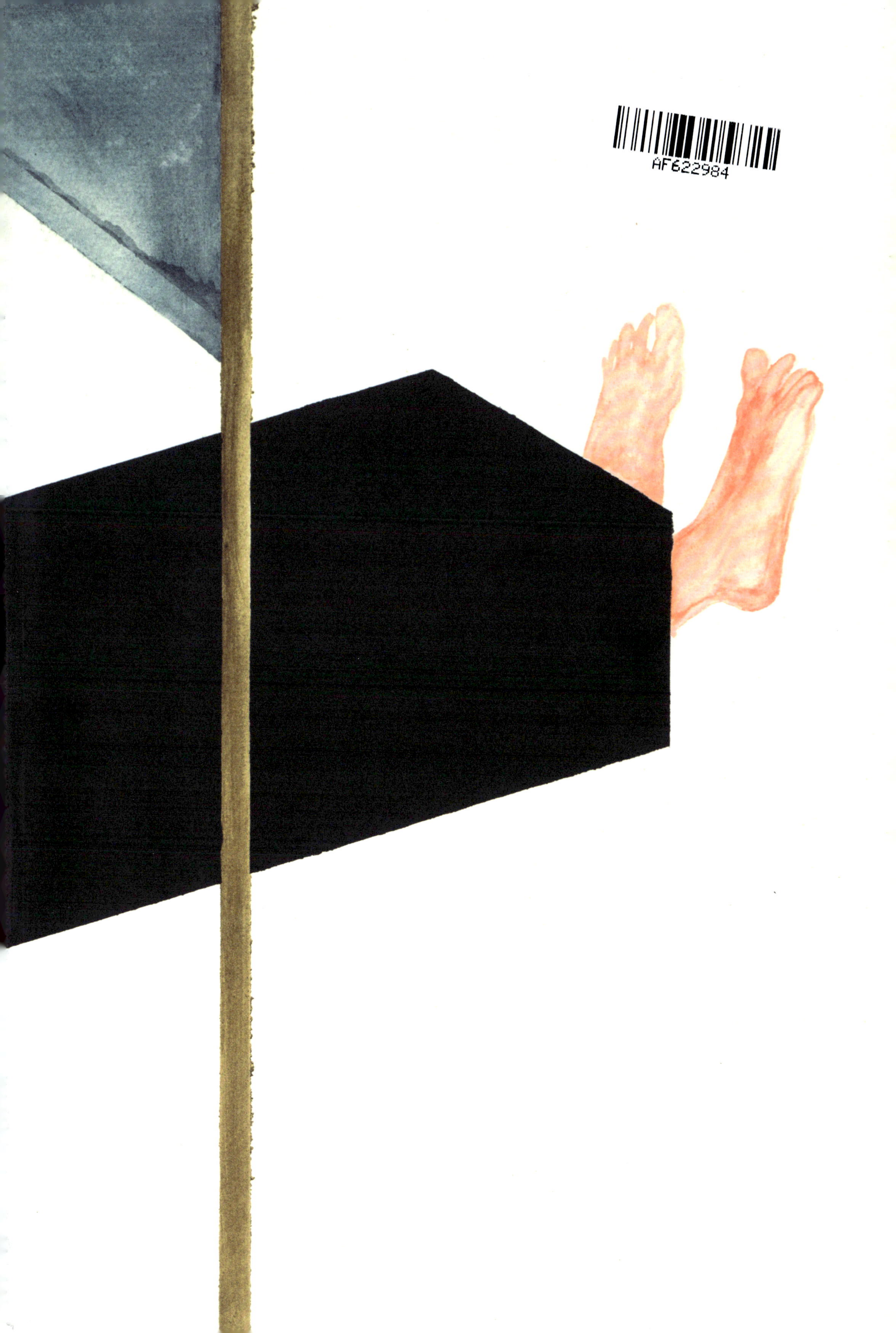

Jakob Gilg
Die Vermessung

Verlag für moderne Kunst
2022

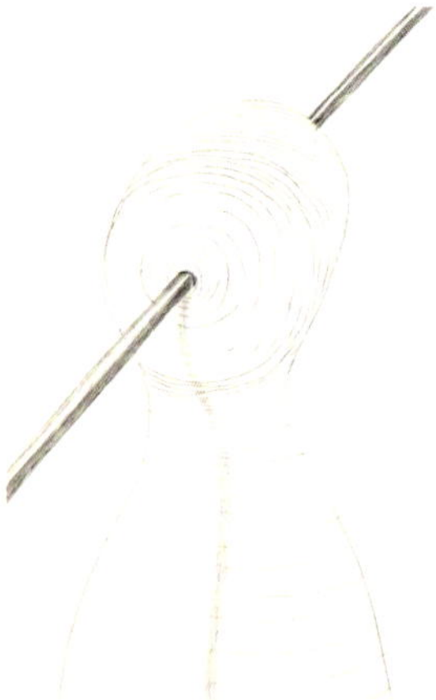

Skizzenbücher /
Sketch books

18/19, 20, 28, 34, 36, 38, 40, 42, 50/51, 54, 58, 60, 62, 64, 66/67, 68, 78/79, 82, 84, 88, 90, 92/93, 98/99, 102, 104, 106/107, 110, 112, 114

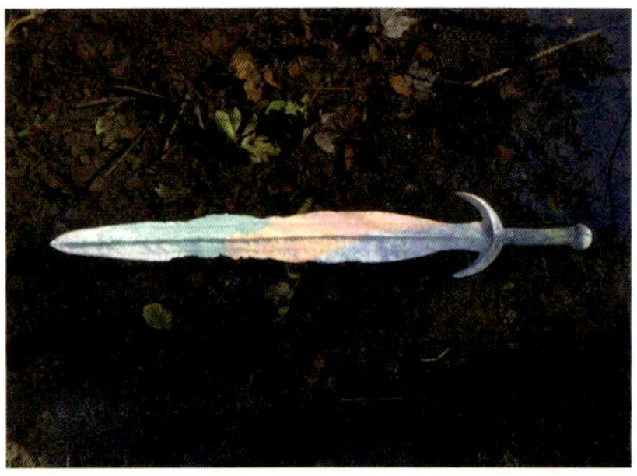

Objekte / Objects

116/117, 118/119, 120/121, 122/123, 124/125, 129, 131, 133, 136/137, 138/139

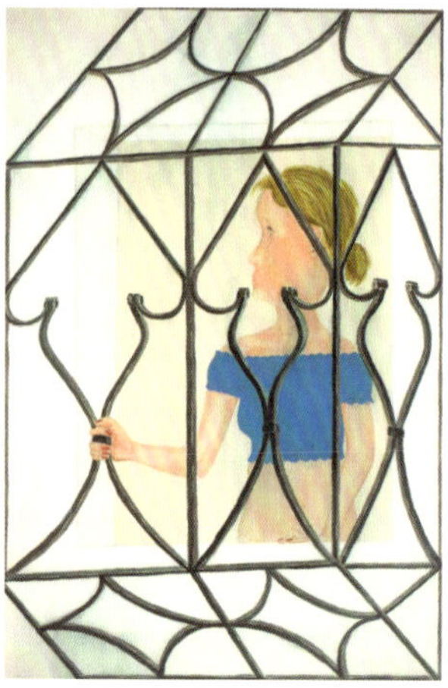

Leinwand / Canvas

2/3, 10/11, 14/15, 18/19, 21, 22/23, 24/25, 29, 35, 41, 78/79, 80/81, 83, 84/85, 86/87, 89, 91, 92/93, 98/99, 100/101, 103, 105, 113, 115, 128/129, 130, 132, 134/135, 140/141, 150/151

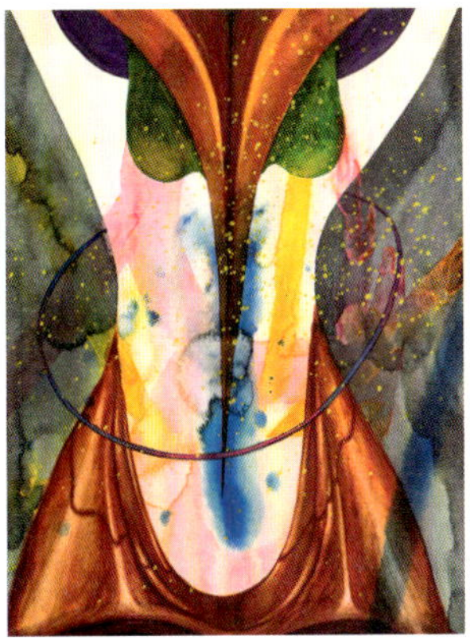

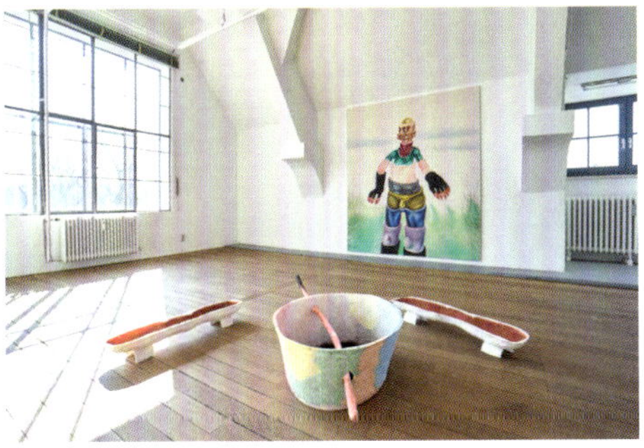

Olena Balun
Vorwort

Der vorliegende Katalog von Jakob Gilg trägt den Titel *Die Vermessung* und erscheint im Rahmen der Ausstellung *Mercator*. Gerhard Mercator war Kartograf im 16. Jahrhundert und entwickelte eine bahnbrechende Projektion für das Navigationswesen. Also wird es hier um die Vermessung der Welt gehen?

Die Schwierigkeit jeder Weltvermessung liegt darin, dass sie immer vom Standpunkt und Blickwinkel der vermessenden Personen abhängt, was nicht selten eine Verzerrung der Perspektive und der Maßstäbe mit sich bringt. Der Begriff *vermessen* charakterisiert erstaunlich gut die menschliche Herangehensweise an die Erkundung der Welt. Das Wort umfasst die Spannweite von *etwas genau in seinen Maßen festlegen* über *vollkommen falsch liegen* bis *etwas Unangemessenes tun*. Diese Ambivalenz spiegelt die Entwicklung unserer Geschichte.

Jakob Gilgs Arbeit ist ein Versuch der Annäherung an die Maßstäbe und Blickwinkel solcher Vermessungen. Er erkundet und hinterfragt sie in seinen Gemälden, Skulpturen und Zeichnungen. Rege Neugierde und tiefes Interesse für Philosophie, Kulturgeschichte und Naturwissenschaften bieten ihm ein weites Spektrum für die Reflexionen, in denen der Künstler selbst zum Erforscher und Vermesser gesellschaftlicher und zwischenmenschlicher Prozesse wird.

Die vorliegende Publikation ermöglicht einen Einblick in diese Bildexperimente. Die Textbeiträge zeigen den Zugang zu Jakob Gilgs Arbeit aus recht unterschiedlichen Blickwinkeln, in einem Gespräch kommt der Künstler selbst zu Wort und spricht über seine Arbeitsweise und Methoden, über Inspirationsquellen und Inhalte, die ihn bewegen.

Wir wünschen allen Leser*innen viel Freude beim Erkunden dieses Bilduniversums.

Übersicht
Overview

1

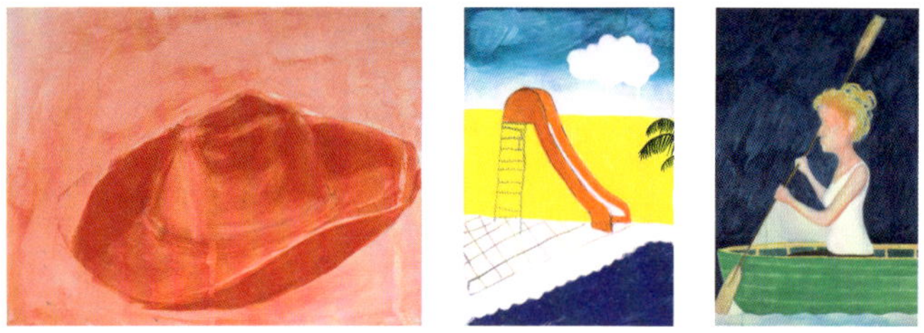

2

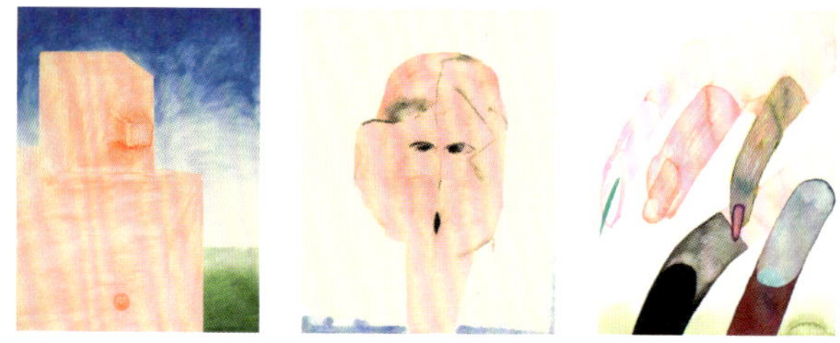

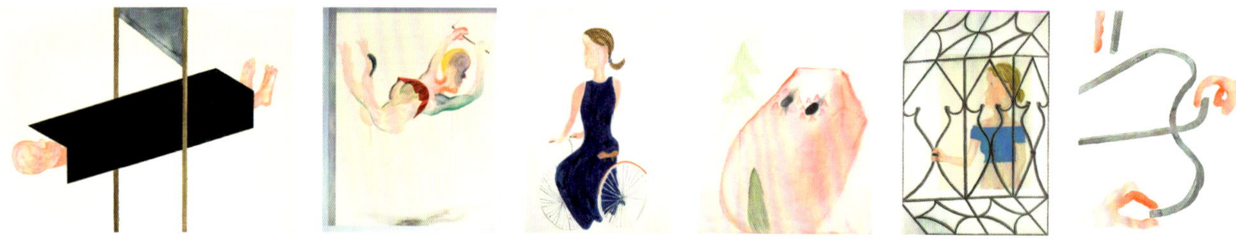

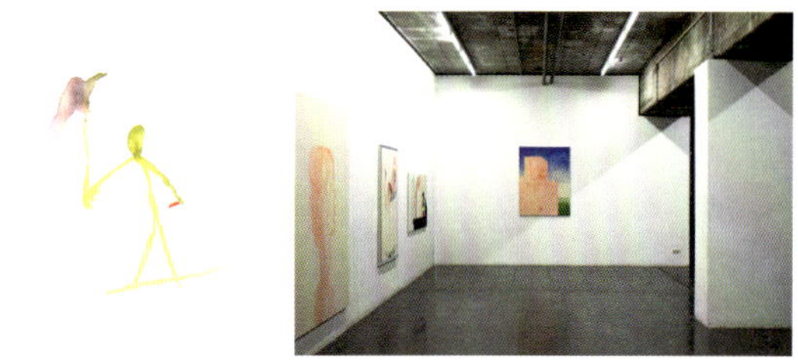

3

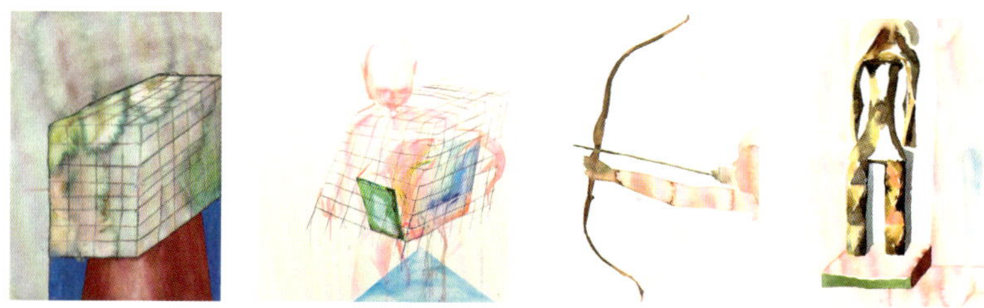

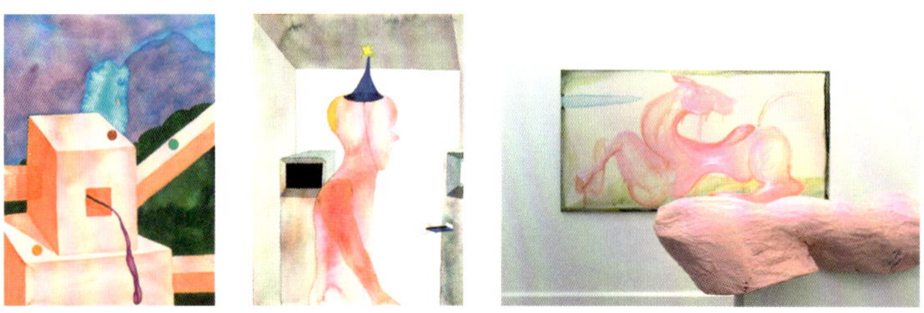

4

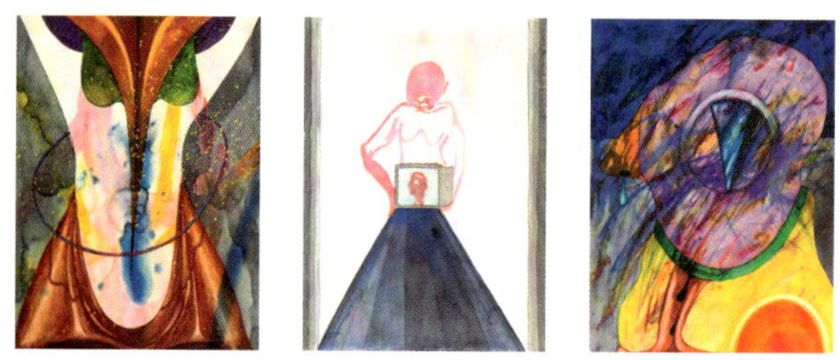

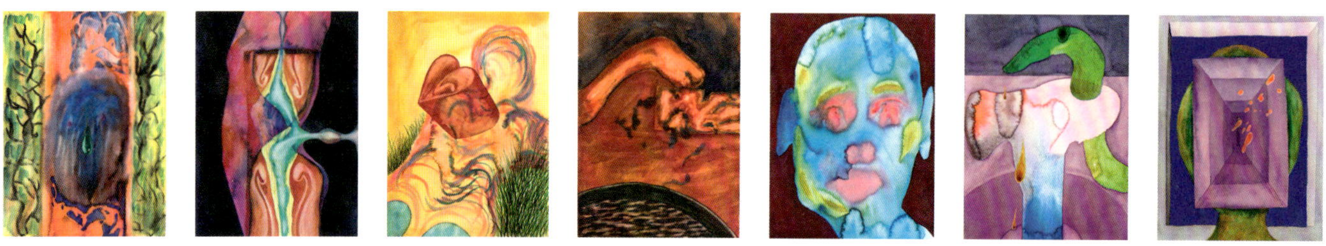

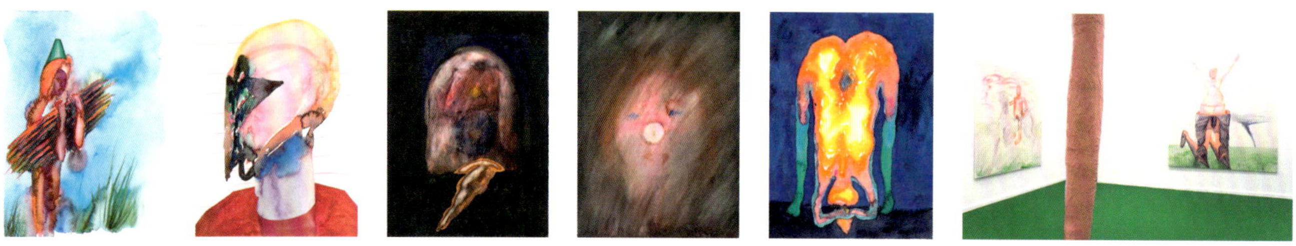

5

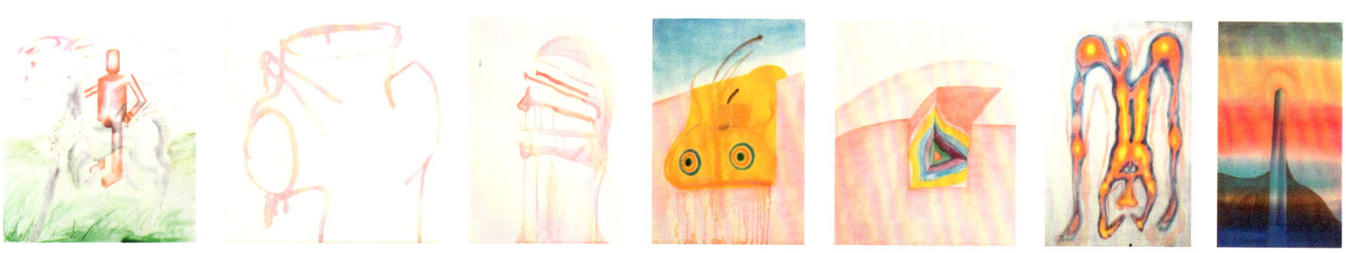

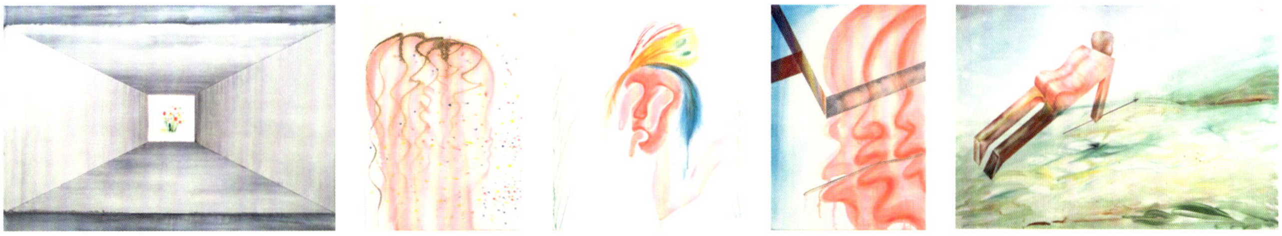

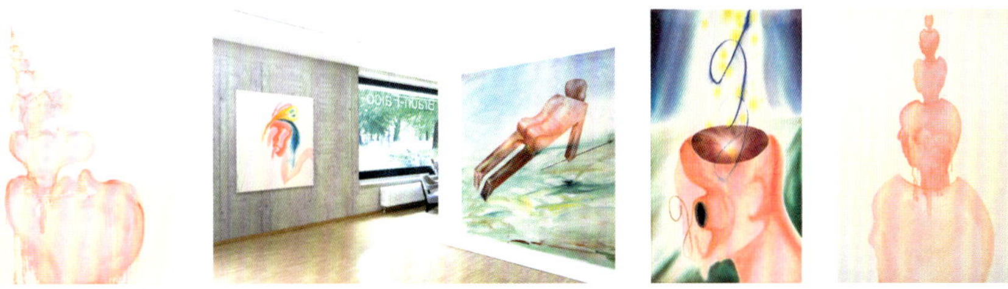

6

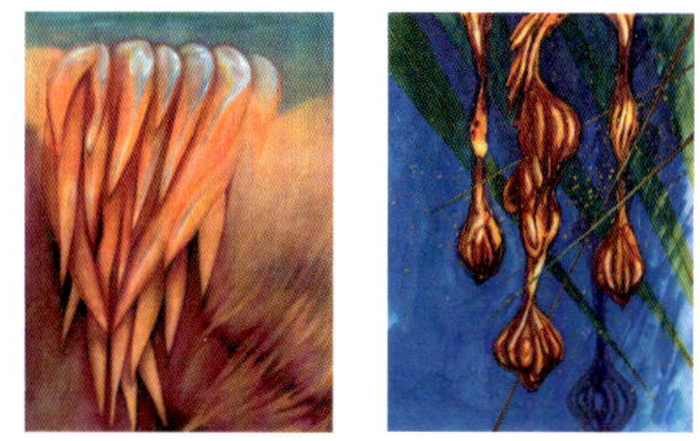

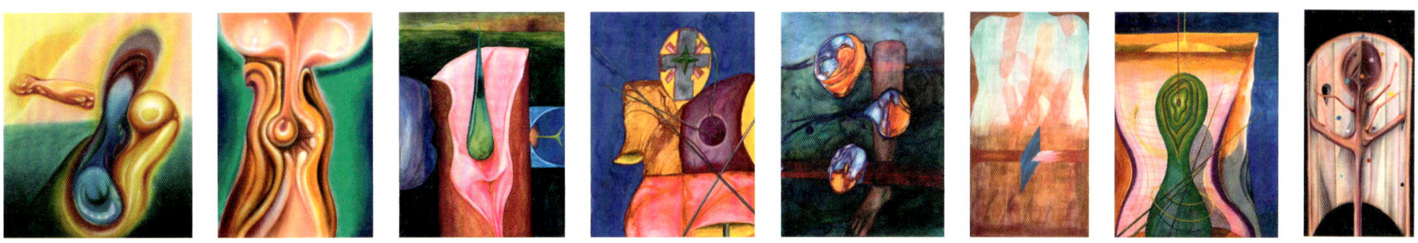

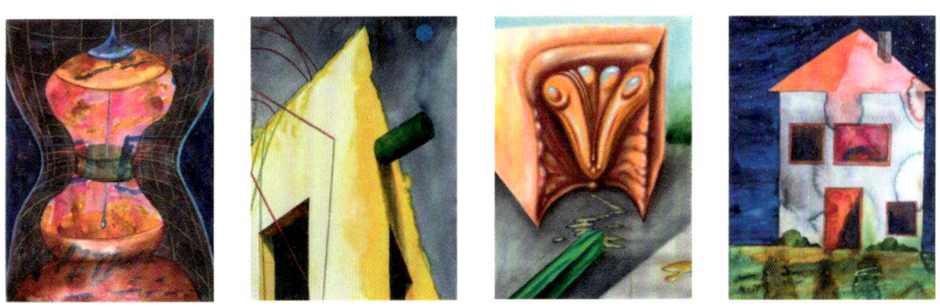

7

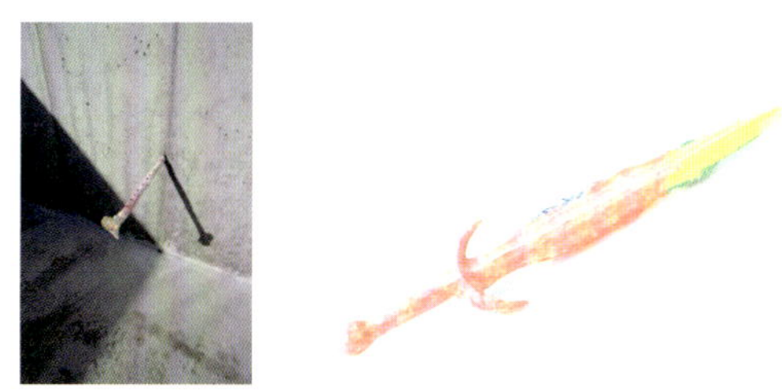

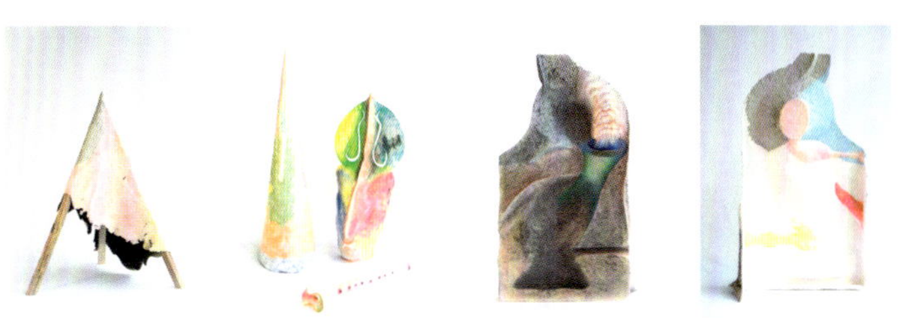

8

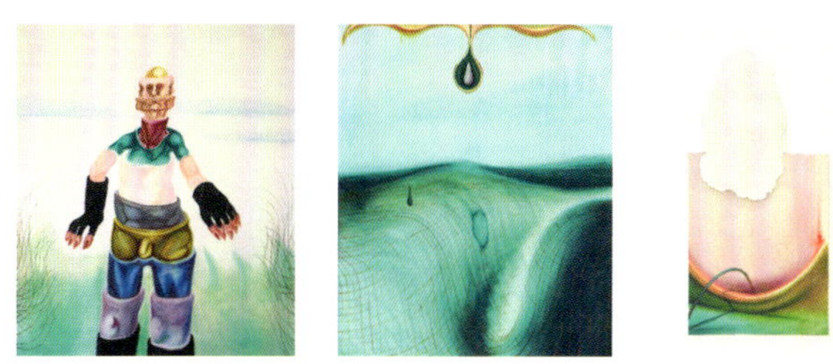

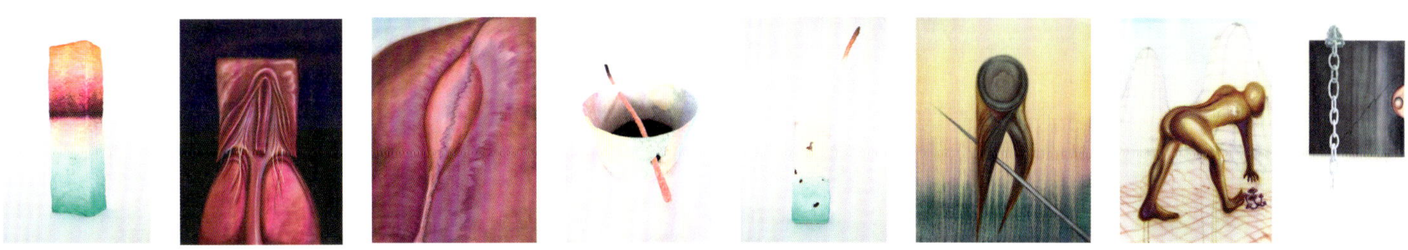

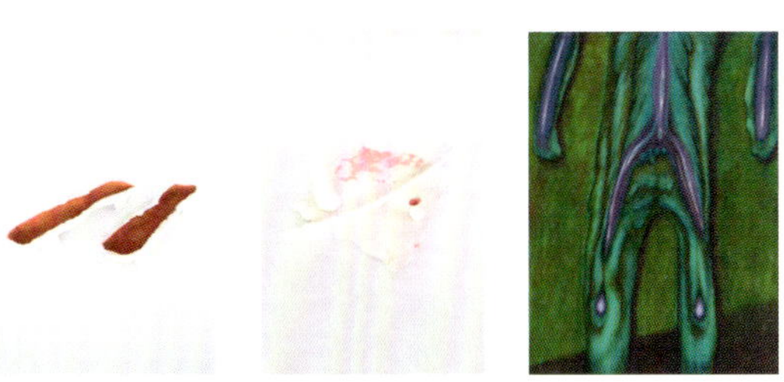

Olena Balun

Foreword

The catalog by Jakob Gilg you're holding in your hands is entitled *The Measurement* and is published in the framework of his exhibition called *Mercator*. Gerhard Mercator was a cartographer living in the 16th century who developed a (formerly) pioneering projection for navigation. So will this be about measuring the world?

The difficulty with any measurement of the world is that it always depends on the point of view and vantage point of the person doing the measuring, which frequently entails a distortion of perspective and scale. The German term "vermessen" (to measure) characterizes the human approach to exploring the world surprisingly well. Add just one word (without measure) and *determining something exactly in its measurements* turns into *doing something inappropriate* or *being completely wrong*. This mutability mirrors the evolution of our history.

Jakob Gilg's work is an attempt to approach the scales and perspectives of such measurements. He explores and questions them in his paintings, sculptures, and drawings. Lively curiosity and deep interest in philosophy, cultural history, and the natural sciences offer him a broad spectrum for reflections by way of which the artist himself becomes an explorer and surveyor of societal and interpersonal processes.

This publication provides an insight into these pictorial experiments. The text contributions show, from quite different angles, their approach to Jakob Gilg's work; in a conversation the artist takes the opportunity to talk about his artistic strategies and ways of working, as well as sources of inspiration and contents that resonate with him.

We hope all readers will enjoy exploring this universe of images.

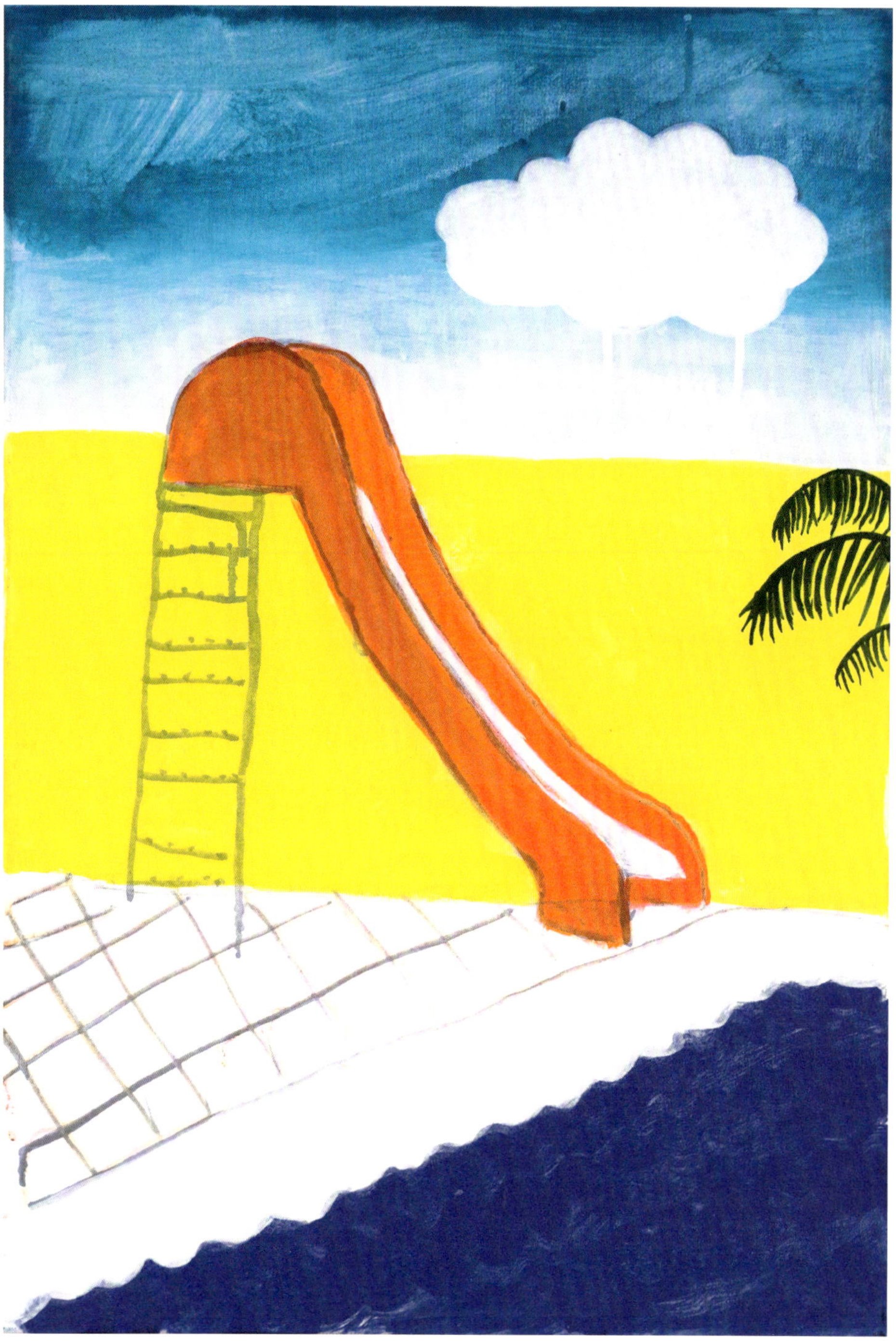

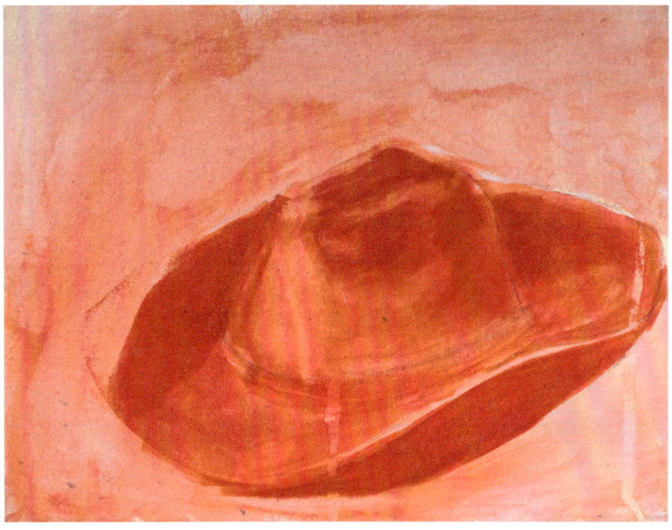

Diese Seite / This page: Slide, 2016, Pigment und Acrylbinder auf Leinwand / Pigment and acrylic binder on canvas, 65 × 45 cm; Hat, 2016, 30 × 40 cm
Rechte Seite / Right-hand page: Lili rudert / Lili Rowing, 2017, Pigment und Acrylbinder auf Leinwand / Pigment and acrylic binder on canvas, 120 × 80 cm

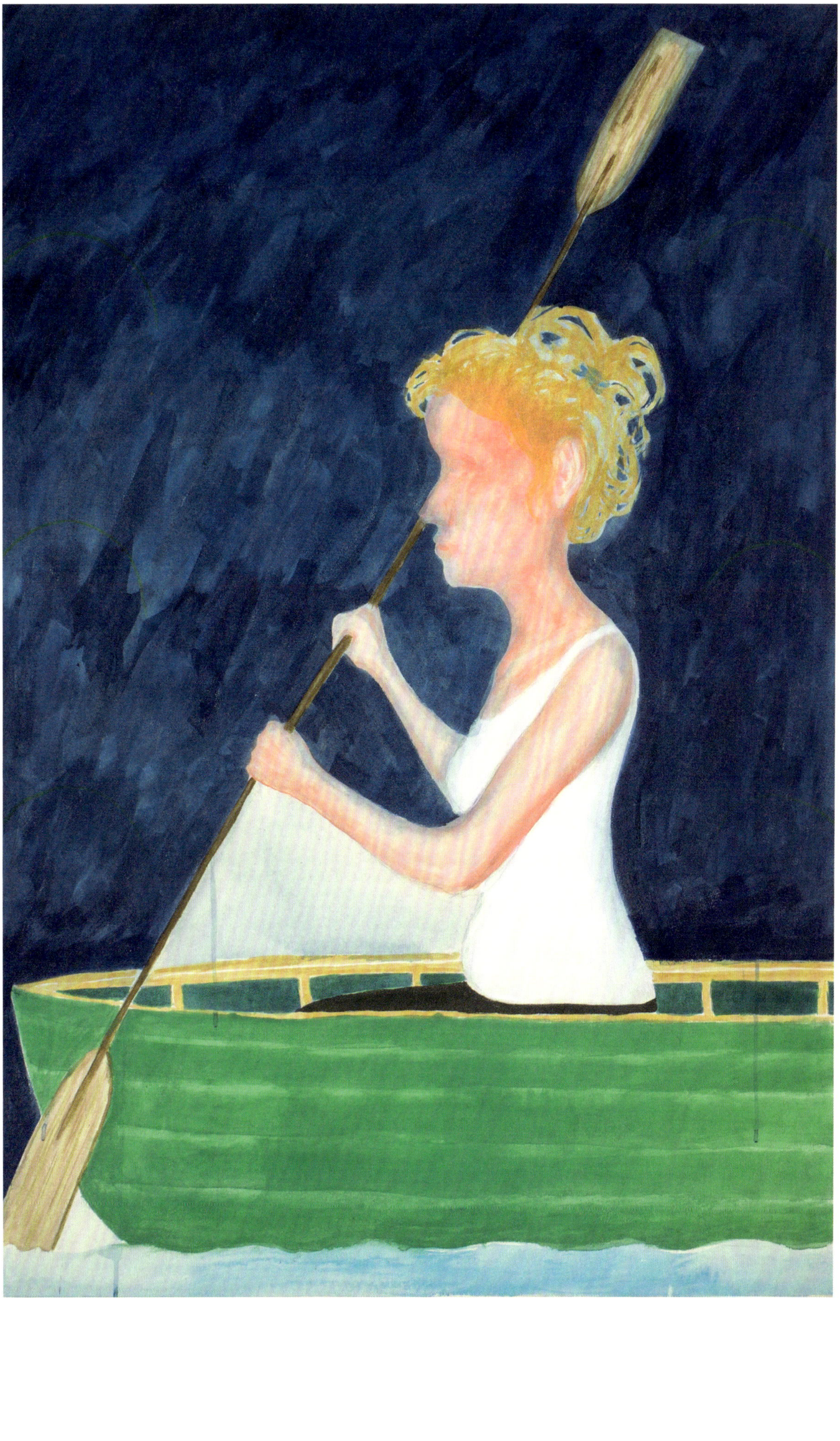

1 (2016/17)

Olena Balun
Hautnah

Jakob Gilg konfrontiert uns in seinen Werken mit intensiver Körperlichkeit. Malereien, Zeichnungen, Skulpturen zeigen viel Fleisch und Haut. Ihre Nacktheit ist selten erotisch, es ist eine eigenartige Sinnlichkeit auf dem Seziertisch. Die Wirkung verfehlt nicht das Ziel – man kann kaum den Blick abwenden, auch wenn der Anblick manchmal verstörend ist. Gliedmaßen verschränken sich ineinander, verselbstständigen sich, durchdringen einander. Die Körper sind mit Farbe durchtränkt, sei es ein faltiges Epithel der Skulpturen oder das dünne, pulsierende, reißende Häutchen in Gemälden und Aquarellen. Das Kolorit dieser Inkarnate ist oft übertrieben, das wirkt schutzlos und herausfordernd zugleich. Die Körper sind verfremdet, Proportionen verzerrt, und dennoch oder gerade deswegen wirken sie berührend und lebendig. Wird die Anatomie dekomponiert, werden umso sensiblere Details hervorgehoben: Brustwarzen an unerwarteten Körperarchitekturen, feine Härchen an kaum naturnahen Gliedmaßen. Oft geht es wörtlich unter die Haut, wie unter einem Mikroskop wird sie präpariert, um surreal bunte Gewebeschichten im Anschnitt zu offenbaren. Ein polychromes Häuten.

All das ist Teil der künstlerischen Methode. Menschliche Haut und Fleisch sind gekonnt eingesetzte Trigger. Menschen sind gewohnt, sich selbst als Maß aller Dinge zu sehen. Das nutzt der Künstler. Blanke, verletzliche Haut evoziert Empathie. Und mit dieser reziproken Sensibilität führt uns der Künstler an die Themen heran, die weit über das Sinnliche hinausgehen. Diese Kunst will erforschen, bestehende Zusammenhänge erkunden oder neue erschaffen, gewohnte Muster infrage stellen.

Jakob Gilg erschafft in seiner Kunst einen Kosmos, der nach seiner eigenen Aussage in einem schrägen Winkel zur realen Welt steht. Je tiefer man in dieses Bilduniversum eintaucht, umso mehr wirkt es wie ein vorgehaltener Spiegel für die Schieflage unserer Welt. An dieser Dysbalance ist Anthropozentrismus nicht unschuldig. Diese Anschauung mit ihren eigenen Modellbildern zu konterkarieren, ist ein wichtiges Anliegen des Künstlers – darum auch der menschliche Körper, und nicht zuletzt der verfremdete Körper.

Die selbstbezogene Weltsicht der Menschen führte zu massiven Fehlern, Problemen, Katastrophen. Selbstsüchtig sieht man sich als den Höhepunkt der Schöpfung, unfehlbar und unersetzbar, erhaltenswert um jeden Preis. Die Problematik dieser Annahmen kommuniziert Jakob Gilg in Bildmetaphern partikularisierter menschlicher Körper. Zum Bildvokabular gehören abstrahierte Gliedmaßen, verfremdete Organe, Hände, Beine, Herzen, Lungen … Lungen geben Kohlendioxid ab, das für Pflanzen lebenswichtig ist, aber man vergisst gern, dass dies nicht nur die menschliche Lunge kann. Den für den Lebenserhalt notwendigen Sauerstoff können aber mit Ausnahme von bestimmten Cyanobakterien nur die Pflanzen herstellen. Man sieht sich gern als Mittelpunkt, ist aber nur ein Teil der physikalischen Gesamtheit der Welt – hier bezieht sich der Künstler auf Gilles Deleuze und Félix Guattari. Mit seinen Bildern stellt Jakob Gilg diese Mechanismen sich selbst und uns zur Disposition.

Die Dekonstruktion der Körperlichkeit dient längst nicht nur dazu, uns die menschliche Unzulänglichkeit vor Augen zu führen, sondern um komplexe Beziehungen und Verhältnisse aufzuzeigen. Der Künstler führt Mikrostudien zur Makroproblematik durch. Modifizierte Körper und entkoppelte Organe sind als funktionelle Apparate im Sinne einer „machine désirante"[1] zu verstehen. In deutscher Übersetzung „Wunschmaschinen", die nicht von Bedürfnissen und Mängeln geleitet, sondern durch positives Begehren – Wunsch und Fantasie – angetrieben werden. Ohne Einbindung in dogmatische

Einheiten sind sie dennoch miteinander verkettet in physikalischer wie emotionaler Produktion und tragen durch Interaktion zum großen sozialen System bei.[2]

Sieht man dieses Modell auf das Weltgeschehen übertragen, würde das Ergebnis einer solchen Interaktion von der Utopie zur Dystopie schwanken – so auch in Jakob Gilgs Bildern. Der Künstler betont, es sei ihm wichtig, dass seine Werke mehr als formgewordene Metaphern sind. Mit Metaphern oder Modellen sortiert er die Komplexität der Welt und ihrer Phänomene. So wie Wissenschaftler*innen und Forscher*innen Modelle brauchen, weil sie Halt geben und als Wegweiser funktionieren. Aber sie bergen auch eine Gefahr, zu Axiomen zu werden und verführerisch einfache Erklärungen für komplexe Prozesse zu bieten oder ein Eigenleben zu entwickeln, Widersprüchlichkeiten zu überspielen und zu weit weg vom eigentlichen Wesen der Dinge zu führen, falsche Projektionen und damit falsche Maßstäbe zu setzen. Jakob Gilgs Arbeiten sind eine Einladung, auch über solche Modelle nachzudenken und deren Mechanismen zu erkunden und zu hinterfragen. Lösungen und Antworten bietet seine Kunst nicht, sie sucht aber danach, angetrieben von Wissbegierde, kritischem Denken und einer unaufhaltsamen Neugier.

1 Gilles Deleuze und Félix Guattari: Anti-Ödipus. Kapitalismus und Schizophrenie, Frankfurt am Main 1974/2014, S. 7–63.
2 Vgl. ebd. S. 9–12, 34–35.

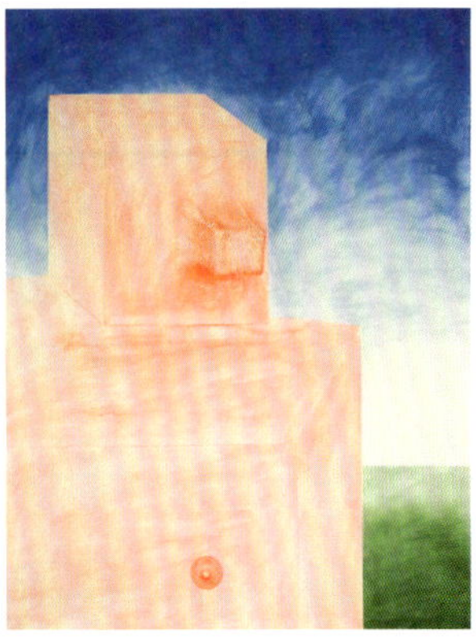

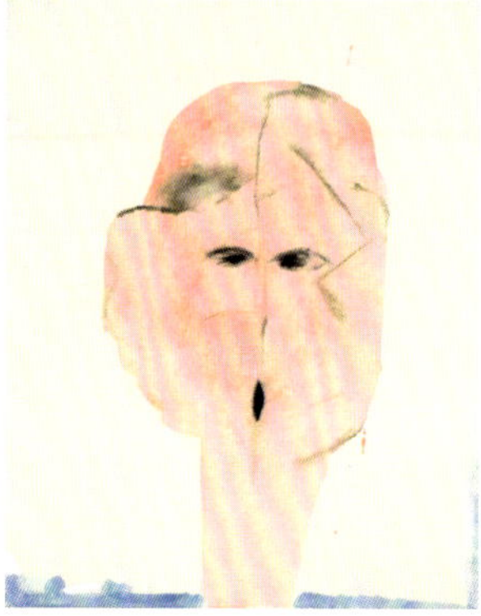

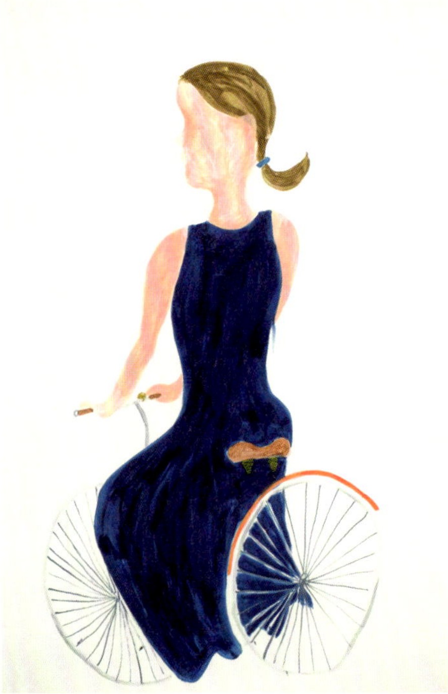

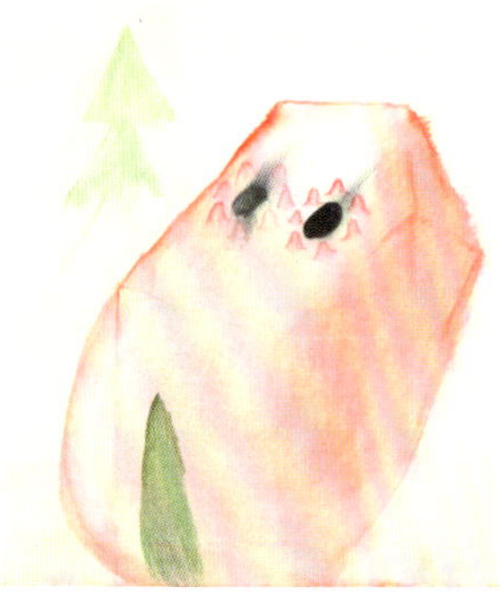

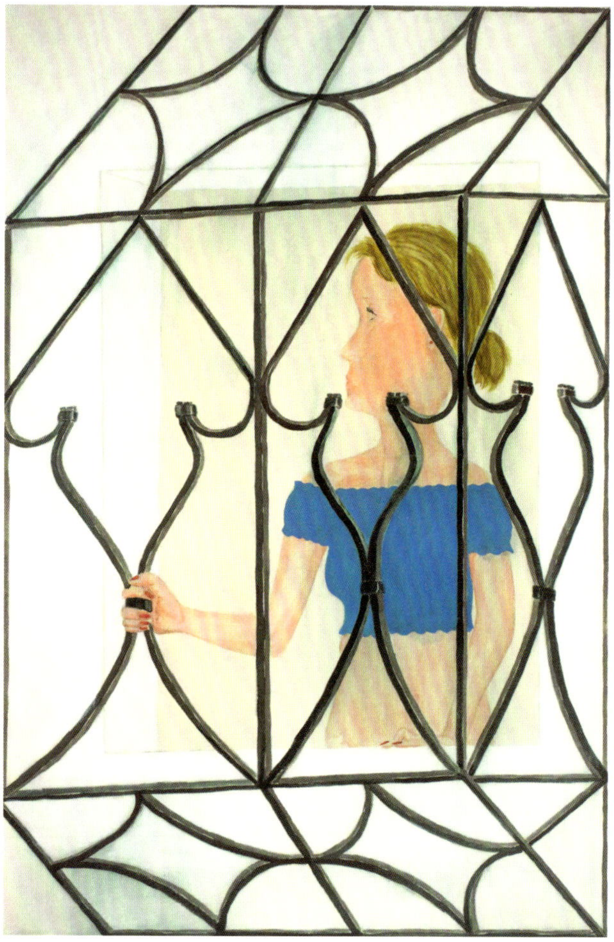

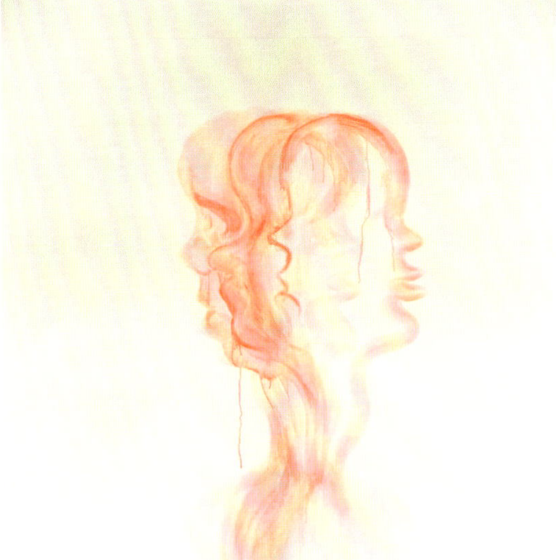

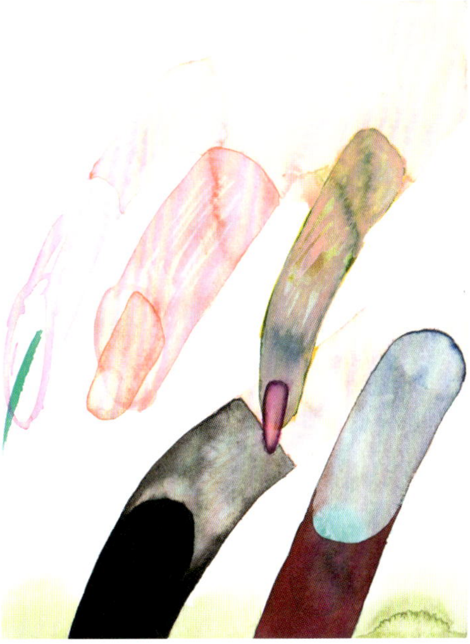
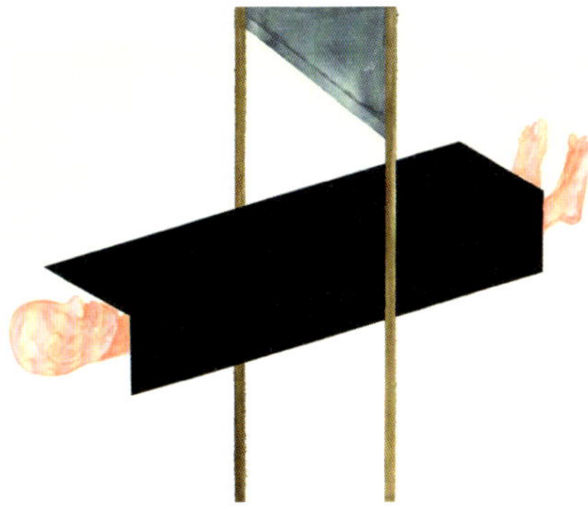
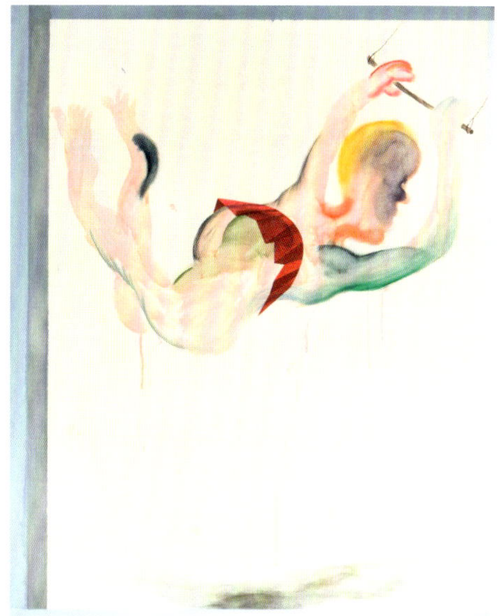
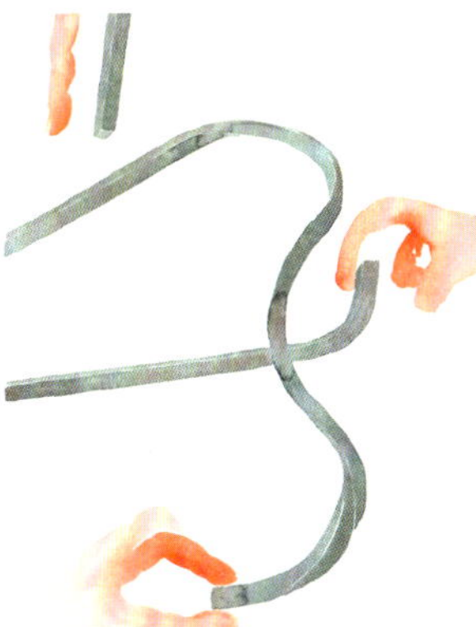

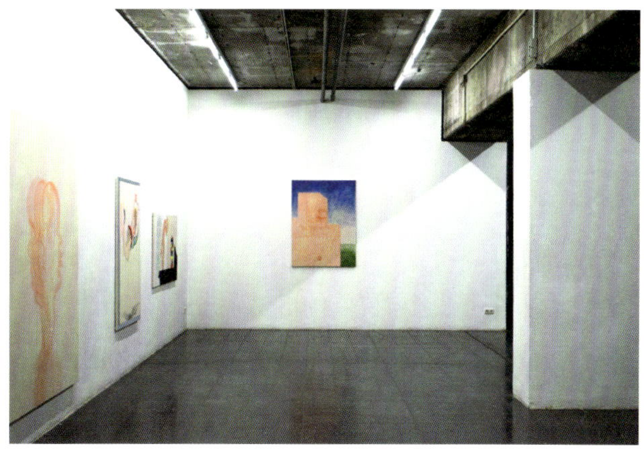
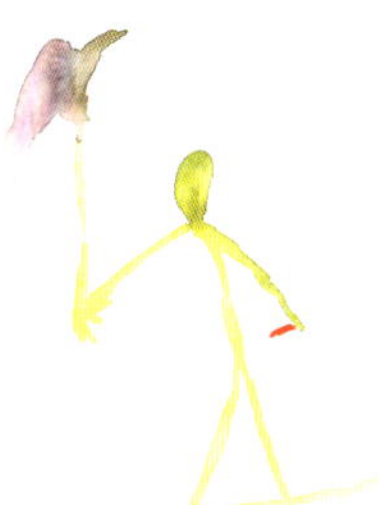

2 (2018)

Diese Seite / This page: Seiten aus Skizzenbuch / Sketch book pages, 2018,
Bleistift auf Papier / Pencil on paper, je / each 26 × 18 cm
Rechte Seite / Right-hand page: Der Architekt / The Architect, 2018,
Pigment und Acrylbinder auf Leinwand / Pigment and acrylic binder on canvas, 155 × 120 cm

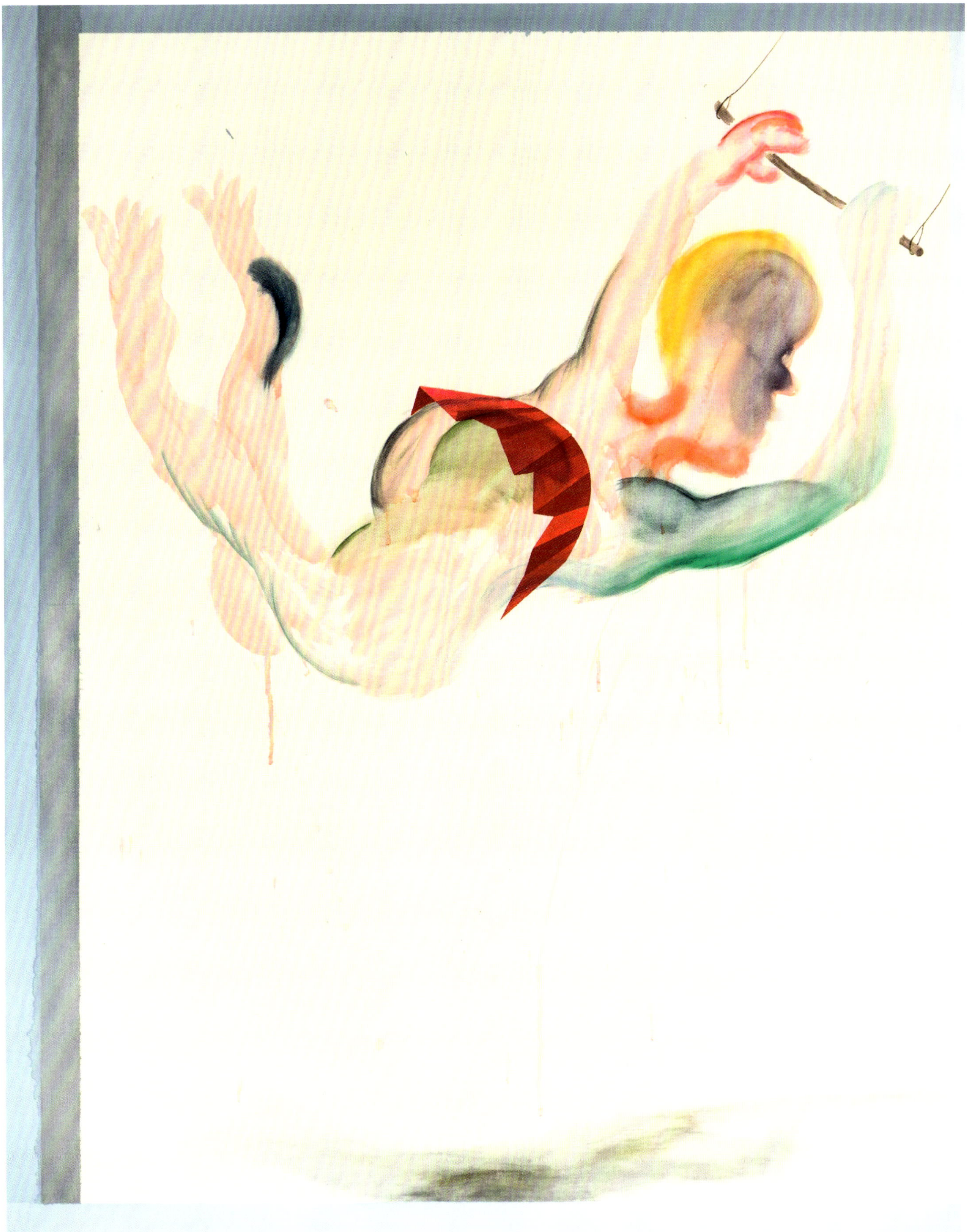

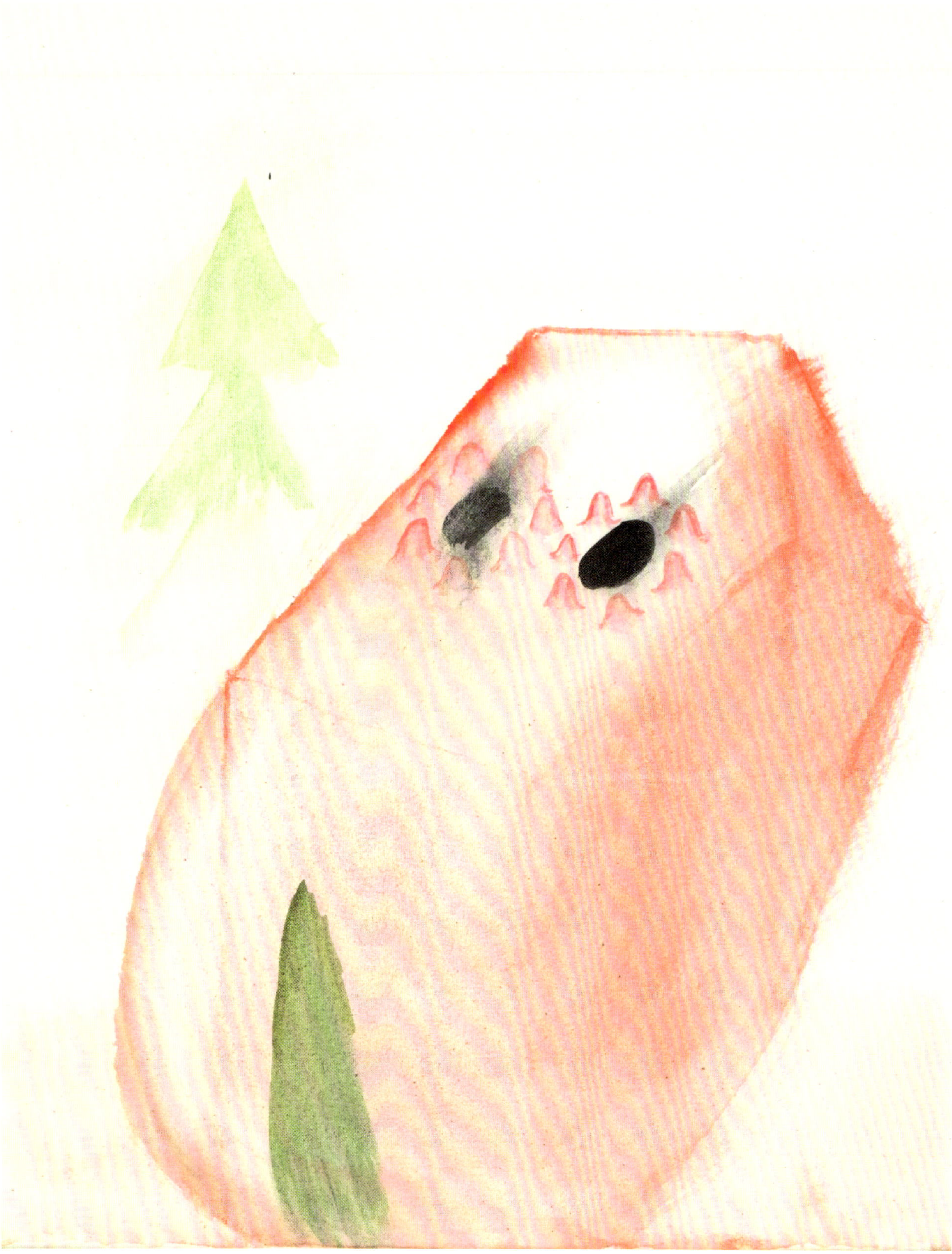

Diese Seite / This page: Der Jäger / The Hunter, 2018,
Pigment und Acrylbinder auf Leinwand / Pigment and acrylic binder on canvas, 40 × 30 cm
Rechte Seite / Right-hand page: Der Schwimmer / The Swimmer, 2018,
Pigment und Acrylbinder auf Leinwand / Pigment and acrylic binder on canvas, 40 × 30 cm

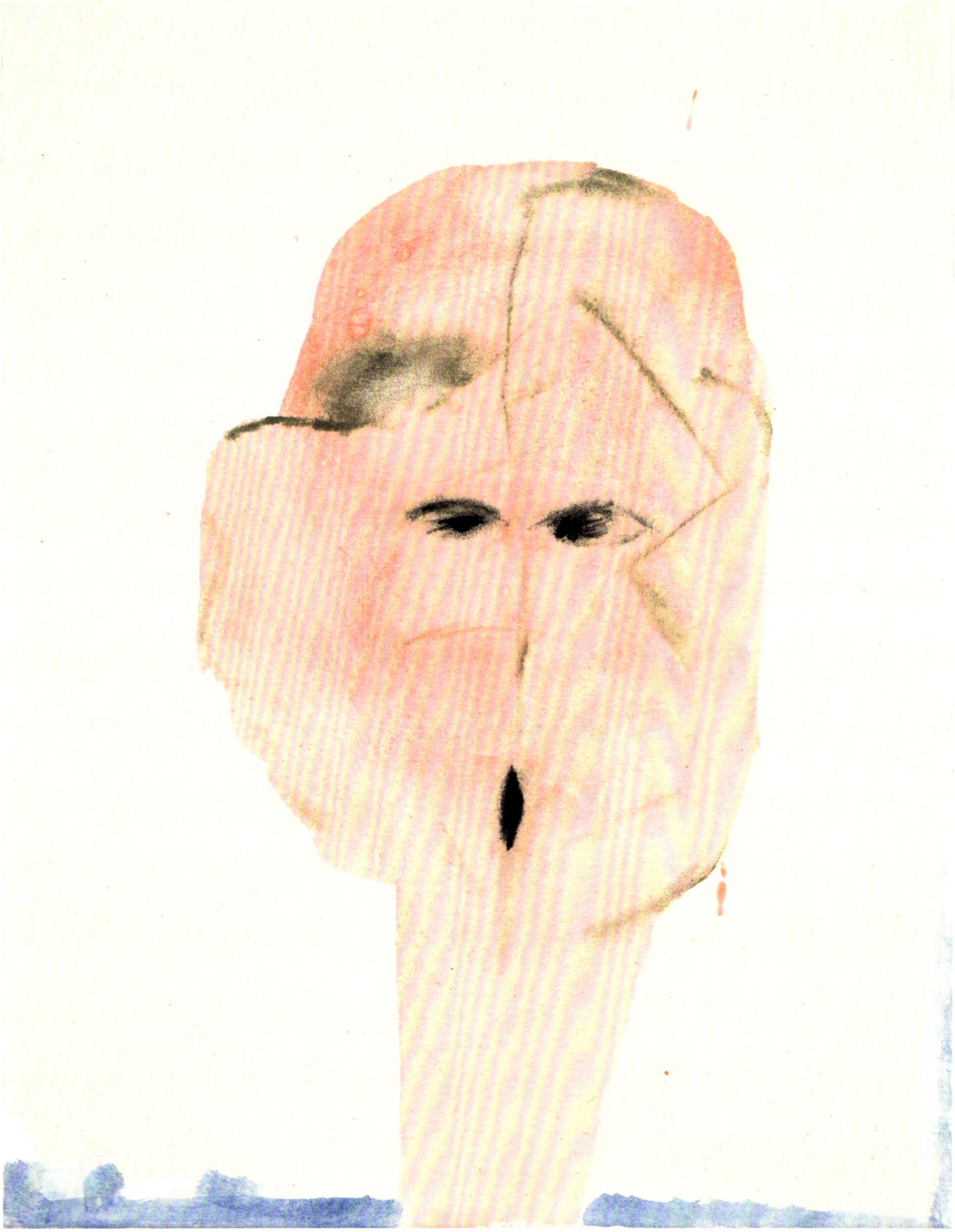

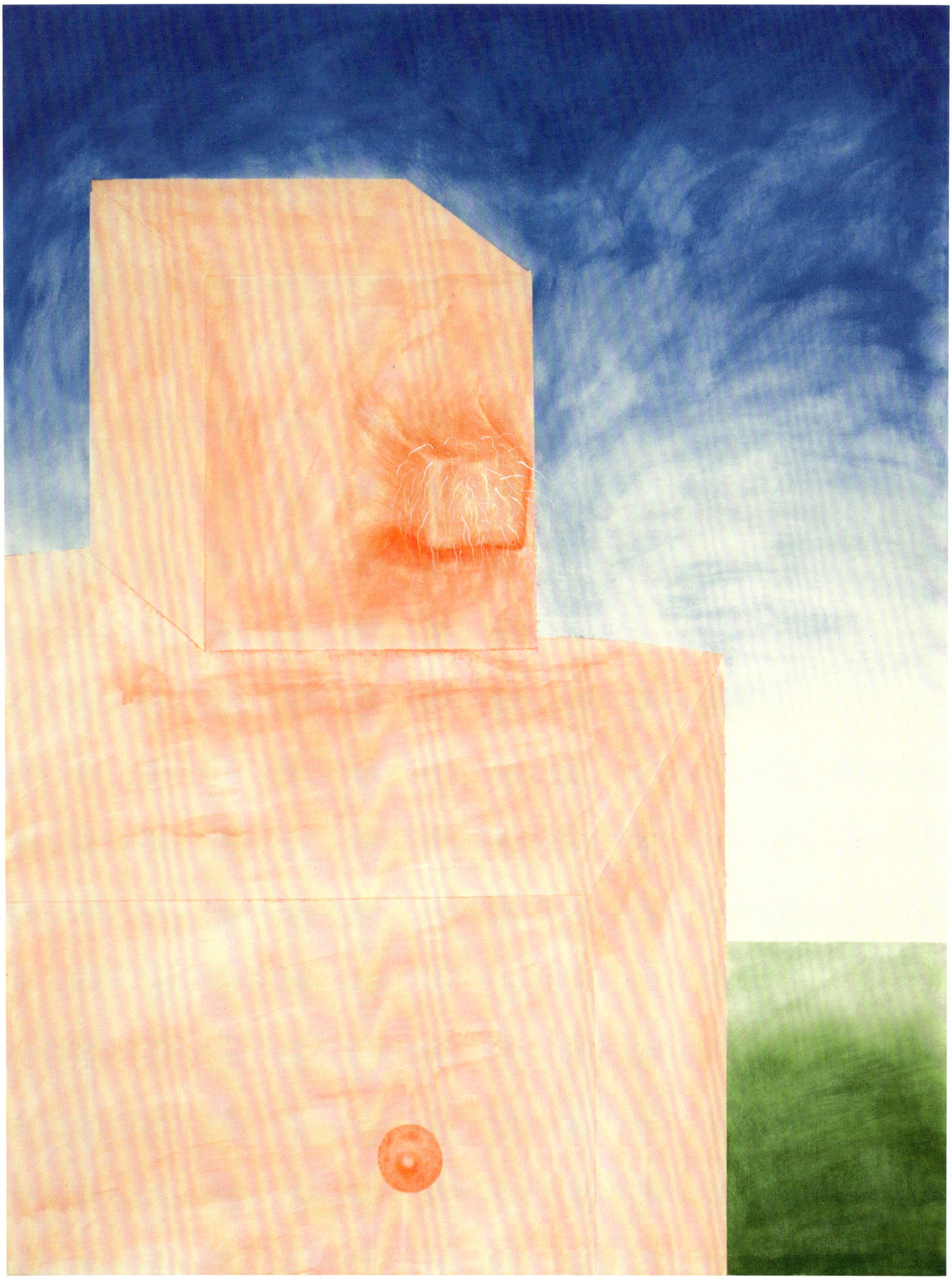

Diese Seite / This page: <u>Montag / Monday</u>, 2018,
Pigment und Acrylbinder auf Leinwand / Pigment and acrylic binder on canvas, 130 × 110 cm
Rechte Seite / Right-hand page: <u>Die Radfahrerin / The Cyclist</u>, 2016,
Pigment und Acrylbinder auf Leinwand / Pigment and acrylic binder on canvas, 180 × 130 cm

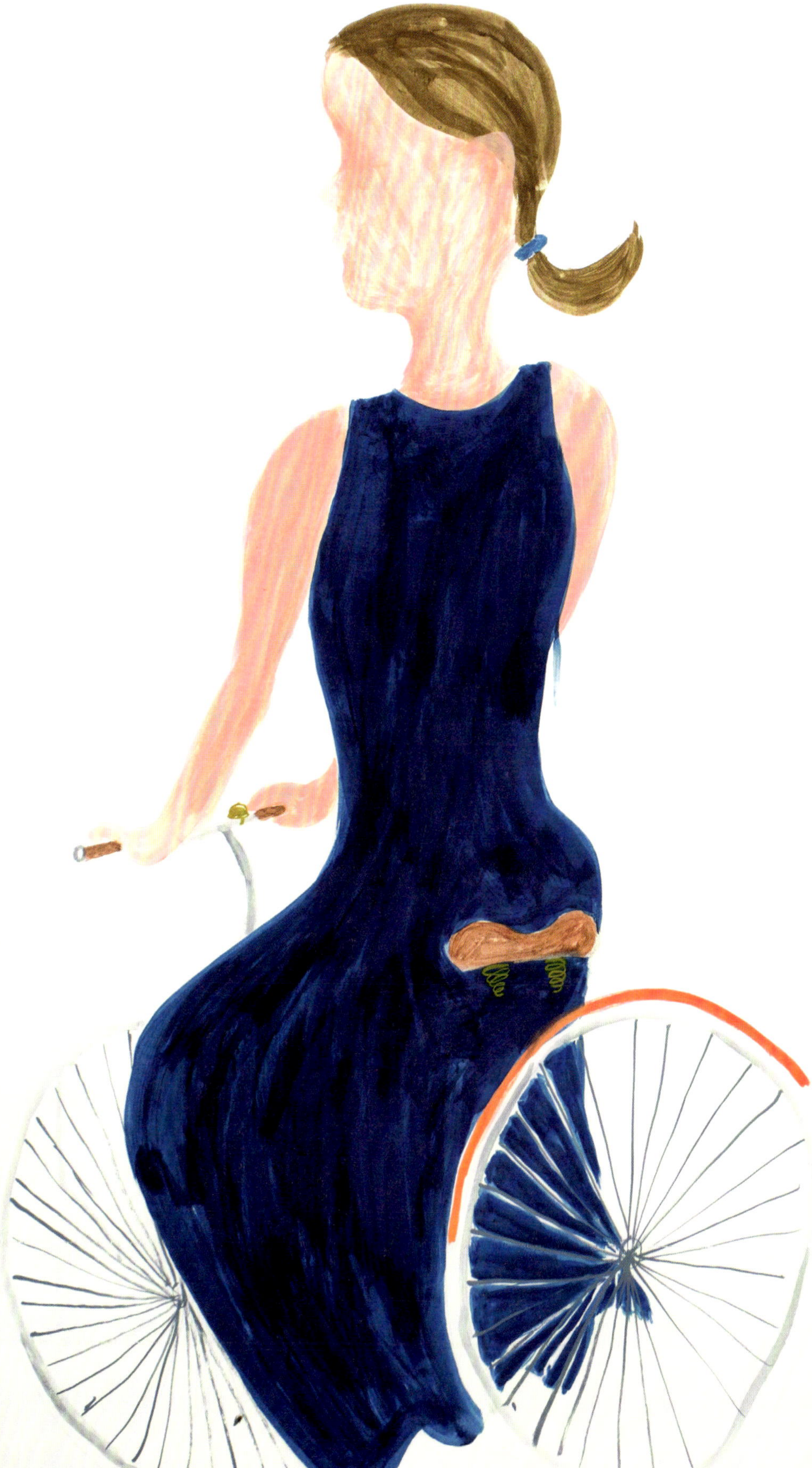

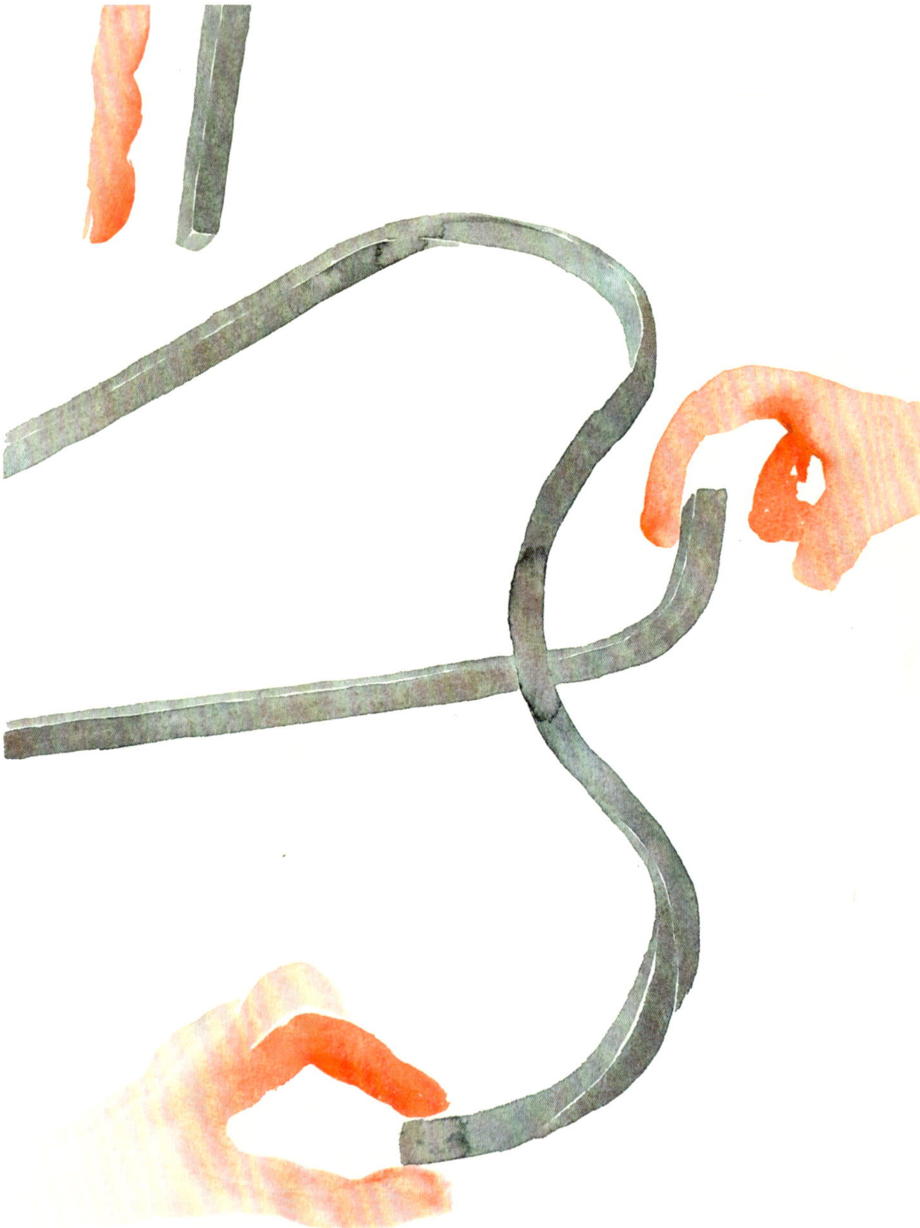

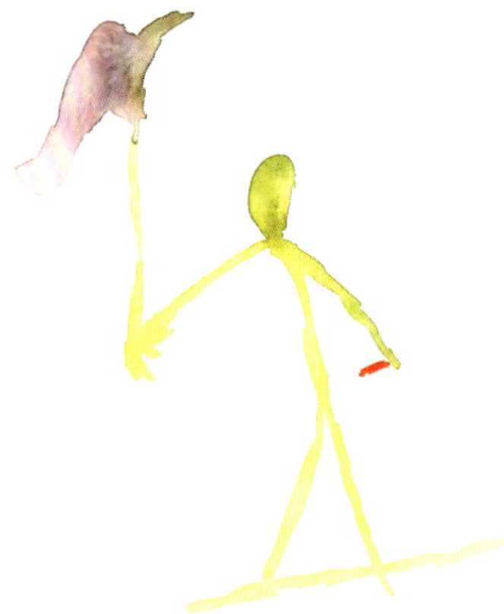

Diese Seite (von links nach rechts) / This page (from left to right): Verbundstoffe / Compounds, 2018, Aquarell auf Papier / Watercolor on paper, 32 × 24 cm;
Dolchstoßlegende / Stab-in-the-back Myth, 2018, Aquarell auf Papier / Watercolor on paper, 32 × 24 cm
Rechte Seite / Right-hand page: Variation of Claws, 2018, Aquarell auf Papier / Watercolor on paper, 32 × 24 cm

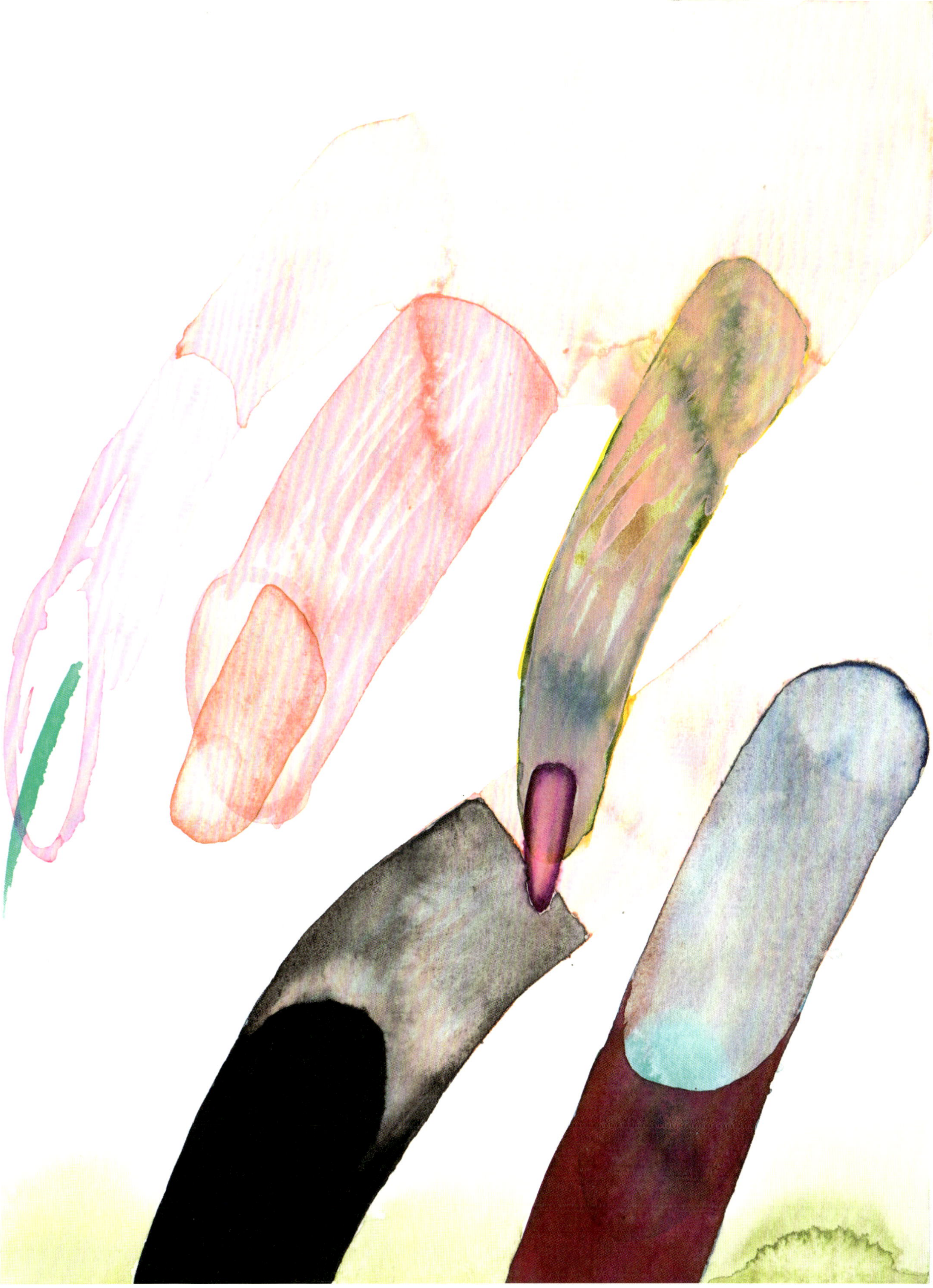

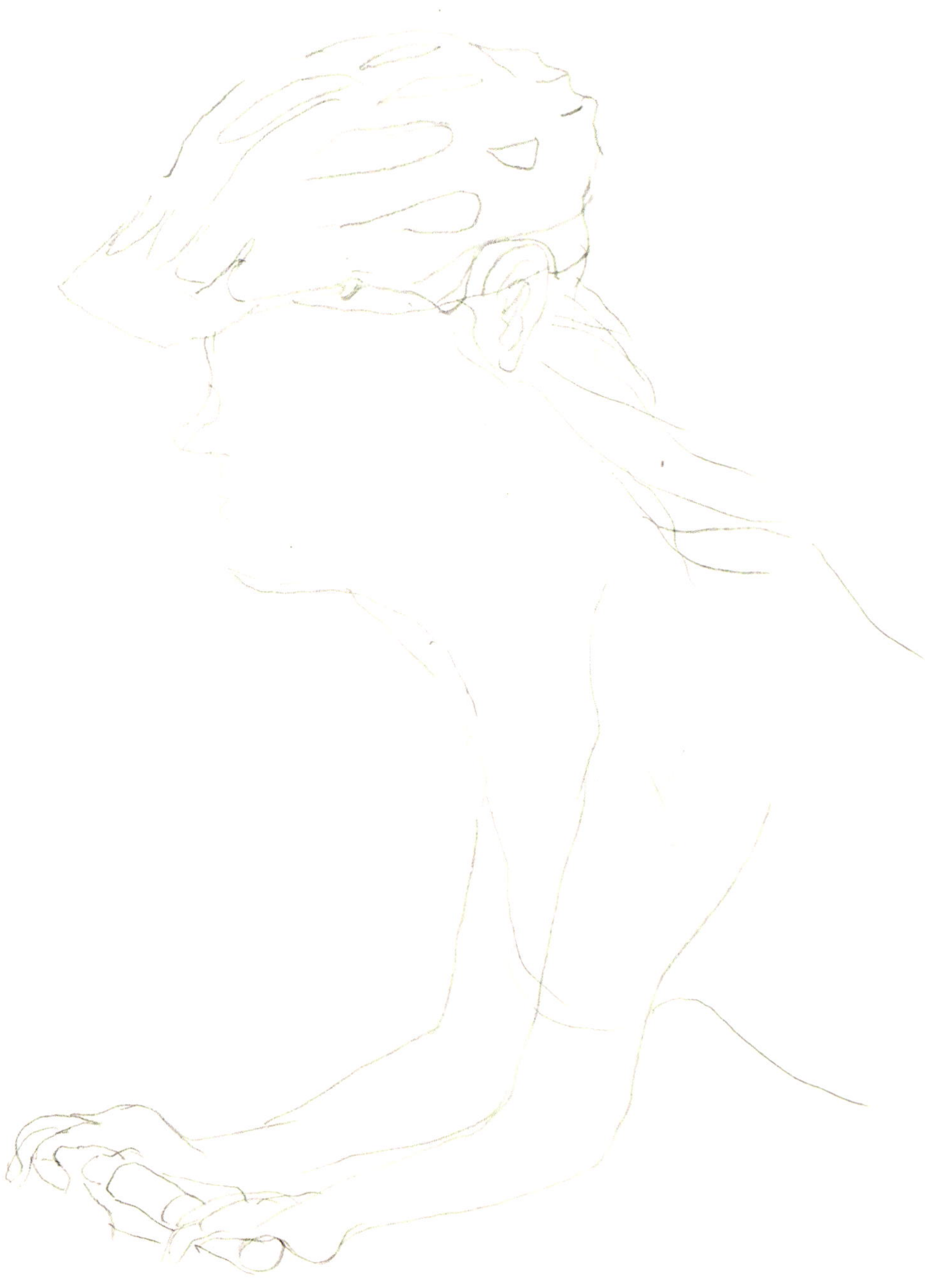

Diese Seite / This page: Seite aus Skizzenbuch / Sketch book page, 2018,
Bleistift auf Papier / Pencil on paper, 26 × 18 cm
Rechte Seite / Right-hand page: Erker / Bay Window, 2016,
Pigment und Acrylbinder auf Leinwand / Pigment and acrylic binder on canvas, 110 × 80 cm

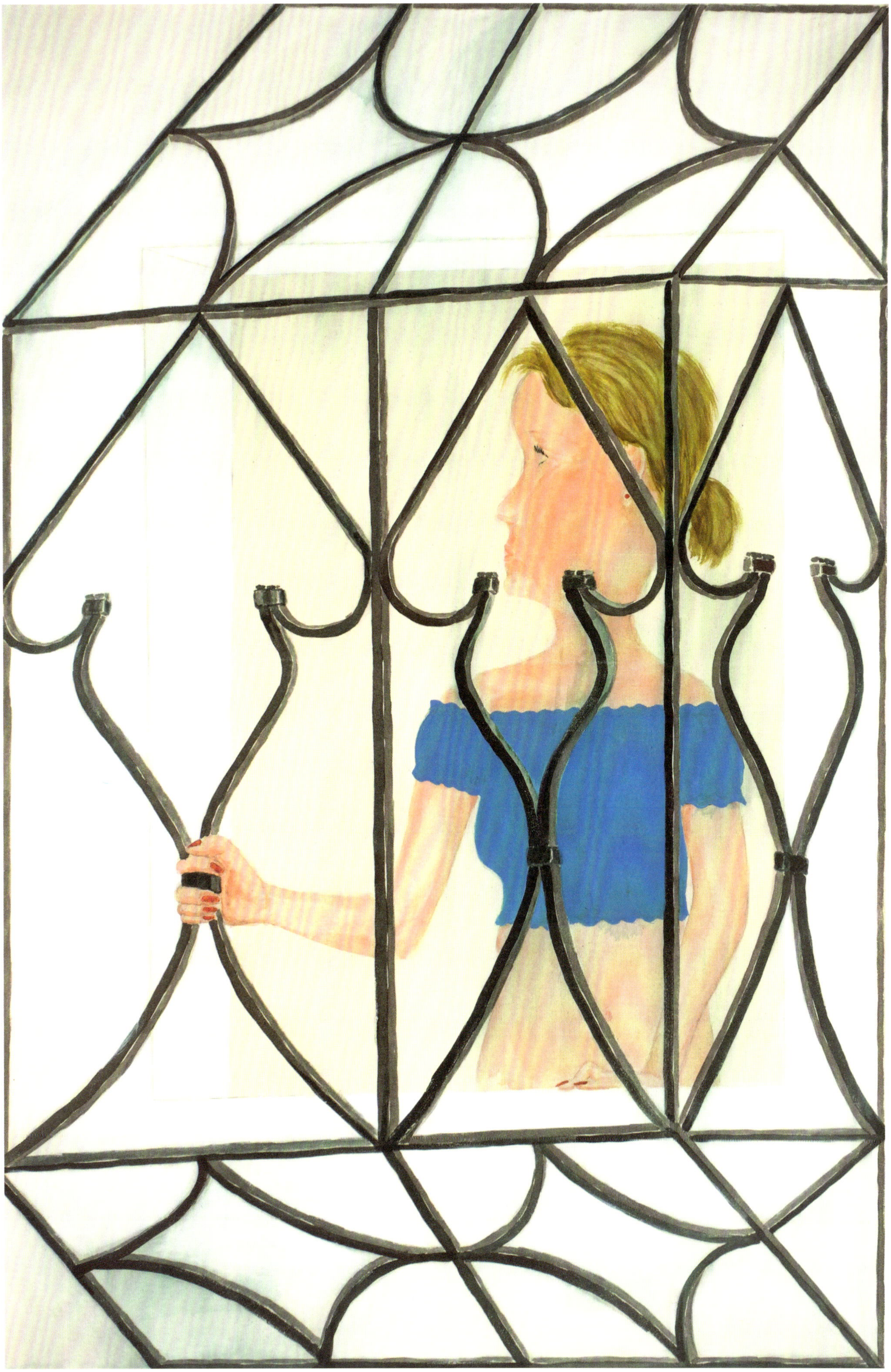

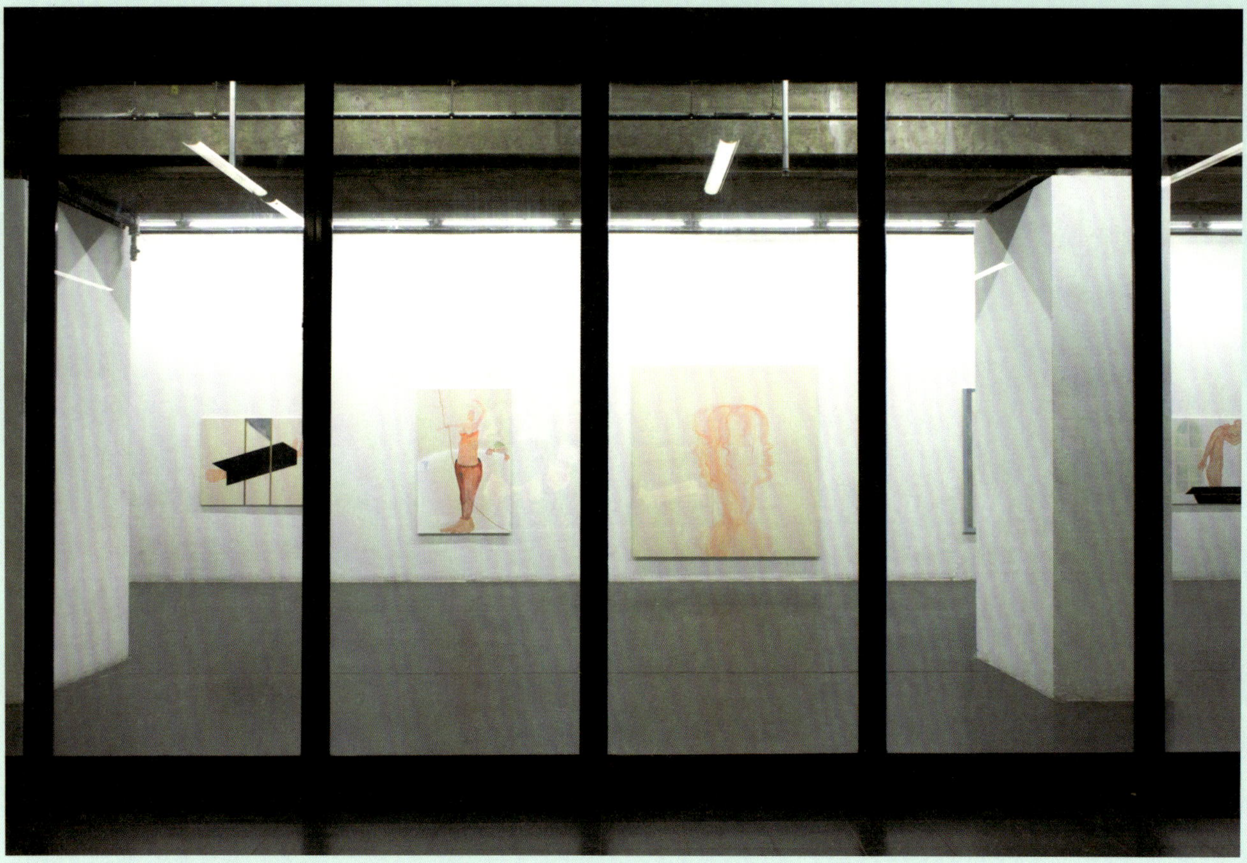

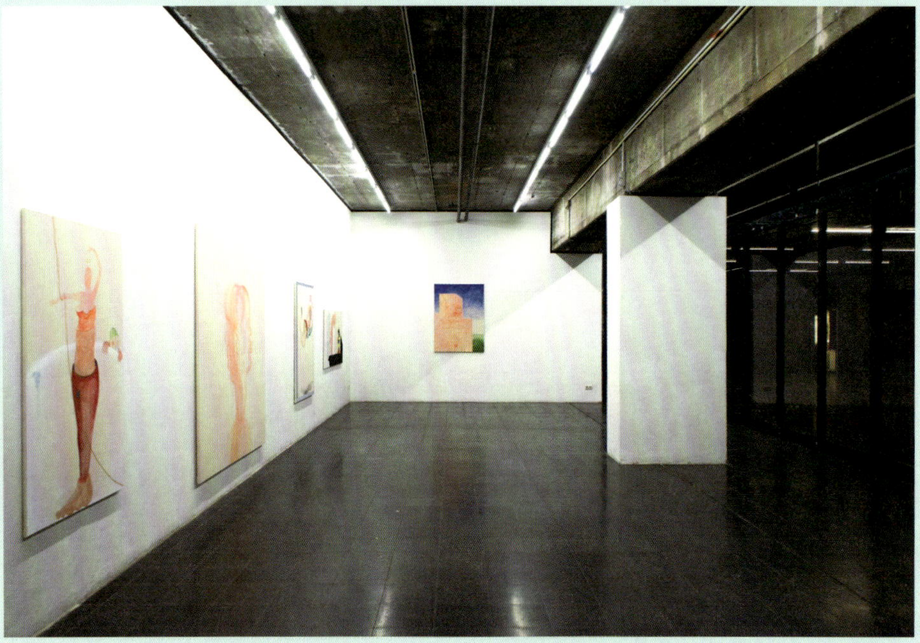

Ausstellungsansichten / Exhibition views, Das Horoskop, AkademieGalerie 2018

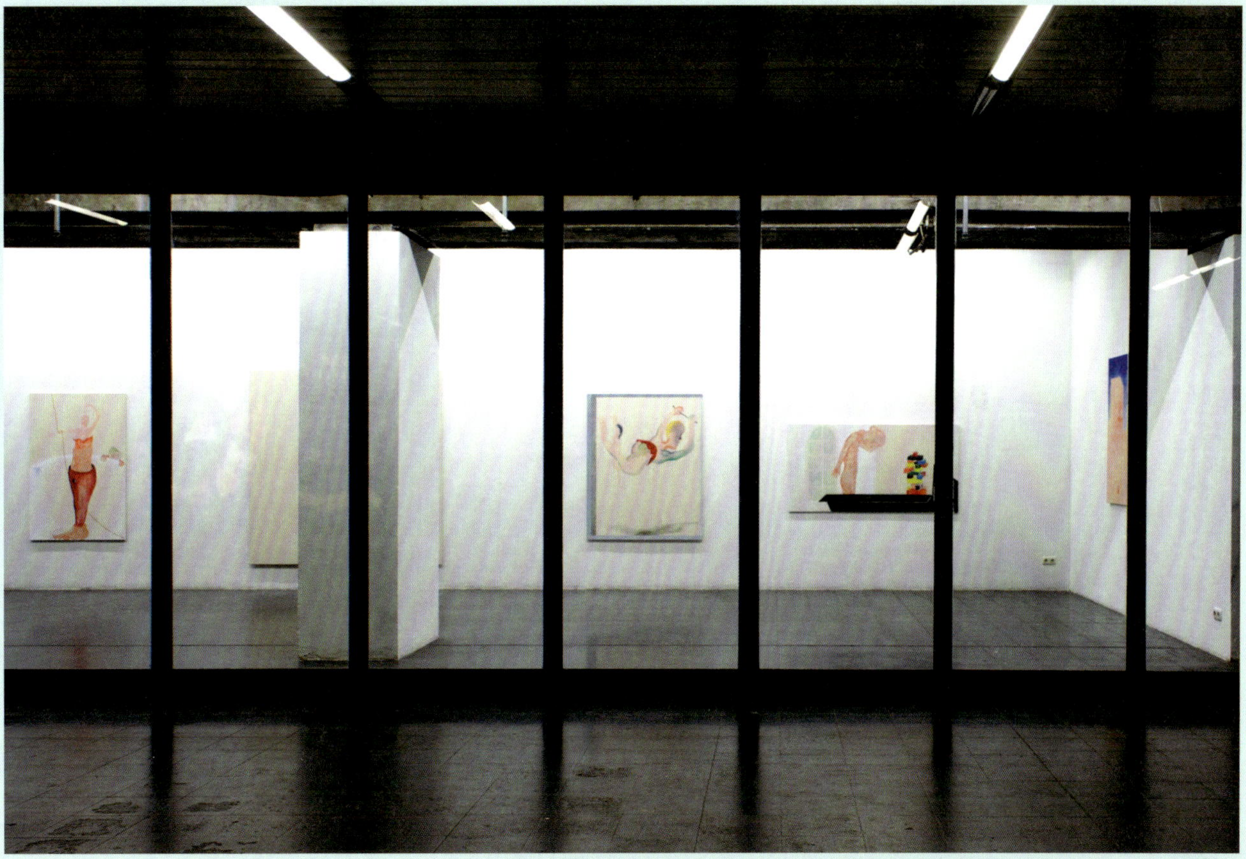

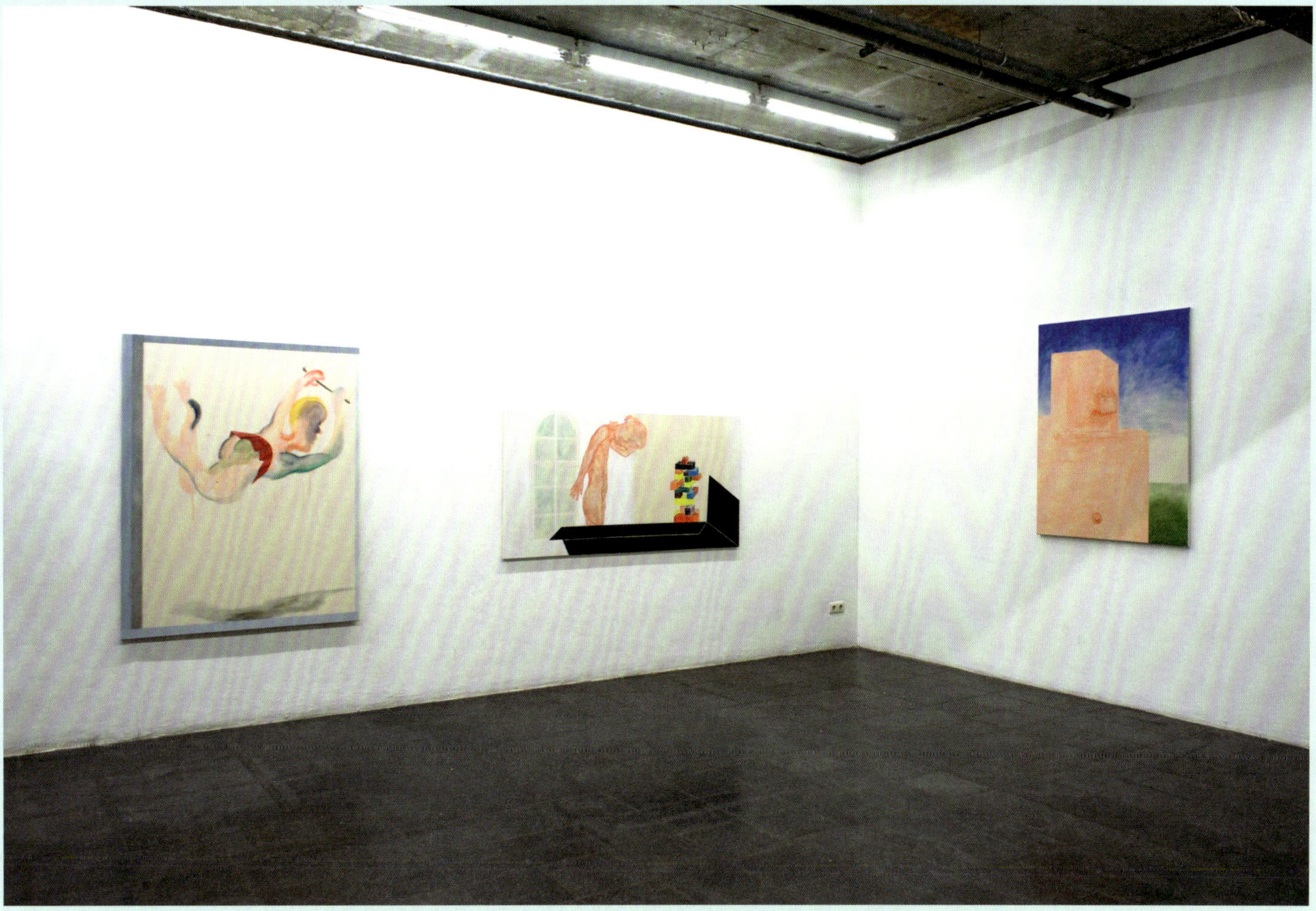

Olena Balun
Up Close

In his work, Jakog Gilg confronts us with intense corporalities. Paintings, drawings, and sculptures show lots of flesh and skin. Their nakedness is seldom erotic; instead it is a strange sensuality on the dissecting table. The effect does not miss the goal—you can barely avert your gaze, even if the sight is disturbing at times. Limbs intertwine, become independent, penetrate each other. The bodies are saturated with color, be it the wrinkled epithelium of the sculptures or the thin, pulsating, tearing membrane in paintings and watercolors. The coloring of these incarnates is often exaggerated, appearing defenseless and challenging at the same time. The bodies are defamiliarized, proportions distorted, and yet, or precisely because of this, they appear touching and alive. By decomposing the anatomy, the more sensitive details are highlighted: nipples on unexpected body architectures, fine hairs growing from barely natural limbs. Often they literally go under the skin, as if under a microscope they are dissected to reveal surreally colorful layers of tissue via the cut—a polychrome skinning.

All this is part of the artistic method. Human skin and flesh are skillfully applied triggers. People are used to seeing themselves as the measure of all things, which the artist makes use of. Bare, vulnerable skin evokes empathy. And with this reciprocal sensitivity the artist leads us to the topics that go far beyond the sensual. This kind of art wants to investigate, to explore existing contexts or create new ones, to question familiar patterns.

In his artistic work Jakob Gilg creates a cosmos that, according to his own statement, stands at an oblique angle to the real world. The deeper one dives into this pictorial universe, the more it seems like a mirror held up to show the imbalance of our world. Anthropocentrism is not innocent of this imbalance. Counteracting this view with his own model images is one of the artist's important concerns—hence the human body, and not least the alienated body.

The self-centered worldview of people led to massive mistakes, problems, disasters. Selfishly, people see themselves as the pinnacle of creation, infallible and irreplaceable, worth preserving at any cost. Jakob Gilg communicates the problematic nature of these assumptions in pictorial metaphors of particularized human bodies. The visual vocabulary includes abstracted limbs, alienated organs, hands, legs, hearts, lungs ... Lungs give off carbon dioxide, which is vital to plants, but people tend to forget that not only human lungs can do this. However, the oxygen necessary for life support can only be produced by plants, with the exception of certain cyanobacteria. One likes to see oneself as the center, but is only a part of the physical totality of the world—here the artist refers to Gilles Deleuze and Félix Guattari. With his paintings, Jakob Gilg puts these mechanisms at the disposition of himself and us as viewers.

The deconstruction of corporeality not only serves to show us human inadequacy, but to reveal complex relationships and relations. The artist conducts micro-studies of macro-problems. Modified bodies and decoupled organs are to be understood as functional apparatuses in the sense of a "machine désirante,"[1] literally "wishing machines," which are not guided by needs and deficiencies, but driven by positive desire—wish and imagination. Without formation of dogmatic units they are interlinked in physical as well as emotional production, and contribute to the larger social system through interaction.[2] Applying this model to world events, the result of such interaction would fluctuate from utopia to dystopia—as in Jakob Gilg's paintings. The artist emphasizes that it is important to him that his works are more than metaphors-cum-form. He uses metaphors or models to sort out the complexity of the world and its phenomena—just as scientists and researchers needing models since they provide support and function as signposts. But they also carry a danger of becoming axioms and offering seductively simple explanations for complex processes, or developing a life of their own, overplaying contradictions and leading too far away from the actual essence of things, setting false projections and thus false standards. Jakob Gilg's works are an invitation to also think about such models and to explore and question their mechanisms. His art does not offer solutions and answers, but it seeks them, driven by inquisitiveness, critical thinking, and an unstoppable curiosity.

1 Gilles Deleuze and Félix Guattari: Anti-Ödipus. Kapitalismus und Schizophrenie, Frankfurt am Main 1974/2014, p. 7–63.

2 Cf. ibid., pp. 9–12, 34–35.

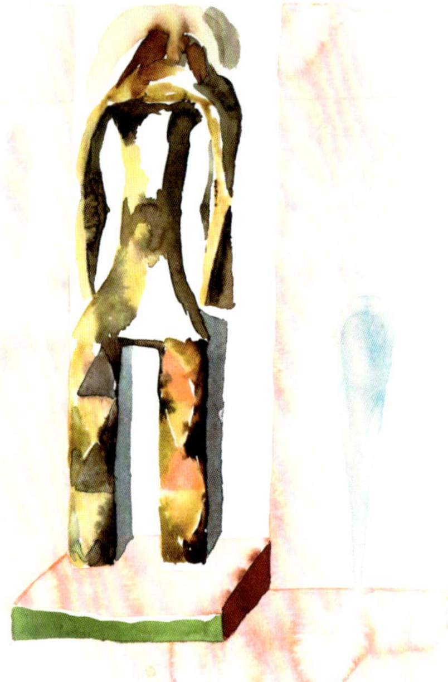

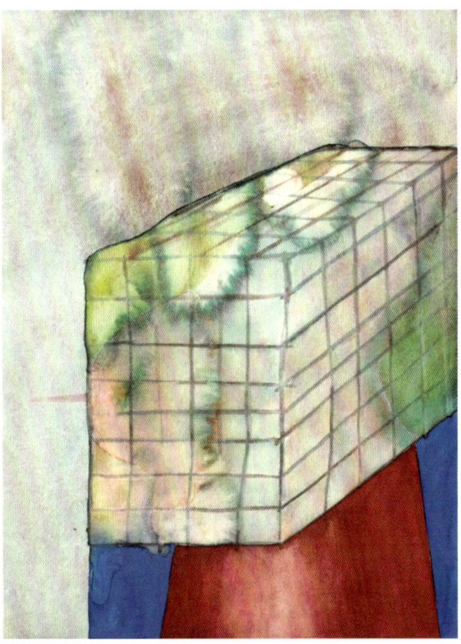

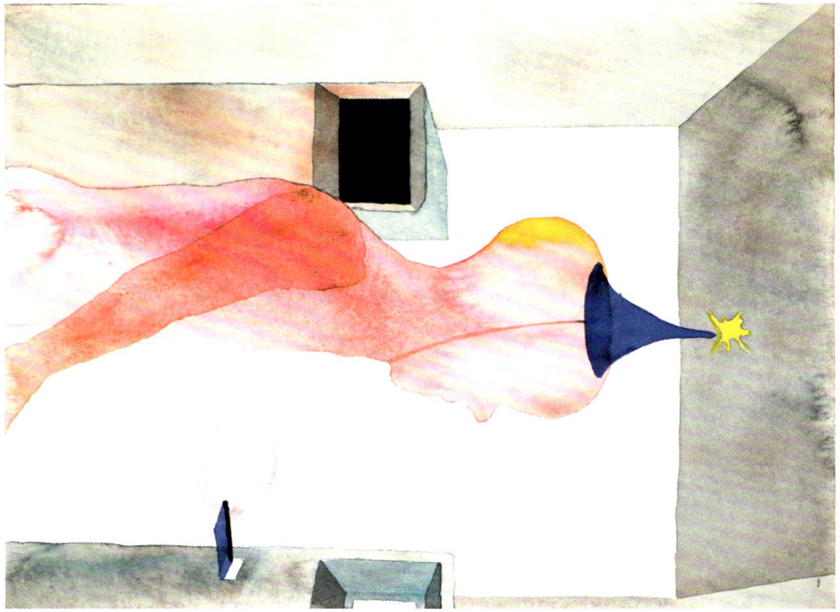
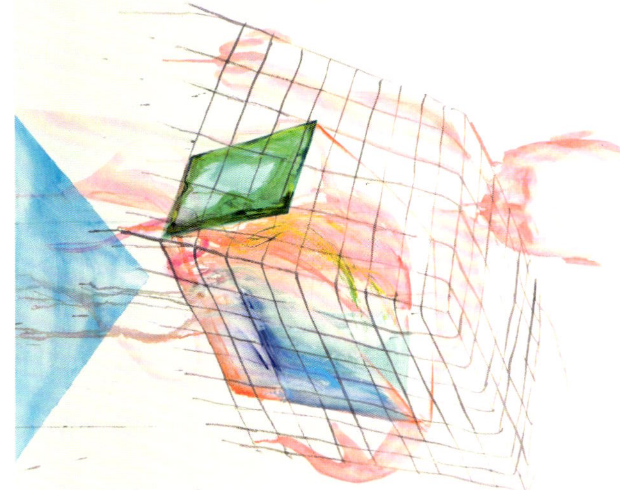
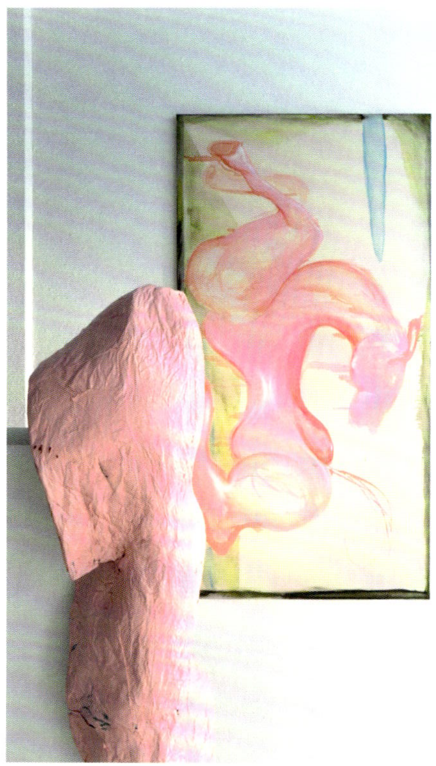
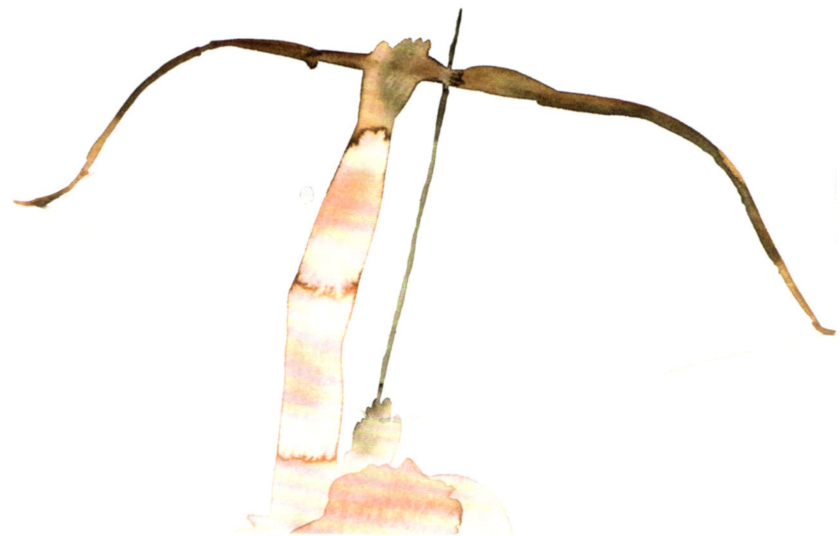

3 (2019)

Diese Seite / This page: Seite aus Skizzenbuch / Sketch book page, 2019,
Bleistift auf Papier / Pencil on paper, 26 × 18 cm
Rechte Seite / Right-hand page: Raiffeisenbank, 2019,
Aquarell auf Papier / Watercolor on paper, 32 × 24 cm

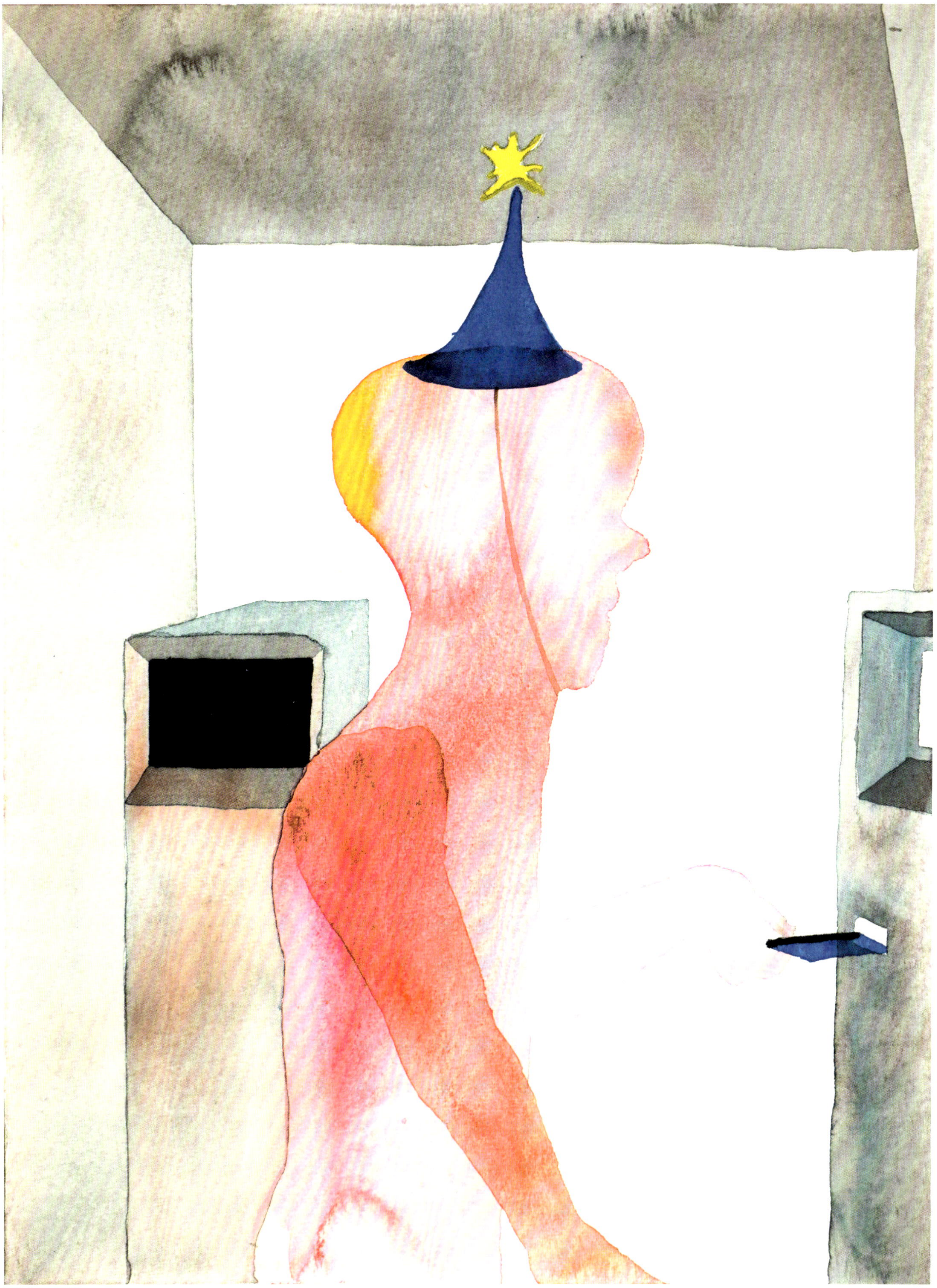

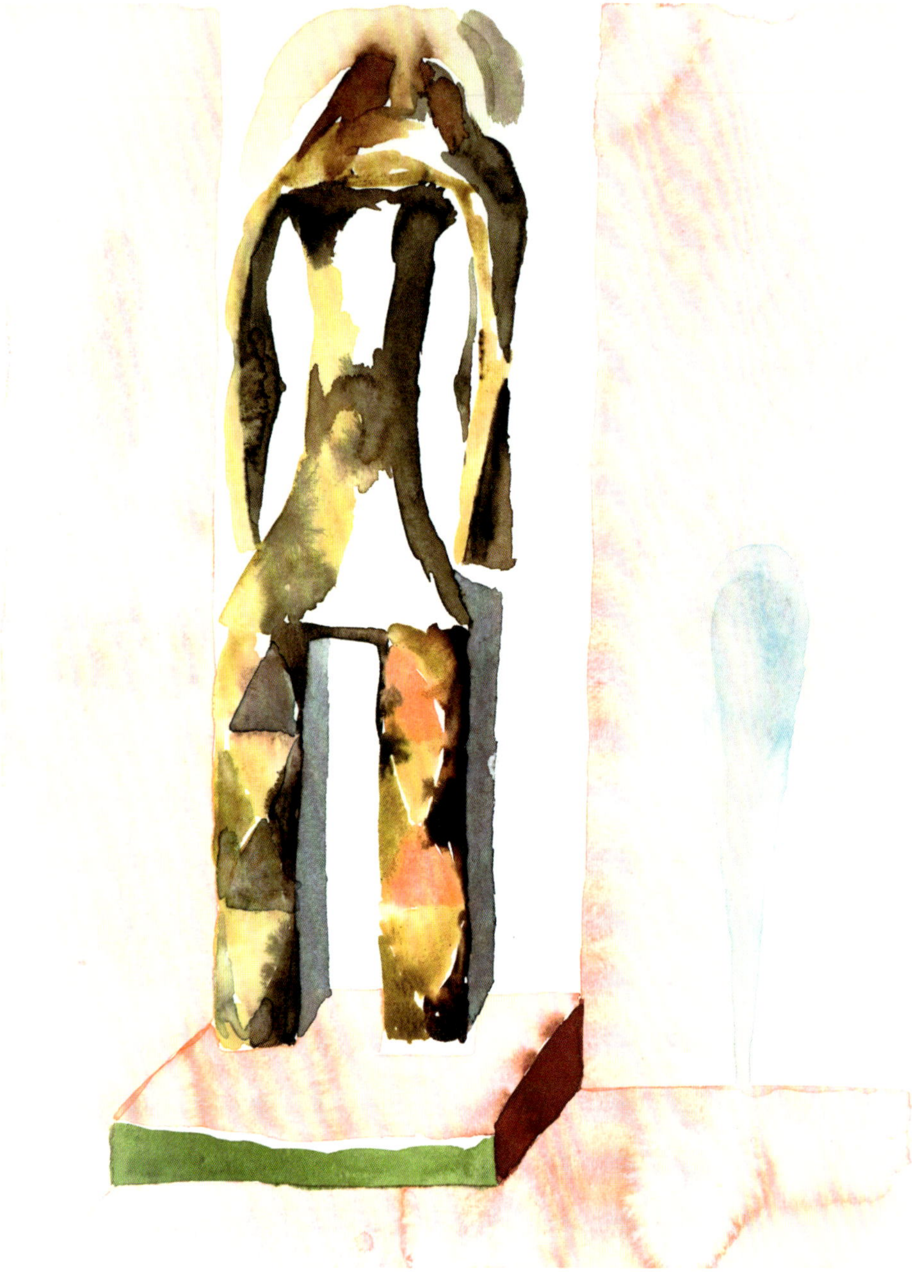

Diese Seite / This page: Der Architekt 2 / The Architect 2, 2019,
Aquarell auf Papier / Watercolor on paper, 32 × 24 cm;
Seite aus Skizzenbuch / Sketch book page, 2019, Bleistift auf Papier / Pencil on paper, 26 × 18 cm
Rechte Seite / Right-hand page: Der Jäger / The Hunter, 2019, Aquarell auf Papier / Watercolor on paper, 32 × 24 cm

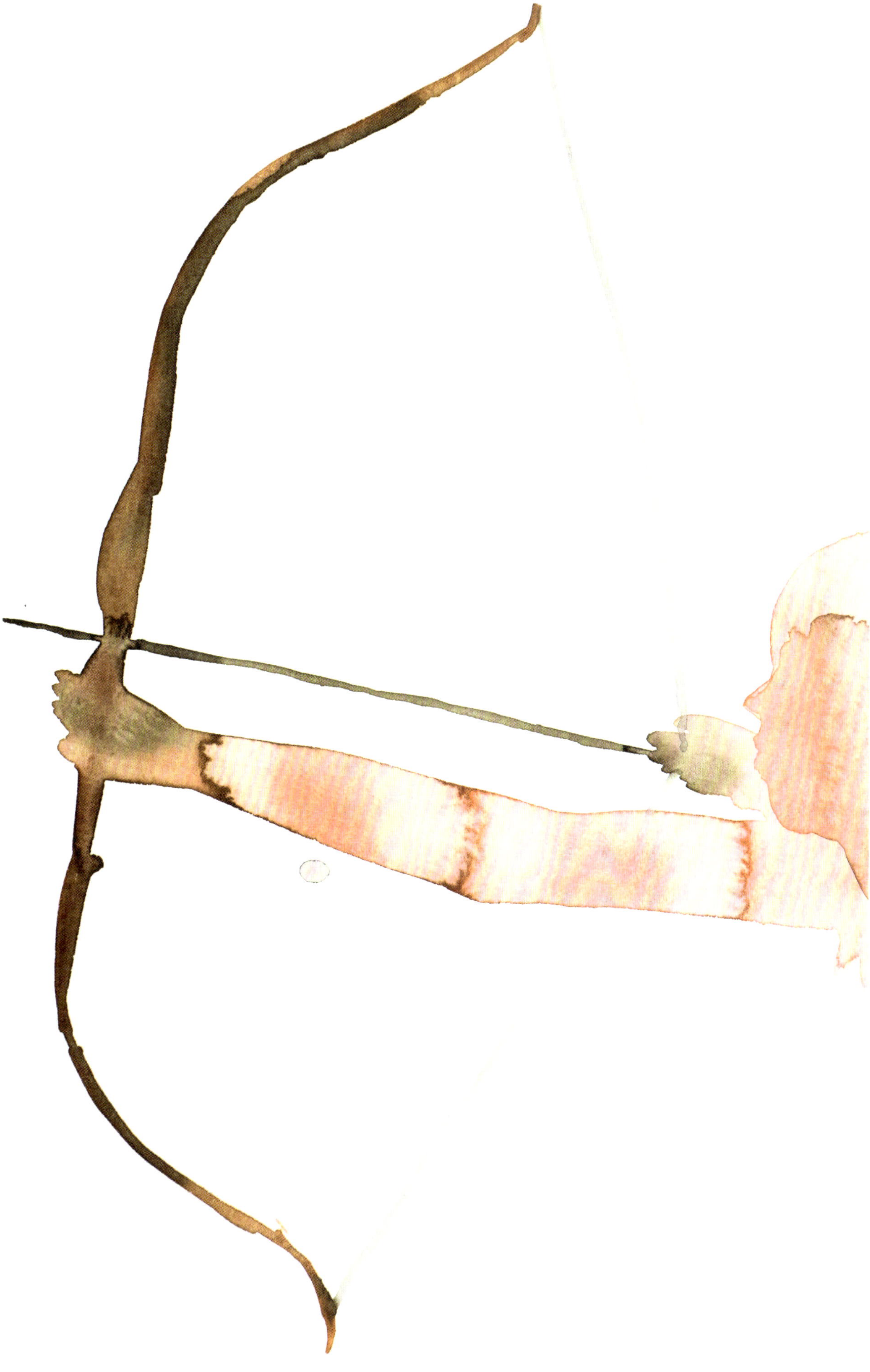

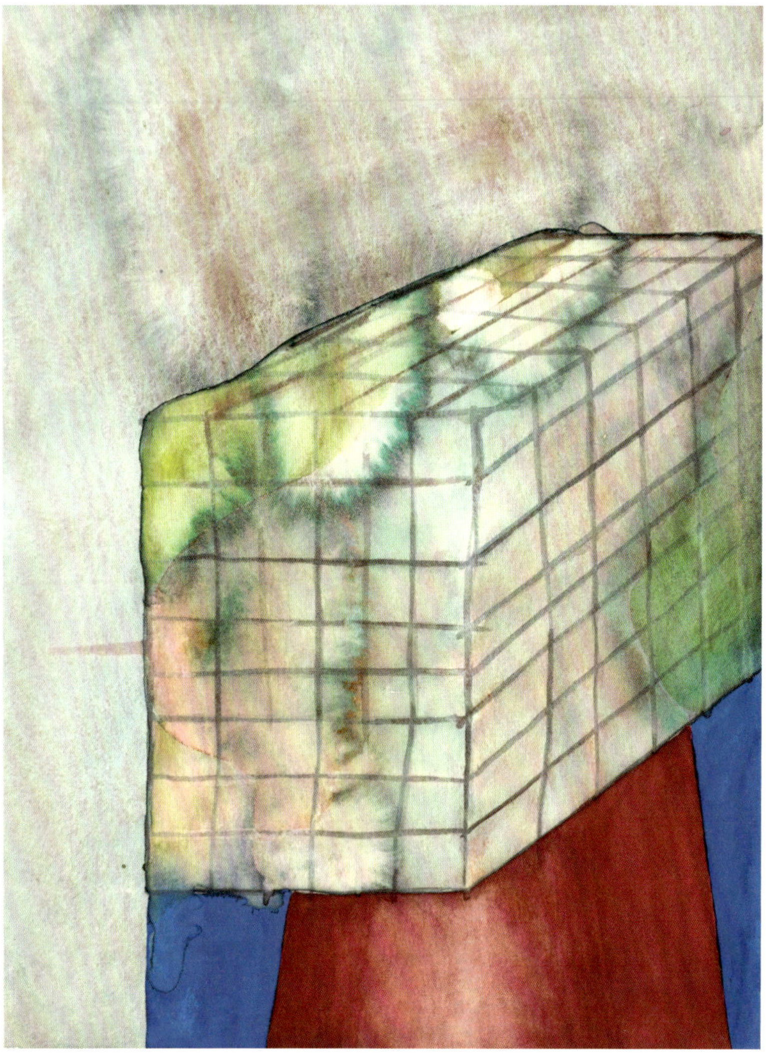

Diese Seite / This page: 1.5 Degrees, 2019, Aquarell auf Papier / Watercolor on paper, 32 × 24 cm;
Seite aus Skizzenbuch / Sketch book page, 2019, Bleistift auf Papier / Pencil on paper, 26 × 18 cm
Rechte Seite / Right-hand page: Biotop / Habitat, 2019,
Pigment und Acrylbinder auf Leinwand / Pigment and acrylic binder on canvas, 130 × 110 cm

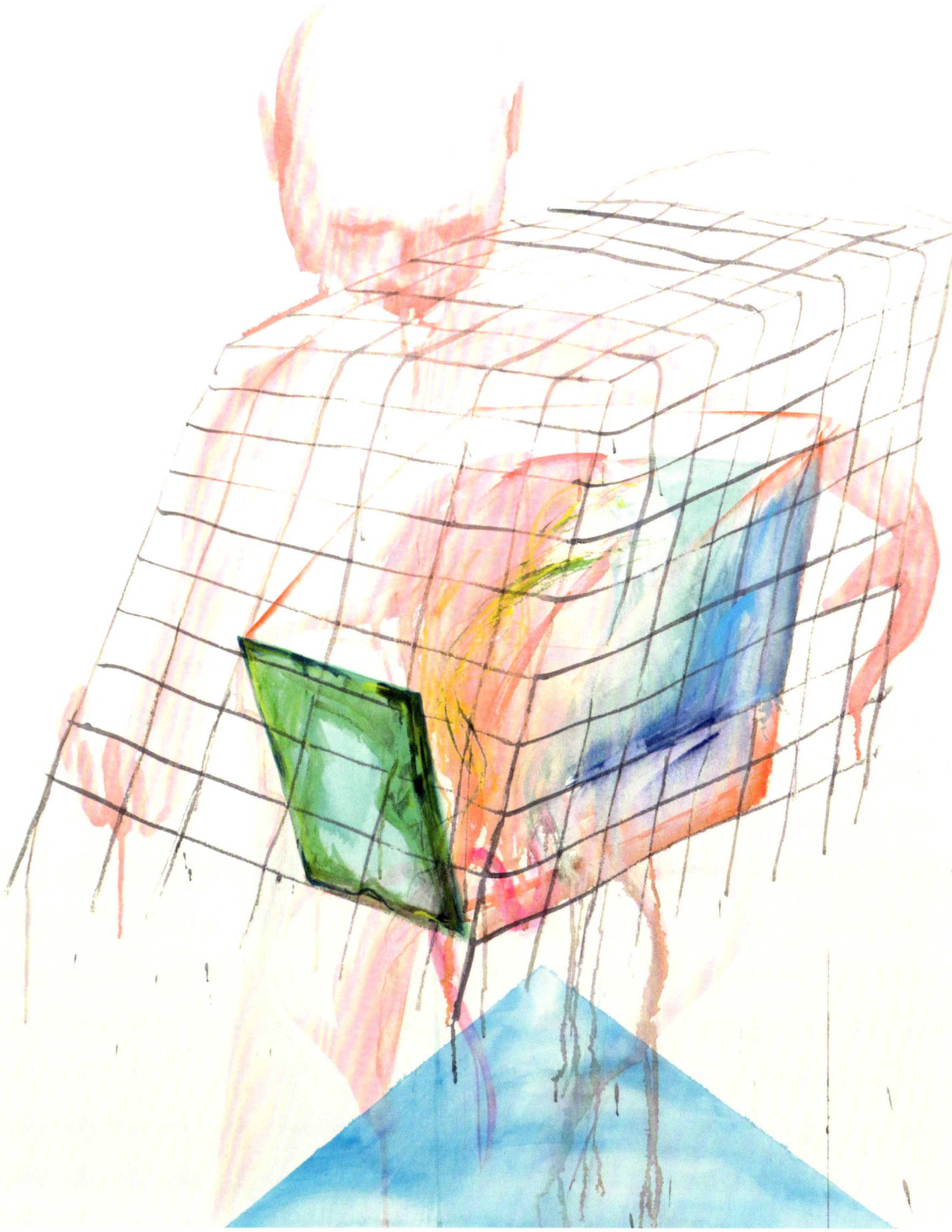

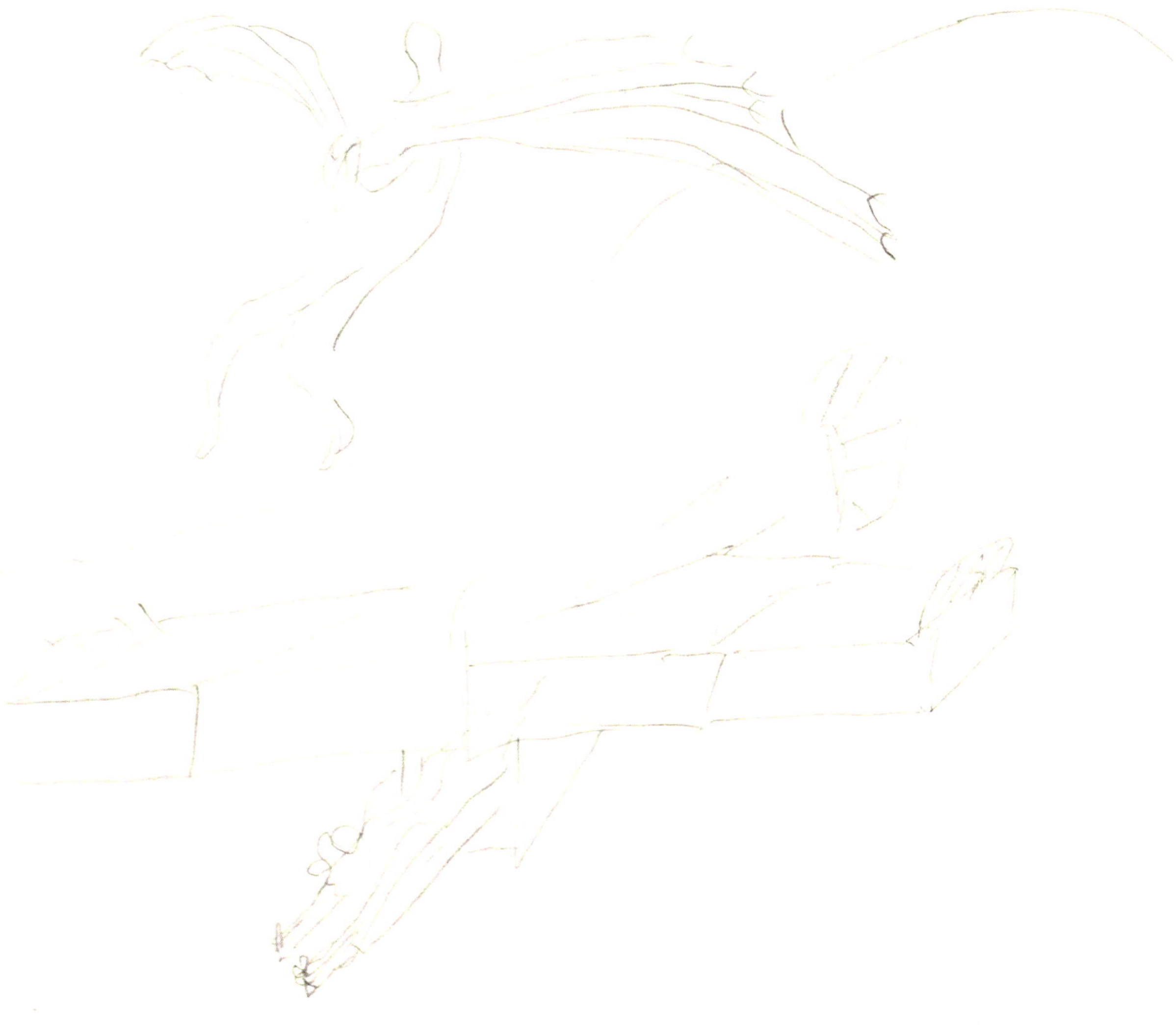

Diese Seite / This page: Seite aus Skizzenbuch / Sketch book page, 2019,
Bleistift auf Papier / Pencil on paper, 26 × 18 cm
Rechte Seite / Right-hand page: Ausstellungsansicht / Exhibition view Bliss Point, Kunst66, 2019

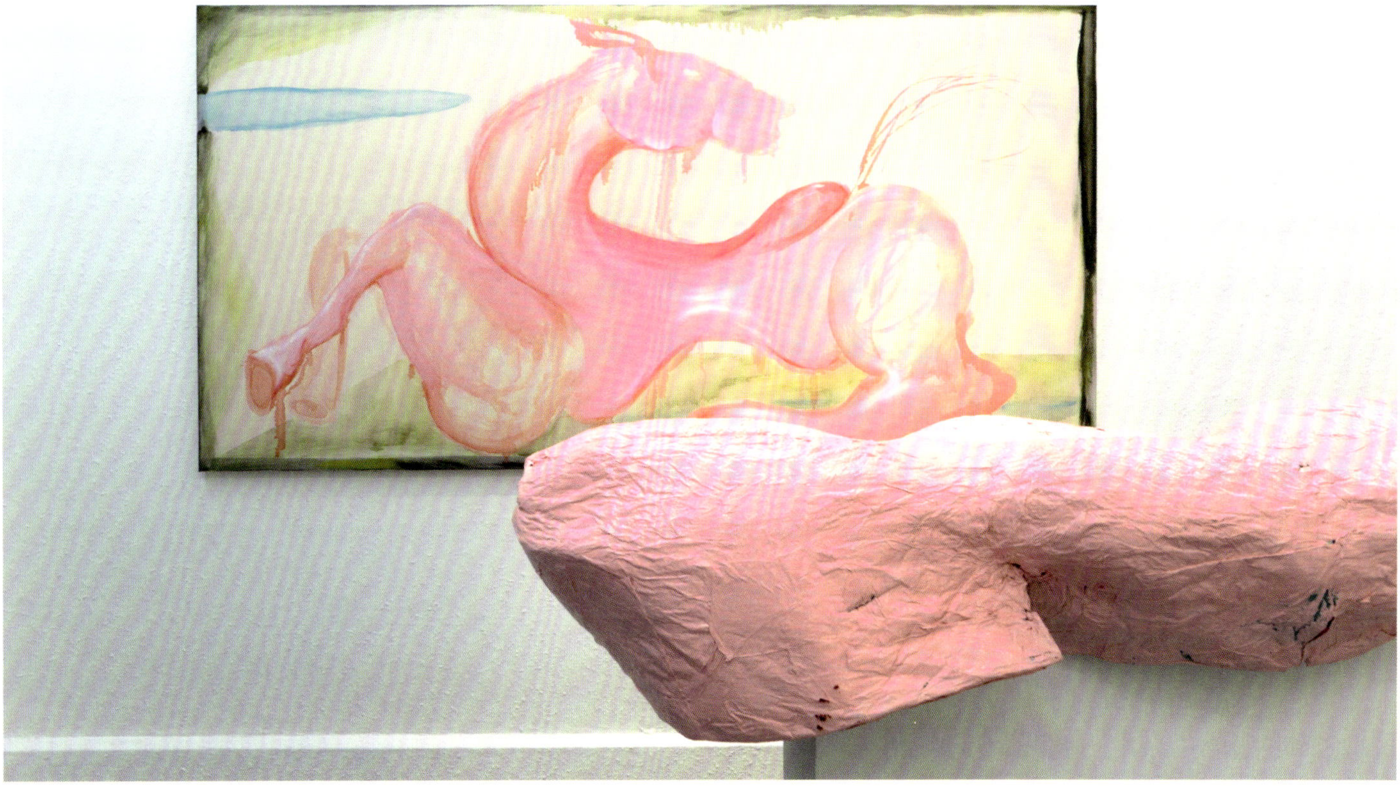

Über Intensitäten, Sperrigkeit und Riemmansche Hunde
Ein Gespräch zwischen Jakob Gilg und Lilian Robl

L. R.: Ich habe einerseits gar keine und andererseits sehr viele Fragen an dich. Gar keine, weil wir uns schon viele Jahre kennen und gewissermaßen in der Akademie zusammen groß geworden sind. Unsere Praktiken sind miteinander verwoben und voneinander beeinflusst, auch wenn wir noch nie „offiziell" kollaboriert haben. Ich würde behaupten, dass wir für die Arbeit des/der Anderen sowohl ein sehr genaues Gespür als auch ein privates Vokabular mit Shortcuts entwickelt haben. Das kann ein Interview schwieriger, aber auch spannender machen, da ich heute versuche, gleichzeitig auch eine Perspektive von größerer Distanz einzunehmen. In Vorbereitung auf das Interview habe ich mich „bewusster" mit deinen Arbeiten auseinandergesetzt und ich würde sagen: Es gibt noch viel zu besprechen! Willst du kurz erzählen, wie wir uns kennengelernt haben?

J. G.: Von ganz vorne? Also, erstmal saßen wir immer gemeinsam in diesen Philosophie-Seminaren an der Akademie, die wir aus Interesse besucht haben – sonst hätten wir uns vermutlich gar nicht kennengelernt, da die Disziplinen an der Akademie schon ziemlich getrennt sind, du im Erdgeschoss bei den Bildhauer*innen, ich bei den Maler*innen im ersten Stock. Im Rahmen des Philosophie-Kolloquiums sind wir dann 2016 ins Performing Arts Forum gefahren, das ist eine selbst organisierte, interdisziplinäre Institution in der Nähe von Reims in Frankreich, um am jährlichen Spring Meeting teilzunehmen, einem intensiven mehrtägigen Kolloquium mit zeitgenössischen Philosoph*innen. Ich weiß sogar noch, wie du mich am ersten Abend ziemlich angefahren hast, als ich mich mit dir unterhalten wollte. Also, man kann wohl tatsächlich nicht sagen, dass unsere Freundschaft aus einer unmittelbaren Sympathie heraus entstanden ist.

Ja … Das Blatt gewendet hat dann ein Filmscreening, das wir im PAF organisiert haben.

Genau. Da habe ich das erste Mal eine Arbeit von dir gesehen, das Video *Winning Hearts and Minds*. Ich weiß noch, wie ich dachte: So etwas, was solch eine Intensität erzeugt, müsste man produzieren. Das hat mich damals einerseits unfassbar stark beeindruckt und andererseits auch zu einer Krise meines eigenen Schaffens geführt. Ich war unter den PAF-Teilnehmer*innen der Einzige, der gemalt hat, alle anderen waren medial zeitgenössischer unterwegs mit Performance, Video, Installation … Ich habe mich fremdartig und altmodisch gefühlt, wollte auch teilhaben, konnte mir aber überhaupt nicht vorstellen, wie ich das mit meiner eigenen Praxis verbinden könnte. Mit meinem Denken vielleicht schon eher – weil ich mich auch schon früh eigenständig mit Philosophie und Theorie auseinandergesetzt habe.

Zu meinem Video* Winning Hearts and Minds *hast du später geschrieben: „Das Begreifen eines fremden Konzepts, das einem Begehren entspringt, das einem neu ist, mittels eines Kunstwerks von vollster Intensität, ist eine beeindruckende Form des Überzeugtwerdens. Dass dort etwas eingeschlossen ist (kapselgleich), das von großem Interesse ist, war mir offensichtlich und Rätsel zugleich." Tatsächlich war das allererste Stichwort, das ich mir in Vorbereitung auf das Interview zu deinen Arbeiten aufgeschrieben habe: „Intensität". Das ist vielleicht eine etwas schwierige Frage für den Anfang, aber ich würde gerne darüber sprechen, was dieser Begriff für dich bedeutet oder was du mit ihm verbindest.

Ich persönlich sehe Intensität stark gekoppelt an Begehren, als Bild vielleicht so vorgestellt: Ein Objekt besitzt bestimmte Merkmale. Diese fahren wie Spitzen in einen hinein, schießen einen Abdruck ins Innere. Im Extremfall kann das zu einem Einschnitt werden, der sich so stark festsetzt, dass man sogar die eigenen Pattern umstellt – was bei mir ja passiert ist, nachdem ich *Winning Hearts and Minds* gesehen habe. Damals habe ich mich gefragt: Wie kommt es, dass eine einzelne Arbeit eine solche Zäsur auslösen kann? Und wie kann ich das für mich selbst produktiv nützlich machen und die Grenzen meines Denkens sowie meiner Arbeit ausweiten? Im Zuge dessen wurde für mich der Begriff des *Werdens* – im Sinne von Deleuze und Guattari – praktisch erfahrbar. Ein Begriff, den ich als nach wie vor essenziell empfinde, denn er produziert eine völlig andere Sichtweise auf die Existenz als das Konzept des *Seins* … Wenn alles ok wäre, dann könnten wir uns entspannt auf unsere Chaiselongues legen und sinnieren, aber alles ist doch schräg, furchtbar und nichts funktioniert – auch man selbst teilweise nicht. In dieser Hinsicht war das PAF schon sehr prägend. Da wurde mir schlagartig bewusst, wie tief mein Gehirn in irgendwelchen Gräben drinsitzt …

Für mich hat Intensität mit Verdichtung zu tun. Das ist auf jeden Fall etwas, das ich in meiner Arbeit erreichen möchte. Ich verbinde mit dem Begriff aber auch etwas Krisenhaftes, vielleicht weil es mit dem Werden zusammenhängt oder weil Intensität in der Arbeit eben so schwierig zu erreichen ist.

Intensität könnte ja auch etwas ganz Barockes sein: etwas Überbordendes, Überschwemmendes. Aber Intensität kann eben auch Stille bedeuten. Das vermag die bildende Kunst: eine Intensität zu erzeugen, die viel sperriger sein kann – was mich auch an deinem Video beeindruckt hat. Ich habe mir diese Arbeit so oft angeschaut! Und erst nach dem zwanzigsten Mal habe ich auch nichts Neues mehr darin gesehen. Das freut mich bei meinen eigenen Arbeiten, die andere besitzen, ja am meisten: zu erfahren, dass sich der Ausdruck des Bildes für den/die Besitzer*in je nach Lebenslage verändert. Viele Sachen sind schnell ziemlich leer.

Von der Künstlerin und Autorin Moyra Davey leihe ich mir den Ausdruck „low-hanging fruit". Sie beschreibt damit künstlerische Arbeiten, die zu leicht zu bekommen sind, für die nichts riskiert wird. Das ist etwas, das ich mich immer wieder frage: Soll man dahin gehen, wo es leicht ist, oder dahin, wo es schwierig ist?

Es sollte schwierig bleiben. Zumindest ist es mir immer ein Anliegen, keine Arbeiten zu produzieren, die einfach nur in einem Luxusloft an der Wand hängen, als Teil der Einrichtung, verkommen zu einem Dekor. Ich will nichts Superglattes machen. Alle meine Bilder sind Einzelarbeiten. Schon das, dieses Unserielle, macht es bereits sperrig. Da heißt zum Beispiel das eine Bild *Sensitive Column* und das andere *Baustopp* – wie geht das zusammen? In dem Kosmos, den ich beackere, geht das natürlich schon zusammen, aber es ist schwierig, das auf einen kurzen Absatz zu bringen.

Ich finde, dass es dir gut gelingt, das Leichte und das Schwere zu jonglieren, mit beidem spielerisch zu bleiben. Und außerdem bewundere ich, wie produktiv du mit Zweifeln umgehst. Ich bin oft so blockiert, dass ich komplett gelähmt bin. Und du kamst letzte Woche mit einer ganzen Kiste an neu gefüllten Skizzenbüchern zu mir ins Atelier! Also, der Zweifel ist auch ein interessanter Begriff für uns. Wir sind ja in verschiedenen Medien tätig, du in der Malerei, ich in der Videokunst. Kann es sein, dass wir beide am Bild – bzw. am Bildermachen – generell zweifeln? Und wie löst du das in deiner Praxis? Bei mir geht das relativ direkt, durch Sprache. So liefere ich einem Bild in einem Video gleich die Kritik am Bild mit, in der Form eines Voiceovers …

Bildermachen finde ich auch ultraschwierig. Die Welt ist voll davon. Wieso sollte man noch neue hinzufügen? Warum ich trotzdem immer weitermache?

Darauf kann ich immer nur stückweit eine Antwort finden. Meine ganz pragmatische Antwort ist: Ich kann Sachen machen, die ganz tief in Menschen einsteigen, die sie zum Nachdenken bringen und begeistern können. Das wäre doch schon mal eine gute Rechtfertigung, um weiterhin Bilder zu machen. Und wie du mit Sprache arbeitest, ist meiner Taktik nicht ganz unähnlich, denn mir sind Bildtitel immer ziemlich wichtig. Wenn ein Bild zum Beispiel in eine humoristische Richtung tendiert, kann ich das mit einem sperrigen Titel wieder einfangen. Und auch bei Bildern ohne Titel bilden sich Begriffe, indem wir denken: Hier ist dies dargestellt und dort ist jenes dargestellt. Begriffe und Bilder sind ja in uns allen miteinander verschränkt. Man kann die Bilder nicht von den Begriffen trennen und wenn wir einen Begriff hören, gehen ganz bestimmte Bilder in uns los. Wenn wir immer dieselben Bilder zu denselben Begriffen reproduzieren, kommen wir nicht weiter.

Diese Bild-Begriff-Verknüpfungen fantasievoll zur Diskussion zu stellen, ähnelt der Herangehensweise und dem Interesse in meiner Arbeit. Faktisch sind wir ja beide unabhängig voneinander beim Konzept des Diagramms gelandet: das Diagramm als eine Art Meta-Struktur oder Hypothese über ein Bild. Einige deiner Bilder sind ihrem Titel nach Diagramme. Motivisch taucht oft ein Durchschnitt durch verschiedene Schichten auf, überhaupt hat das Diagramm in deinen Bildern etwas sehr Körperliches, auch Brutales. Es fehlt allerdings die „Legende", um es wirklich lesen zu können. Es geht bei dir also eher um die Idee eines Diagramms generell. Kann man das so sagen?

Ich verwende den Begriff des Diagramms gedanklich anders, als ich es in meinen Bildern tue. Bei Letzteren verwende ich ihn vielleicht sogar epistemologisch: Früher konnte man nicht in den Körper hineinschauen. Durch diagrammatische Darstellungen wurde der Körper als Ganzes verfügbar gemacht. Mit der Zeit wandelten sich diese Darstellungen, irgendwann wurden die Teile im Inneren beispielsweise eingefärbt, um sie besser sichtbar zu machen, es gab durch den medizinischen Fortschritt andere Schnitte, Röntgen et cetera. Inwiefern denken wir Körper also anders, wenn wir nur Zugriff auf den unversehrten Körper als Ganzes haben im Gegensatz zu einem stark vergrößerten Ausschnitt, der als ein abstraktes, buntes Bild nur noch von Spezialist*innen gelesen werden kann? Welche Denkregime bestimmen unser Denken, damals und heute?

Deine Diplomausstellung hast du **Phylum** ***genannt …***

Das Phylum ist die Genetik des Seins, beginnend mit dem ersten Einzeller, ein sich chronologisch auffädelndes Baumdiagramm. Die einzelnen Stränge sind voneinander getrennt. Wenn man sich das Leben so vorstellt, müssten die Organismen voneinander getrennt sein, was natürlich Quatsch ist. All die Horizontalitäten, Wechselwirkungen und Kreisläufe gehen in so einer Perspektive verloren. Für mich ist daher ein solch „schulisches" Diagramm ein gutes Beispiel für eine bloß scheinbare Klarheit. Ein Diagramm kann natürlich nicht alles gleichzeitig umfassen, deshalb werden ja Diagramme benutzt: um verschiedene Kräfte und Mechanismen getrennt voneinander abzubilden. Nur tritt somit eine analoge Problematik auf, wie wir sie in der Segregation durch Spezialisierung in Wissenschaft und Gesellschaft vorfinden. Die leicht eingängliche und pointierte Darstellung setzt sich durch und überschattet die eigentliche Komplexität des Sachverhalts. Überhaupt, Dinge zu fixieren, festzunageln, wie in einer Schmetterlingssammlung, so funktioniert Wirklichkeit nicht, aber unsere Vorstellungen sind oftmals davon geprägt. Es gibt natürlich spannendere Diagramme, wie etwa von Deleuze …

Das wäre meine nächste Frage gewesen. In Gilles Deleuzes Band* Die Logik der Empfindung *gibt es einen beeindruckenden Text zu den Bildern von Francis Bacon. Deleuze beschreibt, wie das Diagramm als eine Art „Katastrophe" in die Figuration des Bildes einbricht. War oder ist dieser Text wichtig für dich?

Ich habe ihn schon länger nicht mehr gelesen. Aber er war auf jeden Fall einmal wichtig. Die Diagrammatik in den Bildern von Francis Bacon beschreibt tatsächlich ganz gut die Art, wie ich Intensitäten denke: „Als ob man mit einem Mal eine Sahara, eine Saharazone einfügen würde; als ob man auf ihm eine Nashornhaut, wie unter dem Mikroskop gesehen, ausspannen würde." Können Bilder es schaffen, mehr als bloße Repräsentationen oder Metaphern zu sein? In der postmodernen Kritik am Bild geht es ja sehr stark um Repräsentationen. Aber was ist schon eine *bloße* Repräsentation? Nur weil etwas fotorealistisch ist, heißt das ja nicht, dass es zur alleinigen Repräsentation verkommt und nur weil etwas abstrakt ist, heißt das nicht, dass es nicht im negativen Sinne repräsentativ sein kann. Und wenn man mit Ideen aus der Philosophie arbeitet, muss man sich natürlich auch die Frage stellen, ob man jene bloß illustriert oder eben in die Wirklichkeit umsetzt. Und ihnen dadurch etwas Neues hinzufügt.

Bei mir ergeben sich solche Bezüge oft erst, nachdem die Arbeit fertig ist. Das finde ich nicht schlecht, denn so bleibt die Arbeit autonom und Bezüge zu einem theoretischen Diskurs sind eher ein Zusatz, man kann die Arbeit aber auch ganz intuitiv oder emotional verstehen. Was ist für dich reizvoll an einer Bezugnahme auf Theorie?

Ich nehme einzelne Ideen aus der Philosophie, die ich spannend finde, wie etwa die Kritik am Baumdiagramm, oder auch Versatzstücke anderer Disziplinen, wie zum Beispiel aus der Mathematik, Biologie oder Physik, in meine Bilder auf. So funktionieren meine Arbeiten oft als Eingangstor für Gespräche mit Leuten, mit denen man sonst vielleicht nicht ins Gespräch gekommen wäre. Zum Beispiel kam eine kleine Gruppe Mathematiker in meine Diplomausstellung und wir hatten einen sehr intensiven Austausch – Gesprächsaufhänger war mein *Riemannscher Hund* aus Hasendraht. Bernhard Riemann beschäftigte sich unter anderem mit der Mengenlehre, in der höhere Dimensionalitäten zu niedrigeren Dimensionen umformuliert werden können. So kann zum Beispiel aus unserer Erdkugel, die ja dreidimensional ist, eine zweidimensionale Karte gemacht werden. Mein *Riemannscher Hund* war daher ein Spaß für die Mathematiker, weil die Skulptur einen Menschenkopf mit einem Hundekörper darstellt, der aus einem quadratischen Drahtgitter gebaut ist. Eine solch komplexe Form aus zweidimensionalen Quadraten bauen zu wollen, muss scheitern – was den „Informationsverlust" bei einer Veränderung der Dimensionszahl ganz gut veranschaulicht. Es ist dasselbe Problem, wie wir es bei der Mercator-Projektion finden. Die Transformation von Globus zu Karte schafft nur eine scheinbar repräsentative Abbildung, die ohne eine starke Verzerrung der Karte nicht funktionieren würde …

Apropos transdisziplinäres Arbeiten: In einem anderen Interview habe ich gelesen, dass du als Kind Astronaut oder Archäologe werden wolltest. Ich wollte Detektivin werden … Und jetzt: Sind wir es geworden?

Ich bin definitiv Astronaut und Archäologe geworden. Aber auch noch mehr. Das Schöne an der Kunst ist ja, dass man sich nicht auf eine einzige Sache spezialisieren muss. Man kann forschen, schreiben, malen, filmen … In welchem Beruf kann man schon so etwas machen?

In deiner Ausstellung Phylum *hast du neben skulpturalen Arbeiten aus Pappmaché und Draht großformatige Malereien auf Leinwand gezeigt. Du hast aber auch einen großen Output an kleinen Aquarellen. Und natürlich kenne ich deine Skizzenbücher. Welchen Unterschied macht es für dich, auf A4 oder der großen Leinwand zu zeichnen bzw. zu malen?*

Ich glaube, dass gerade in Bezug auf ein immer mehr an Digitalität der analoge Ausdruck seine Relevanz behält oder sogar noch steigert: Im Digitalen ist alles skalierbar, dies ist in der physischen Form nicht der Fall. Beispielsweise sind die Verläufe bei einem Aquarell immer gleich groß, weil sie eine physikalische Gegebenheit sind. Und natürlich gibt es andere Begrenzungen und Freiheiten, ob man die Hand oder den ganzen Arm benutzt. Und alles hat so seine eigene sinnlich-haptische Spezifik: Ob ich mit einem Bleistift oder einem Pinsel arbeite, wirkt sich sehr auf die Form aus. Früher habe ich versucht, meine Skizzen auf die Leinwand zu übertragen. Also beinahe schon die Skizze illustriert. Das mache ich heute anders. Zu einer malerischen Herangehensweise gehört eben auch ein Wagnis und dieser eine Moment, der in einem gewissen Zustand gut funktioniert. Der Gesamtorganismus muss in einem Moment gut zusammenspielen. Dann ist man im Flow.

Wie hat sich deine Malweise über die Jahre verändert? Und welche Auswirkung hatte das auf den Inhalt?

An der Akademie habe ich anfangs komplett abstrakt gemalt. Dann kamen Gegenstände hinzu. Einer der ersten war eine seltsame Dusche, die zu der Thematik „Urlaub" entstanden ist. Urlaub vereint eine Art von sanftem Kolonialismus mit verklärten Kindheitserinnerungen: mit den Eltern nach Italien, solche Sachen. Ich habe wenig später in einem alten Fotoalbum ein Foto genau dieser Dusche entdeckt, aus einem Griechenlandurlaub, in welchem ich vier oder fünf war. Ganz tief im Unbewussten abgelagert kam diese Dusche zum Vorschein. Das hat mich fasziniert. Prinzipiell muss ich nicht in meiner Kindheit nach irgendwelchen Objekten suchen. Nostalgie ist mir ein Gräuel. Aber dass das Kunstmachen dazu fähig ist, das finde ich schon Wahnsinn. Dann kamen also diese Objekte und dann das Verhutzelte. Und dann hat sich irgendwann dieser Typ eingeschlichen … Okay: Einer der für mich wichtigsten Autoren ist und bleibt Kafka. Diese Welten, die er da aufbaut, gehören für mich immer noch zu den intensivsten und relevantesten Geschichten. Bei Kafka gibt es ja diesen Herrn K. Das ist so ein Typ wie Max Mustermann, der problematische und im Nachhinein noch viel problematischere Standardmensch. In meinen Zeichnungen und Malereien taucht oft dieser Typ auf. Das ist dann eben nicht der aufrecht stehende, muskulöse Ken, sondern der etwas zu große Typ mit Glatze, der immer gebückt und mit leichtem Bäuchlein rumläuft. Nicht heroisch, sondern ausgeliefert, verletzlich, fragend. Ein bisschen bin das natürlich auch ich selber, bzw. lesen das andere in ihn hinein, und es ist gar nicht so falsch. Ich fand es ganz interessant, den Bildraum sehr flach zu haben und mit nur einem Pigment leicht lasierende Farbflächen aufzutragen und dadurch dieses komische Rosa zu schaffen, das immer wieder als Repräsentant für eine Sensibilität auftritt. Bis ungefähr zum Diplom war das meine Farbpalette. Momentan versuche ich eher, Kontraste an ein Maximum zu führen … Typ K, das war eine Welt. Ich würde sagen, ungefähr vor einem Jahr hat eine neue Welt angefangen.

Wenn ich mir deine Bilder über die Jahre hinweg anschaue, fällt mir auf, dass in früheren Bildern die Figur eher zentral auf die „nackte" Leinwand gesetzt wurde. Dann hat sich die Malerei nach und nach auf die gesamte Fläche der Leinwand ausgebreitet. Ein neues Element scheint mir auch das Volumen zu sein: Du setzt in deinen neuesten Bildern die Schraffur ein, welche die Objekte auf der Leinwand plastischer wirken lässt. Da erscheinen die Skulpturen aus Pappmaché, die

du seit Neuestem machst, als logischer nächster Schritt – sie wirken wie aus den Bildern herausgefallene Artefakte: Maske, Flöte, Zelt ... In deiner Einzelausstellung* Albedo *hast du diese sehr unprätentiös gezeigt, ohne Sockel und ohne sie akkurat zu platzieren. Haben diese Objekte etwas mit einer performativen Sehnsucht zu tun?

Total. Wobei es sogar weniger die Endresultate sind als das Machen. Das Material herzustellen und zu formen, ist supergeil, es ist sinnlich, schleimig, sexuell. Das filme ich gerne und stelle Clips auf Instagram. Die archaischen Objekte speisen sich aus meinem Interesse für Archäologie. Momentan interessiere ich mich dafür, anhand welcher Gegenstände die Menschheitsgeschichte üblicherweise erzählt wird und welche Möglichkeiten es dafür noch gäbe. In deinem Video *Is writing female?* wird ja auch ein Ausschnitt aus Ursula K. Le Guins Text *The Carrier Bag Theory of Fiction* zitiert, welcher der *Waffe* den *Beutel* entgegenstellt. Ausgehend von solchen Beschäftigungen kommt in meiner Arbeit dann beispielsweise ein Schwert aus Papier zustande: Wie kann ein solch überkommenes Objekt heutzutage noch eine derart starke mediale Präsenz besitzen?

In unserem Vorgespräch hast du das Wort „Eskapismus" erwähnt. Kunst als Realitätsflucht, als Rückzug ins Private. Dem Begriff haftet etwas Negatives an. Dem könnte man entgegnen, dass eine Veränderung nur aus einer Distanz zur Wirklichkeit heraus entstehen kann.

Eskapismus als Haltung im Privaten ist natürlich schwierig: Sich nur von Serien berieseln zu lassen oder komplett in virtuellen Welten zu verschwinden ... Mein Anspruch in der Kunst ist es, etwas zu erschaffen, das die Wirklichkeit auf eine andere Art und Weise kontextualisiert. Ein leichtes Daran-Rütteln. Das ist dann eine Art von Eskapismus, in den Türen in die Realität eingebaut sind, die jene wiederum zugänglicher machen durch einen etwas verschobenen Blickwinkel zur Welt. Diese Türen sind sinnlicher Art, wie das Aufschneiden und Sezieren von Körperlichkeit, oder kontextueller, wie die Spannung zwischen Bildinhalt und Titel. Ein Beispiel zu Letzterem: Ich habe mittlerweile sechs Bilder mit dem Titel *Der Architekt* gemalt. Keines der Motive würde im ersten Moment als ein Architekt erkannt werden. Diese alternativen Welten führen nicht in ein eskapistisches Wohlbehagen. Sie exerzieren vielmehr durch, wie Körper aussehen könnten, wenn sie von architektonischen Maßstäben bestimmt wären. Es ist eine hypothetische Übertragung architektonischer Prinzipien und damit der Vernunft der Gestaltung von Gebäuden und Infrastruktur auf die Körper der Architekten. Sie werden also selbst zu „Betroffenen" ihres Schaffens. Oder haben einfach nur ein sehr architektonisches Röckchen an.

Du weißt ja, dass ich mich wahnsinnig für Routinen und Rituale anderer Künstler*innen interessiere ... Gertrude Stein genoss es etwa, eine Kuh zu sehen, wenn sie von ihrer Arbeit aufschaute. So ist sie auf der Suche nach einer Kuhweide mit dem Auto herumgefahren und hat sich mit ihrem Notizblock auf einen Klappstuhl auf die Wiese gesetzt. Ihre Partnerin musste ihr dann die Kuh ins Blickfeld treiben. Du hast ja momentan dein Studio auf dem Land ... Wie sieht ein typischer Kunst-Arbeitstag bei dir aus?

Ja, Kühe gibt es bei mir viele, die helfen mir allerdings nicht beim Arbeiten. Ich mag Routinen gar nicht! Ich lebe lieber nach einem intuitiven Begehren und versuche, alles im Fluss zu halten. Lieber alles immer wieder neu.

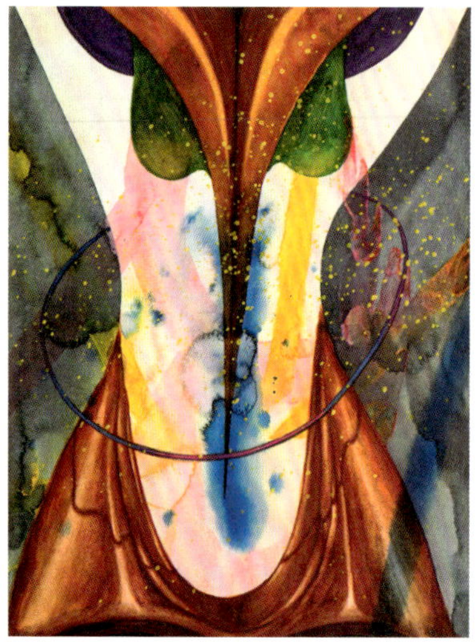

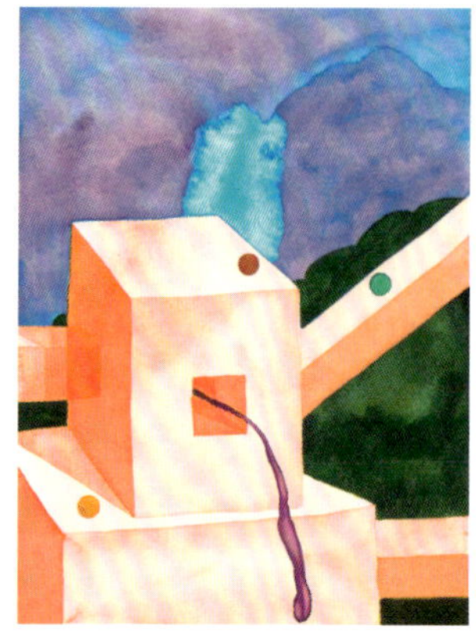

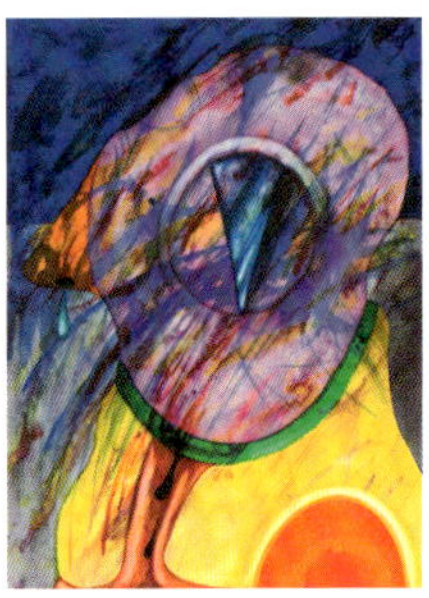

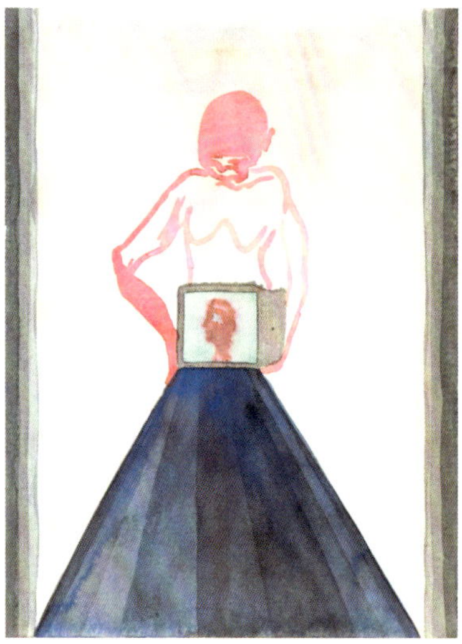

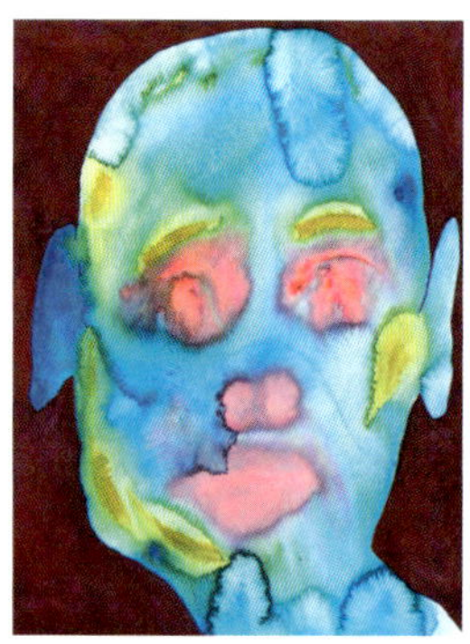

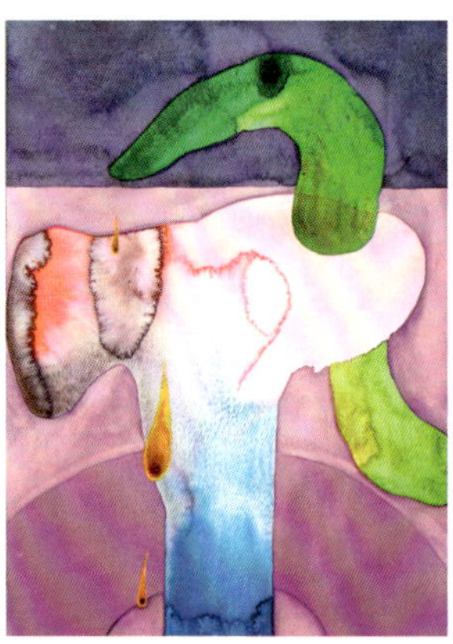

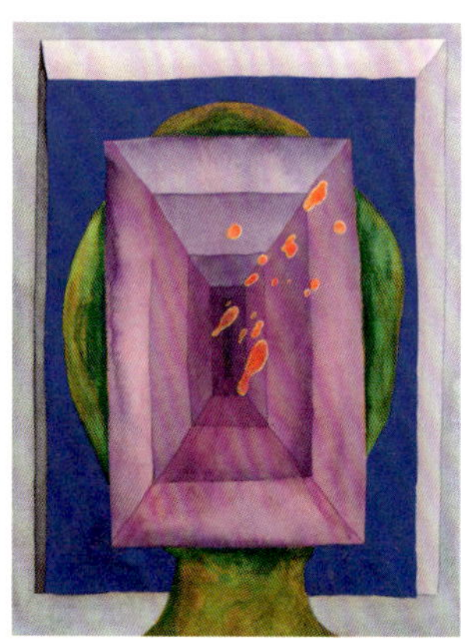

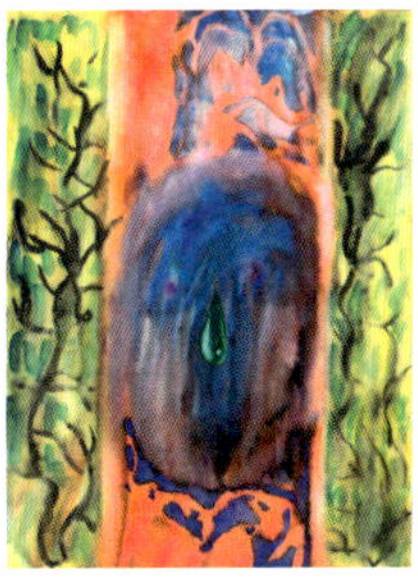
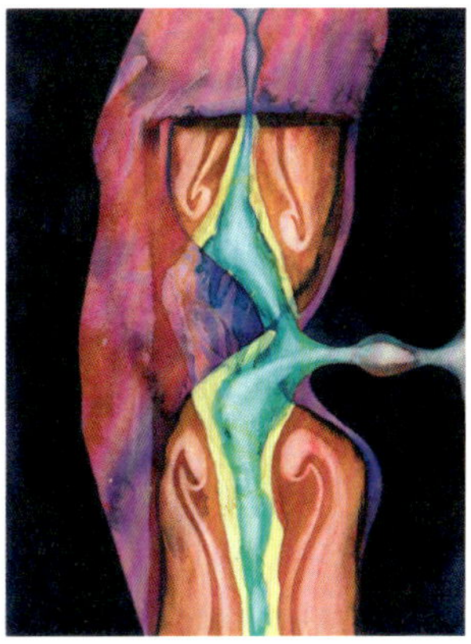
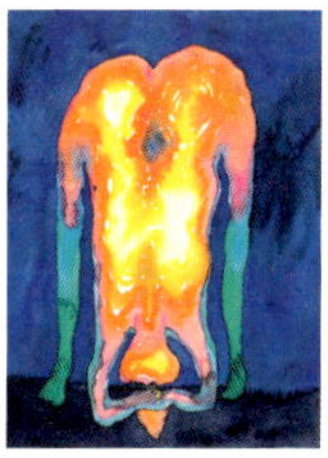
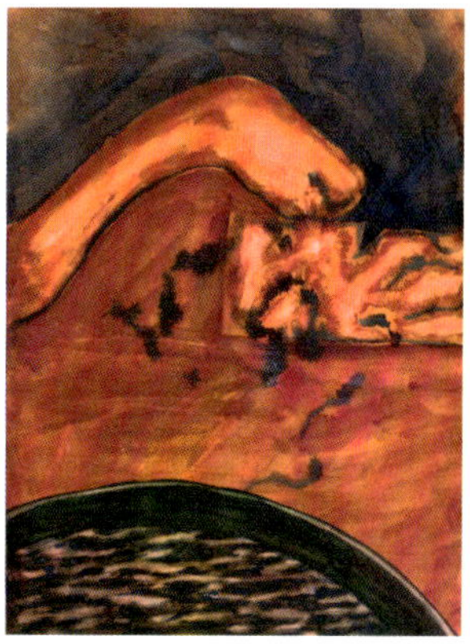
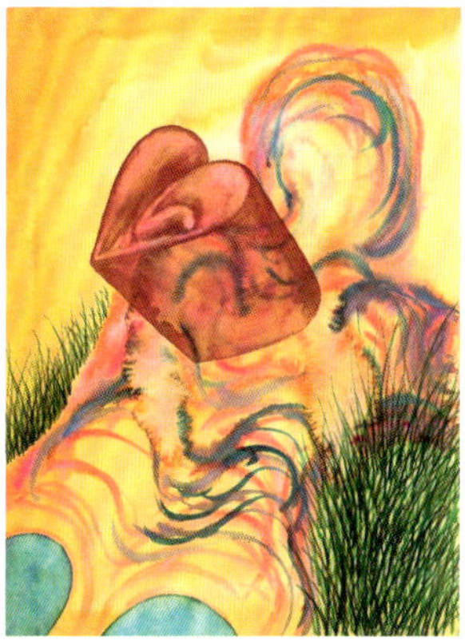
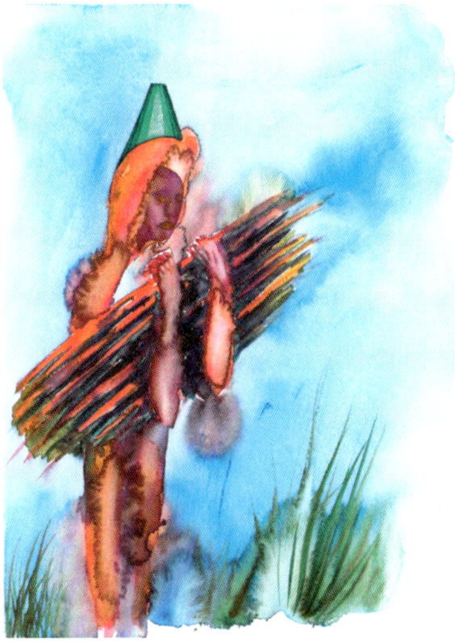
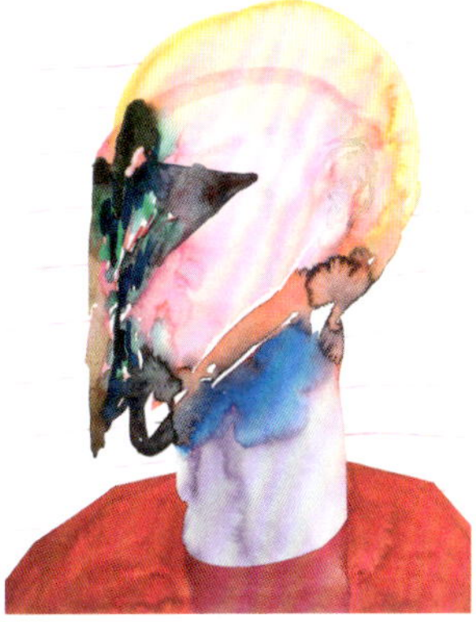
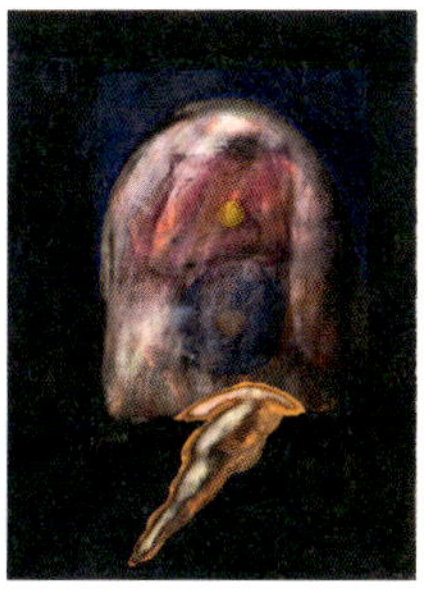
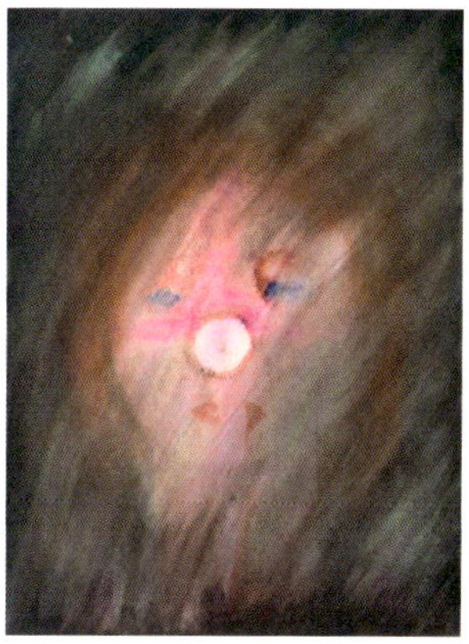
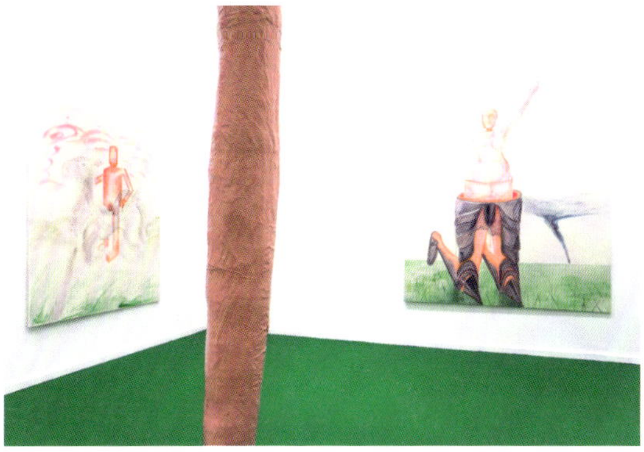

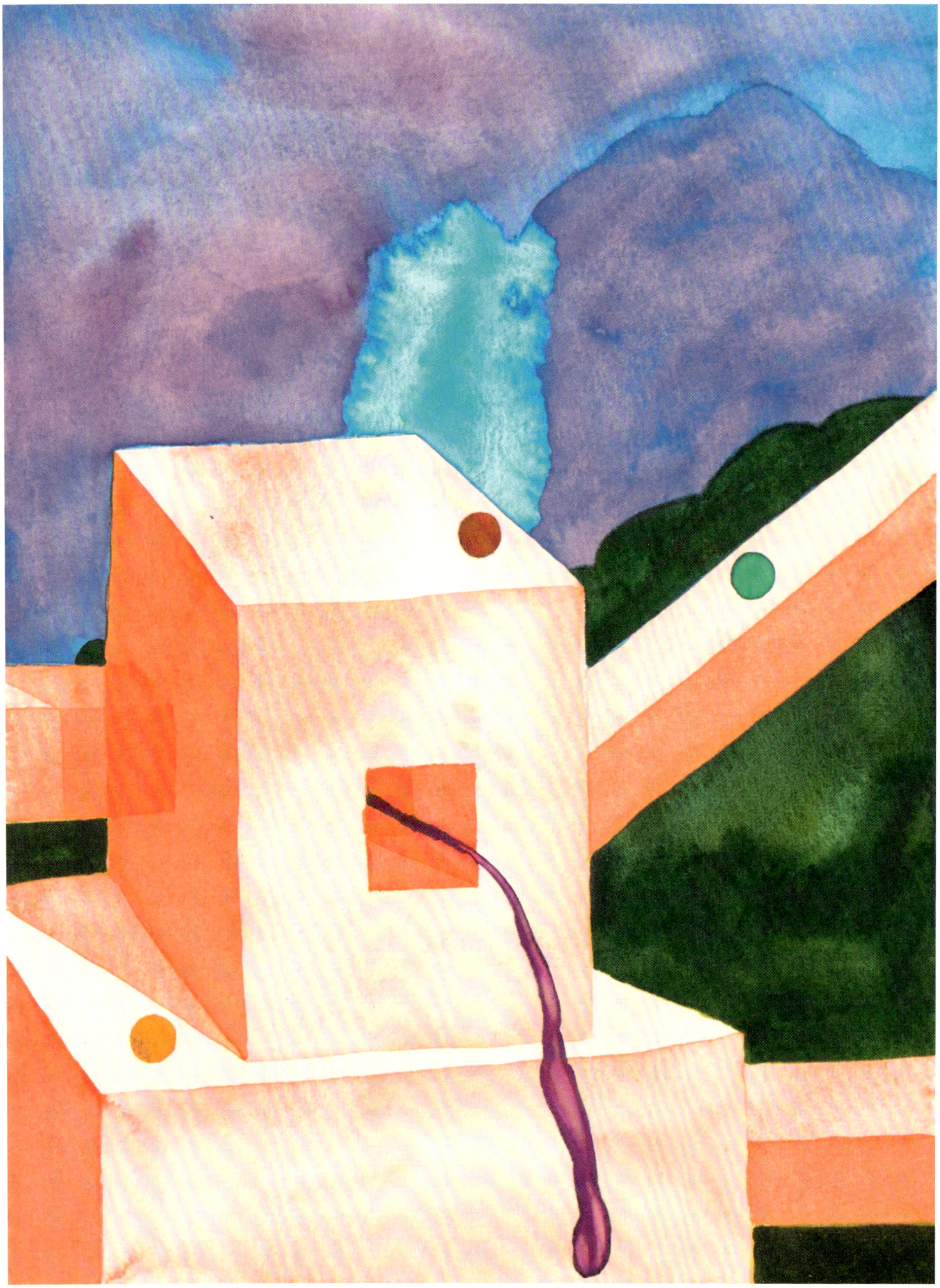

Diese Seite / This page: Der Architekt 5 / The Architect 5, 2020,
Aquarell auf Papier / Watercolor on paper, 32 × 24 cm
Rechte Seite / Right-hand page: Flaming Alien Hammer, 2020,
Aquarell auf Papier / Watercolor on paper, 32 × 24 cm

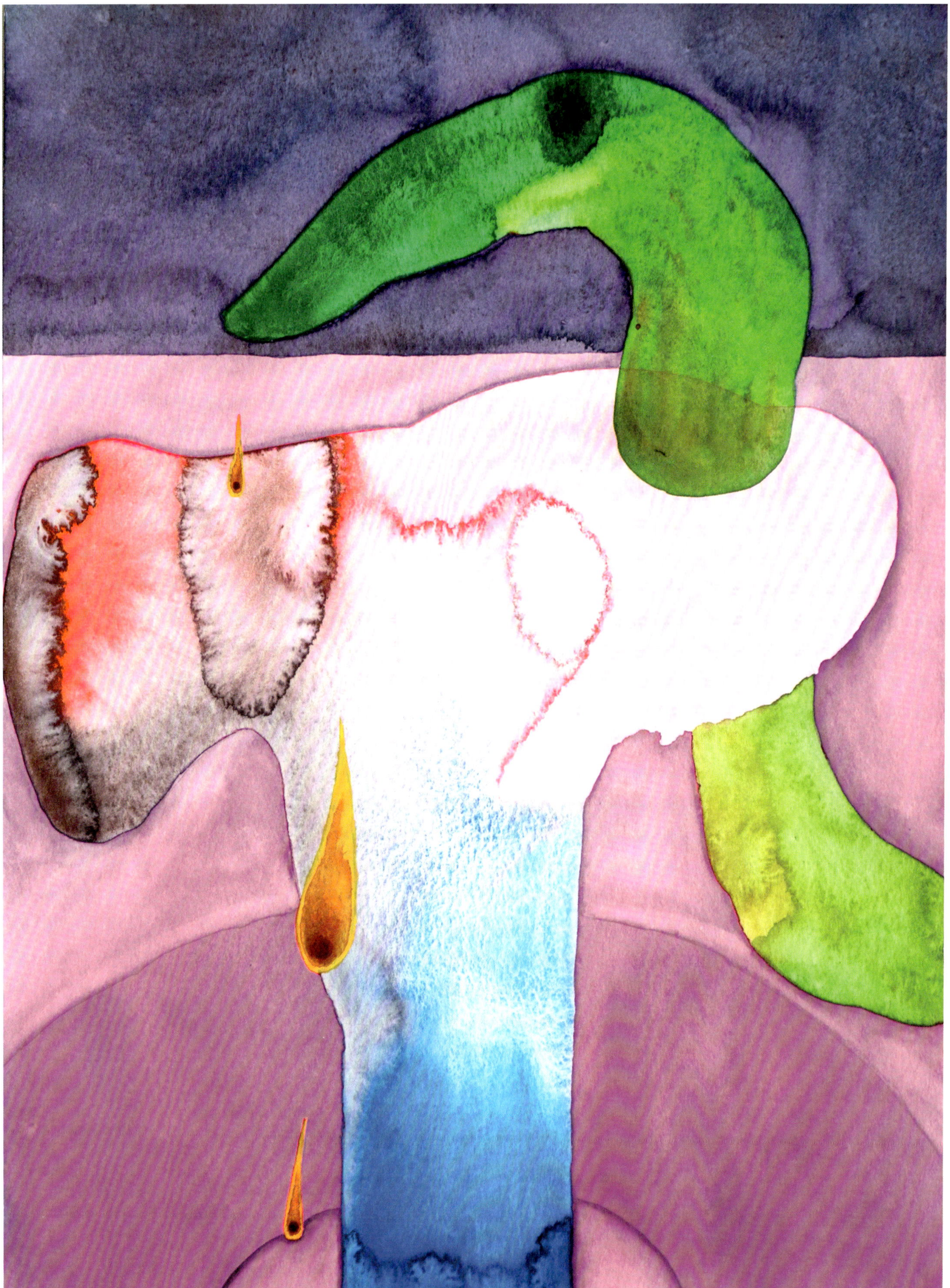

Diese Seite / This page: Seiten aus Skizzenbuch / Sketch book pages, 2020,
Bleistift auf Papier / Pencil on paper, je / each 26 × 18 cm
Rechte Seite / Right-hand page: Chromosome 2, 2020, Aquarell auf Papier / Watercolor on paper, 32 × 24 cm

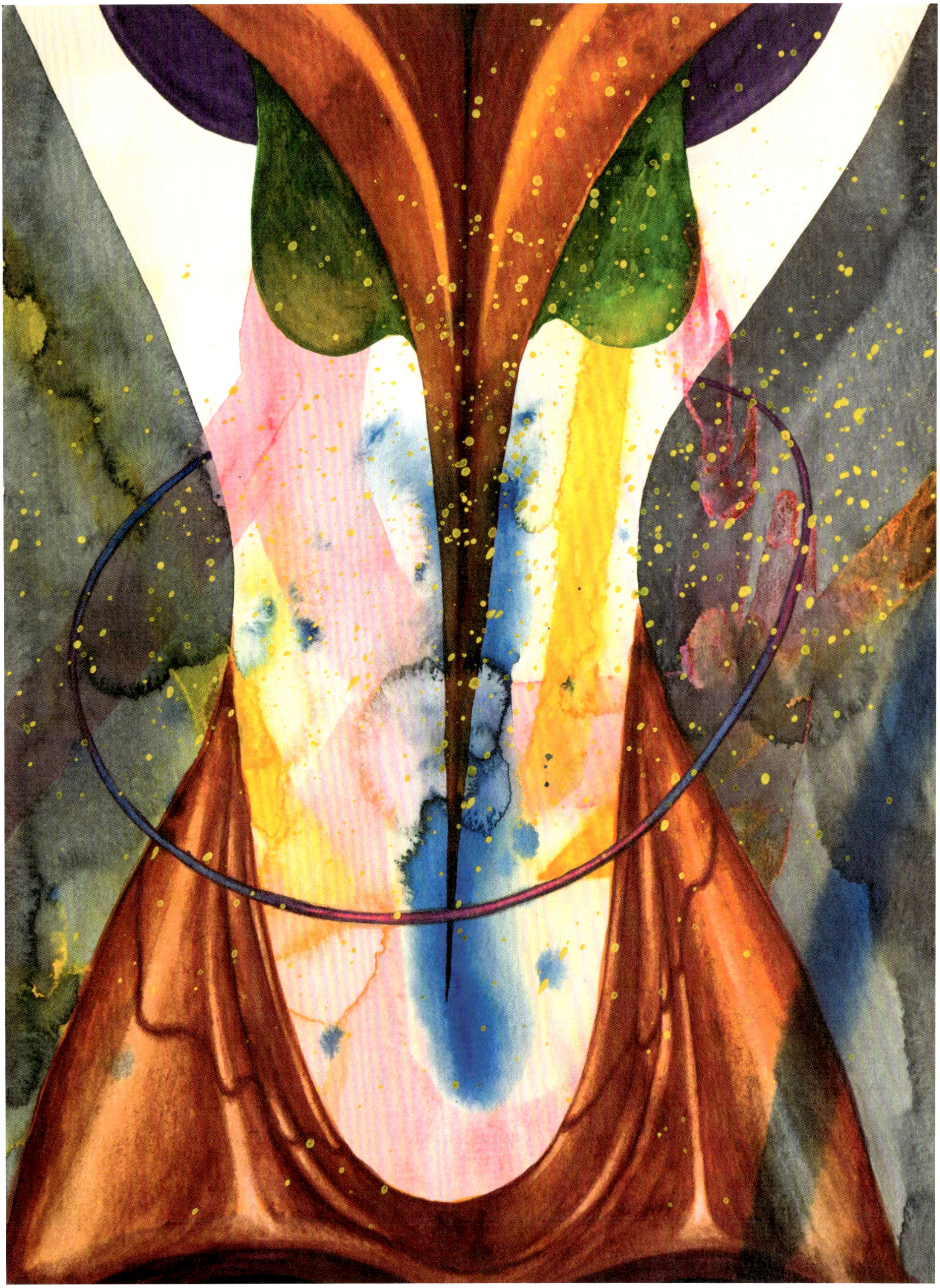

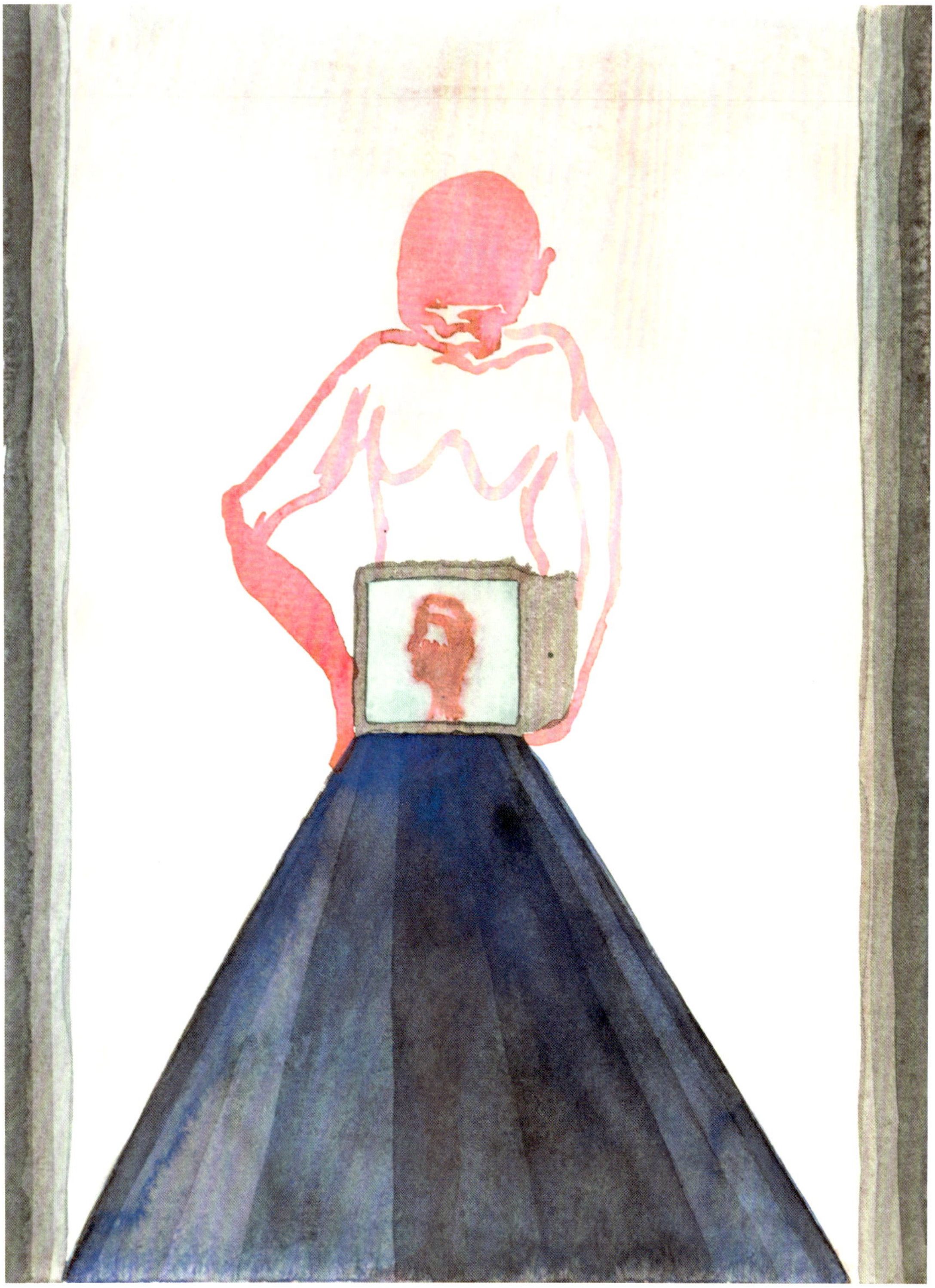

Diese Seite / This page: Nam June Paik, 2020, Aquarell auf Papier / Watercolor on paper, 32 × 24 cm
Rechte Seite / Right-hand page: Be There or Be Square, 2020, Aquarell auf Papier / Watercolor on paper, 32 × 24 cm; Spirit, 2020, Aquarell auf Papier / Watercolor on paper, 32 × 24 cm

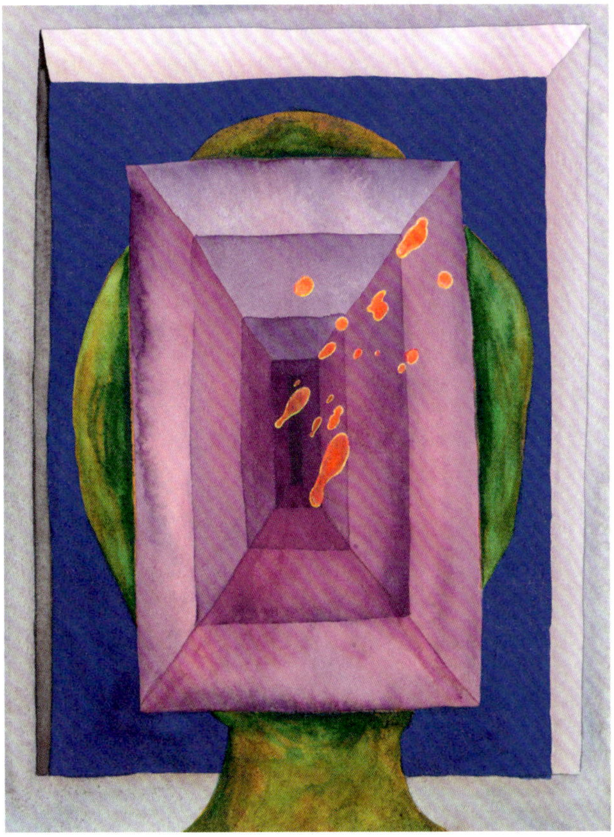

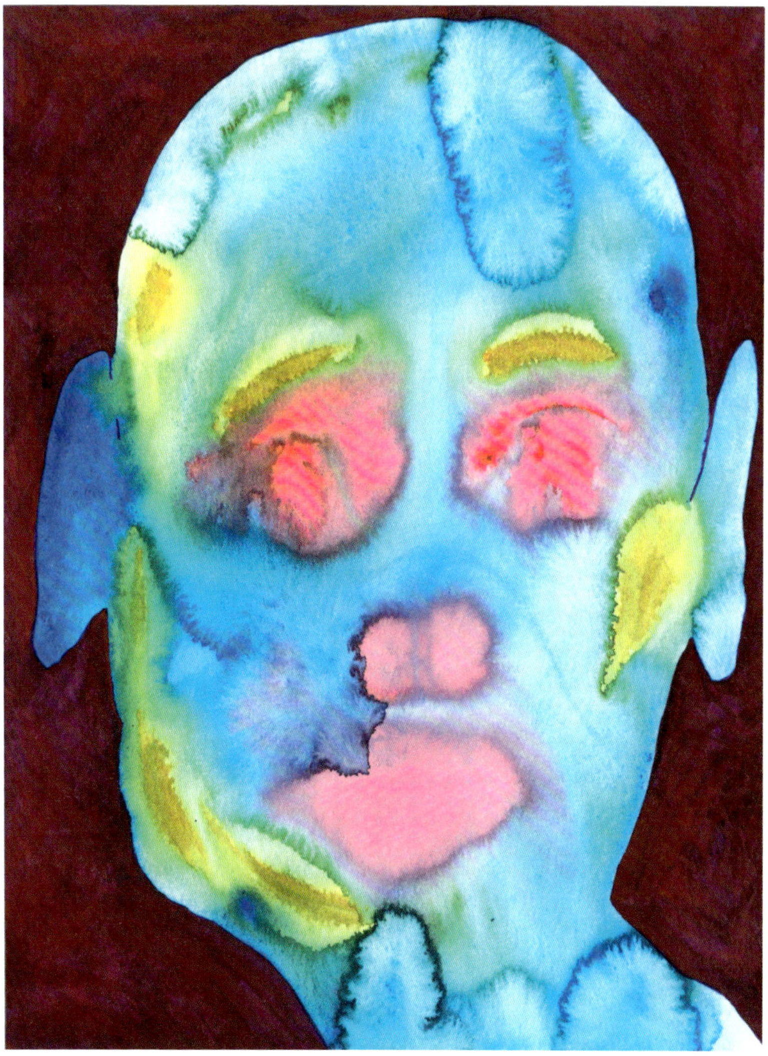

Diese Seite / This page: Seiten aus Skizzenbuch / Sketch book pages, 2020,
Bleistift auf Papier / Pencil on paper, je / each 26 × 18 cm
Rechte Seite / Right-hand page: Robocop, 2020, Aquarell auf Papier / Watercolor on paper, 32 × 24 cm

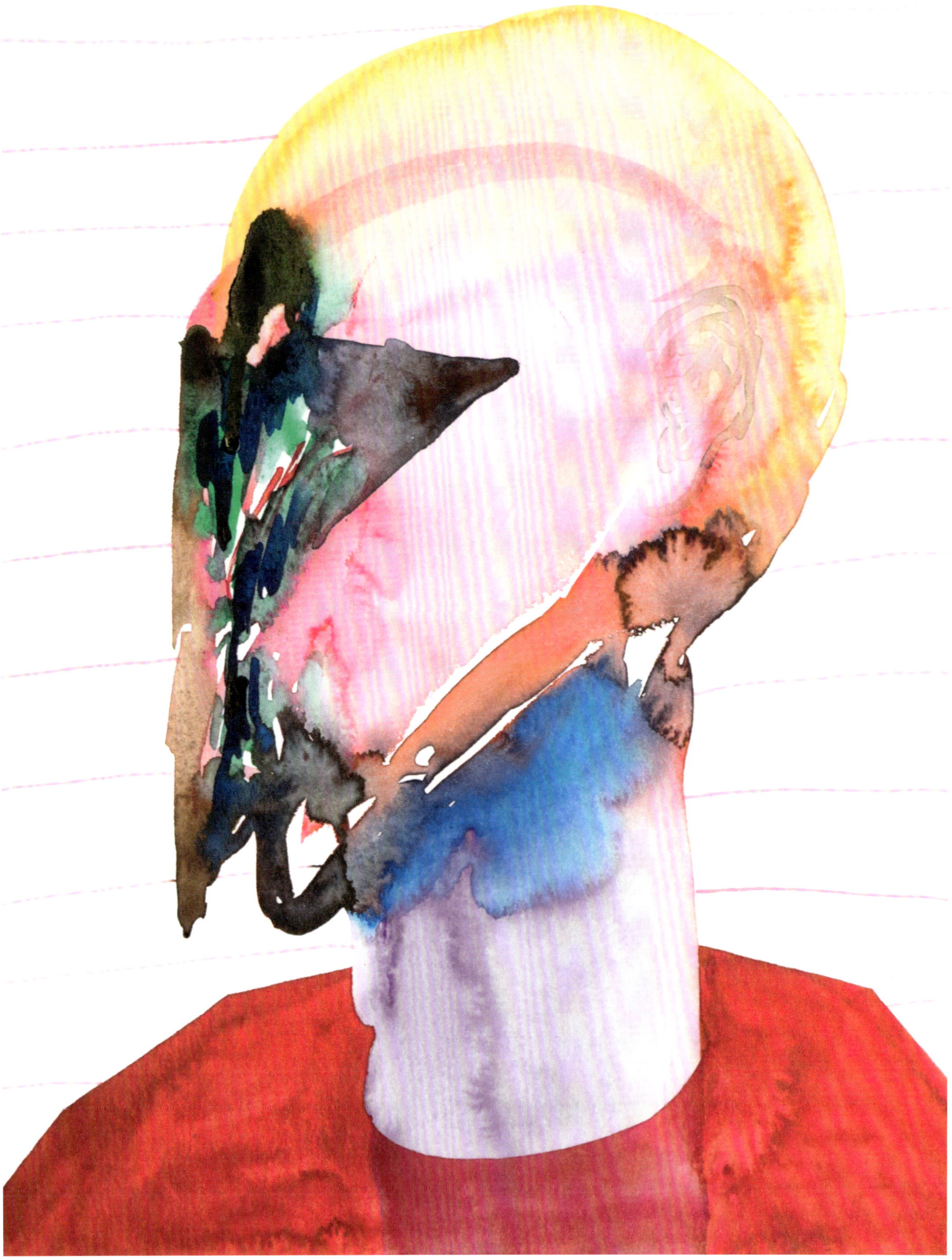

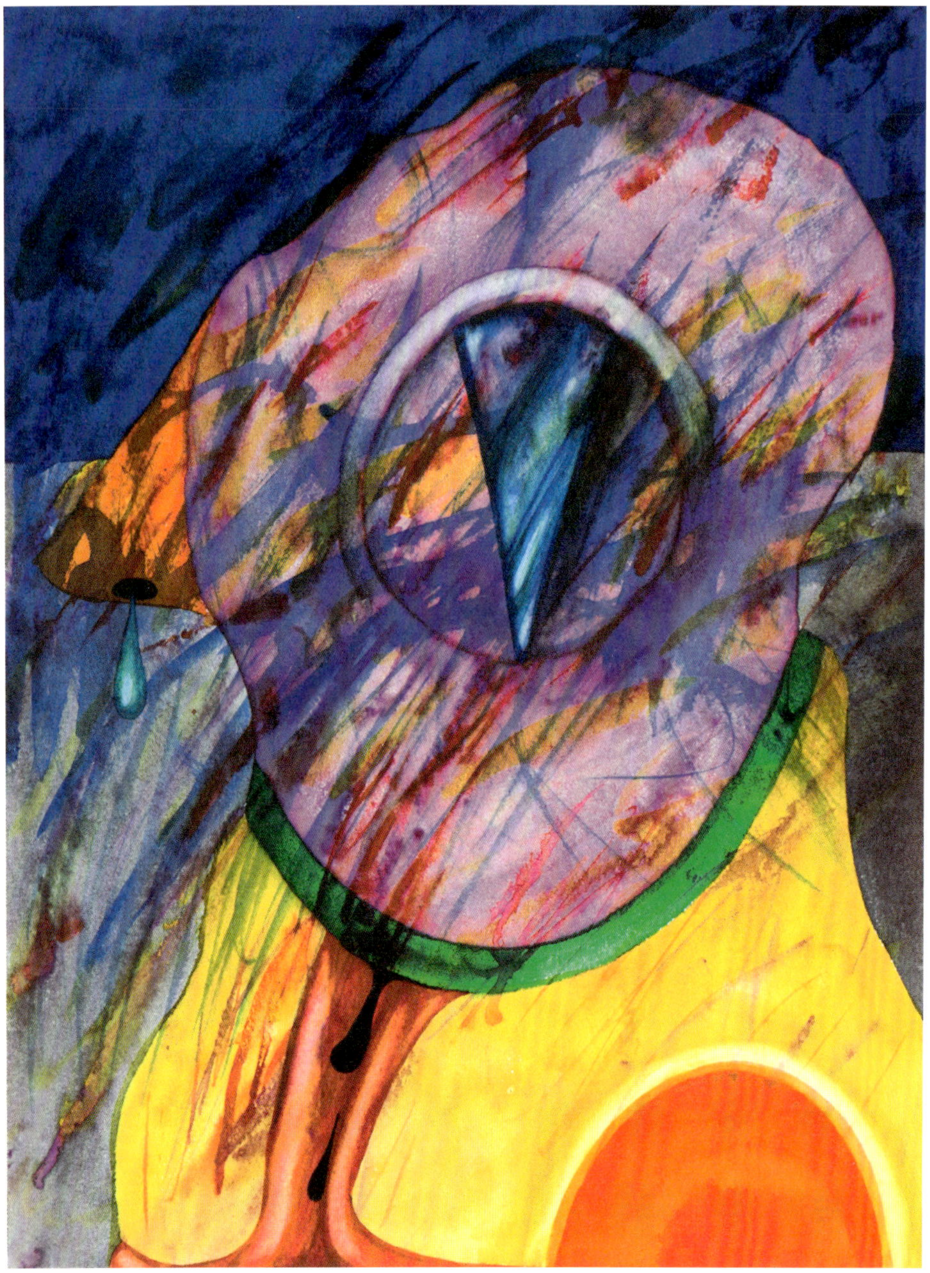

Diese Seite / This page: Simulacrum, 2020, Aquarell auf Papier / Watercolor on paper, 32 × 24 cm;
Seite aus Skizzenbuch / Sketch book page, 2020, Bleistift auf Papier / Pencil on paper, 26 × 18 cm
Rechte Seite / Right-hand page: Anger is a Liquid, 2020, Aquarell auf Papier / Watercolor on paper, 32 × 24 cm

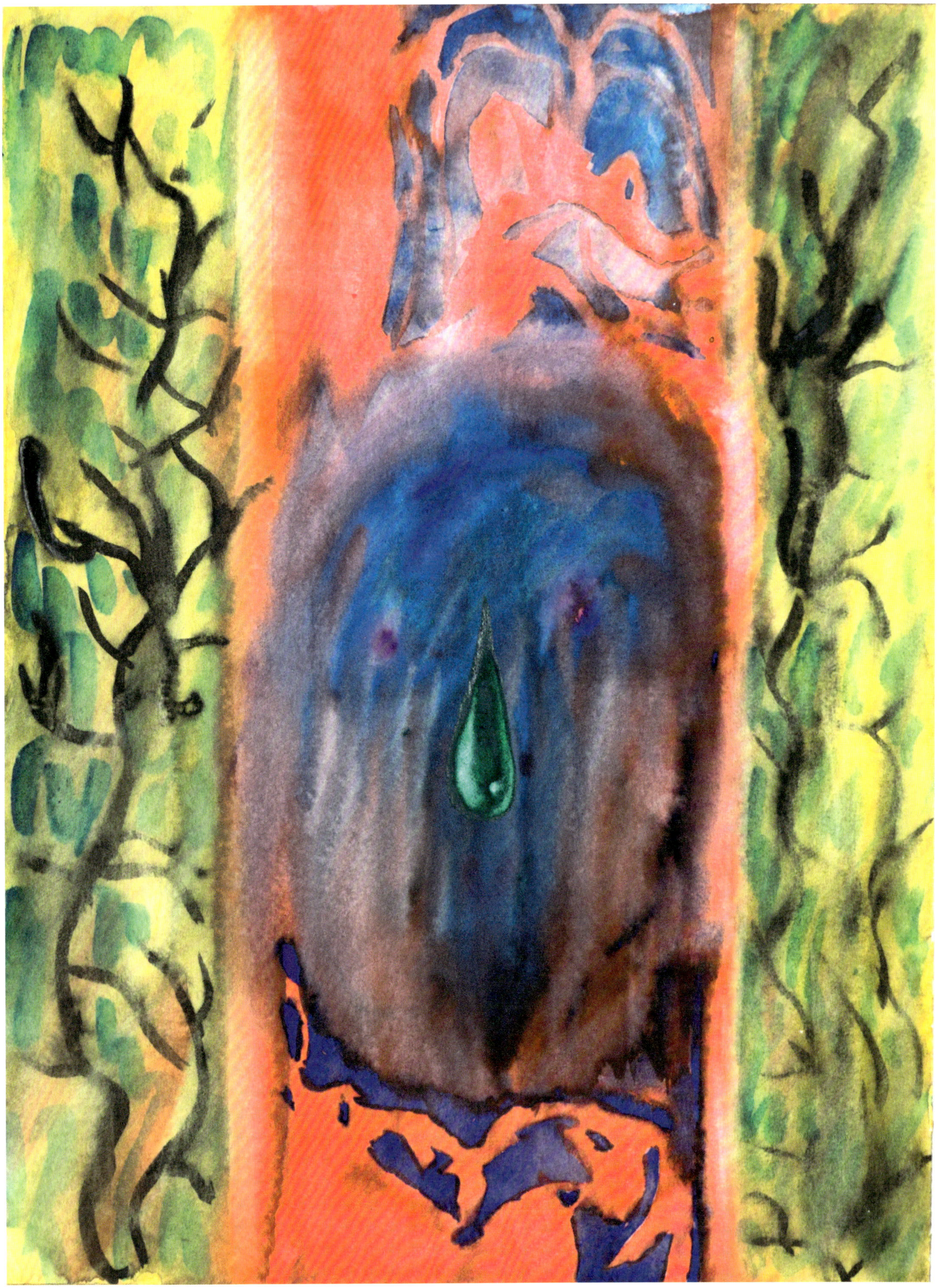

Diese Seite / This page: Seiten aus Skizzenbuch / Sketch book pages, 2020,
Bleistift auf Papier / Pencil on paper, je / each 26 × 18 cm
Rechte Seite / Right-hand page: Love, 2020, Aquarell auf Papier / Watercolor on paper, 32 × 24 cm

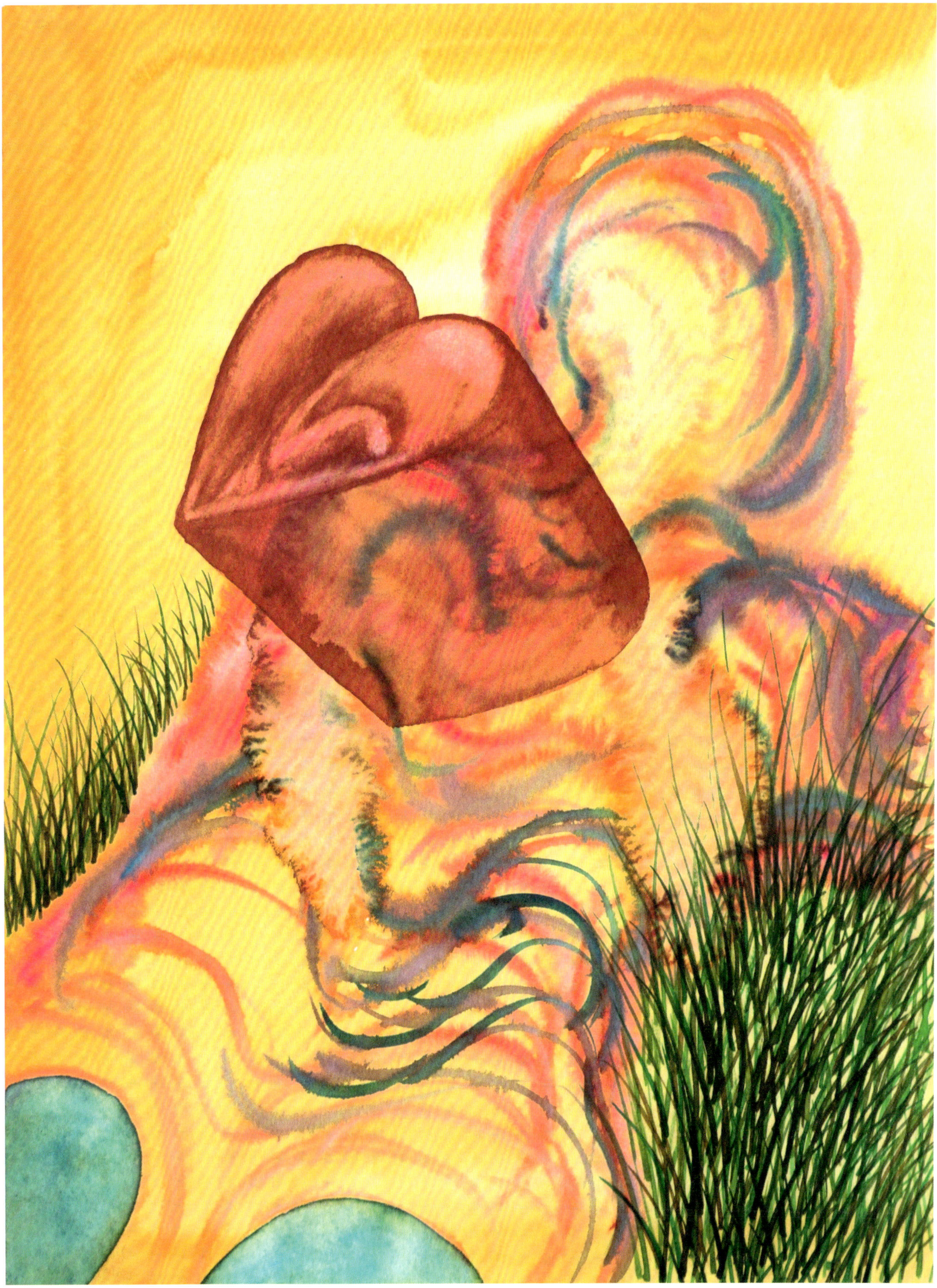

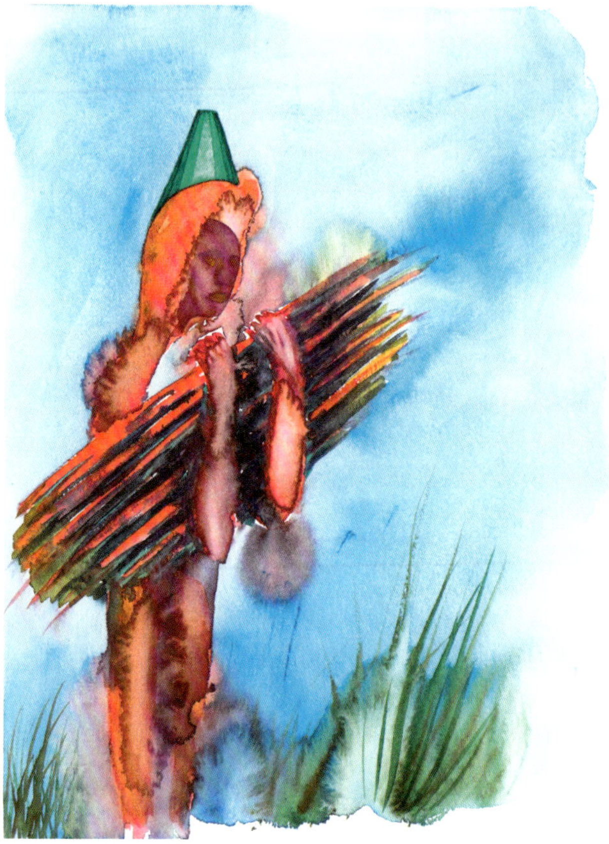

Diese Seite / This page: Seite aus Skizzenbuch / Sketch book page, 2020,
Bleistift auf Papier / Pencil on paper, 26 × 18 cm;
Work, 2020, Aquarell auf Papier / Watercolor on paper, 32 × 24 cm
Rechte Seite / Right-hand page: Bionic, 2020, Aquarell auf Papier / Watercolor on paper, 32 × 24 cm

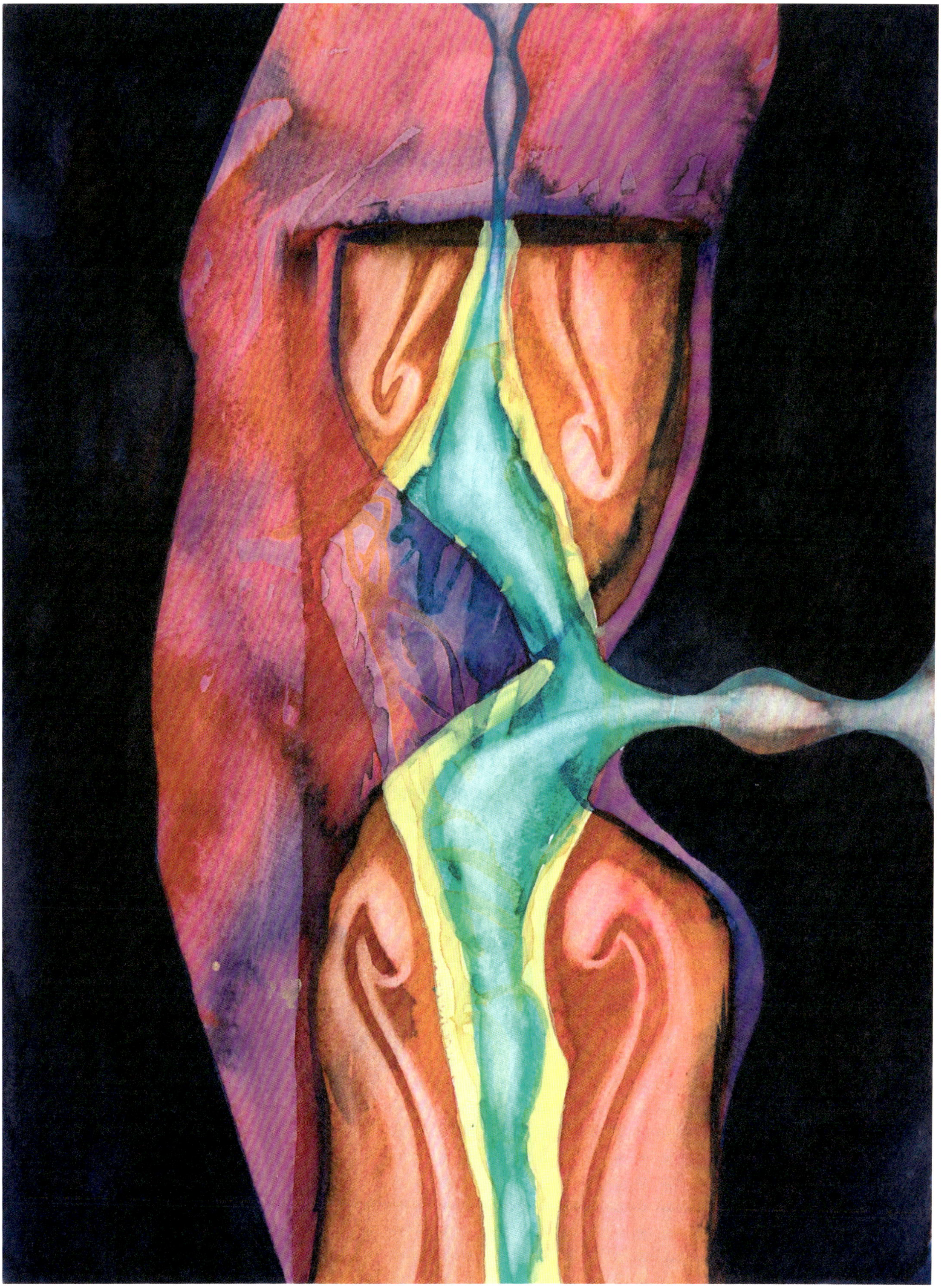

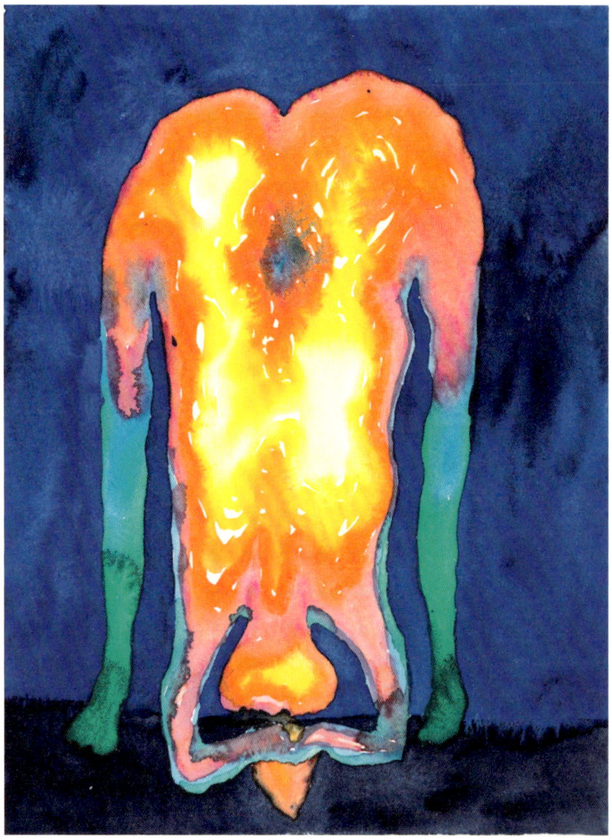

Diese Seite / This page: Seite aus Skizzenbuch / Sketch book page, 2020,
Bleistift auf Papier / Pencil on paper, 26 × 18 cm;
Quarantine, 2020, Aquarell auf Papier / Watercolor on paper, 32 × 24 cm
Rechte Seite / Right-hand page: Seite aus Skizzenbuch / Sketch book page, 2020,
Bleistift auf Papier / Pencil on paper, 26 × 18 cm

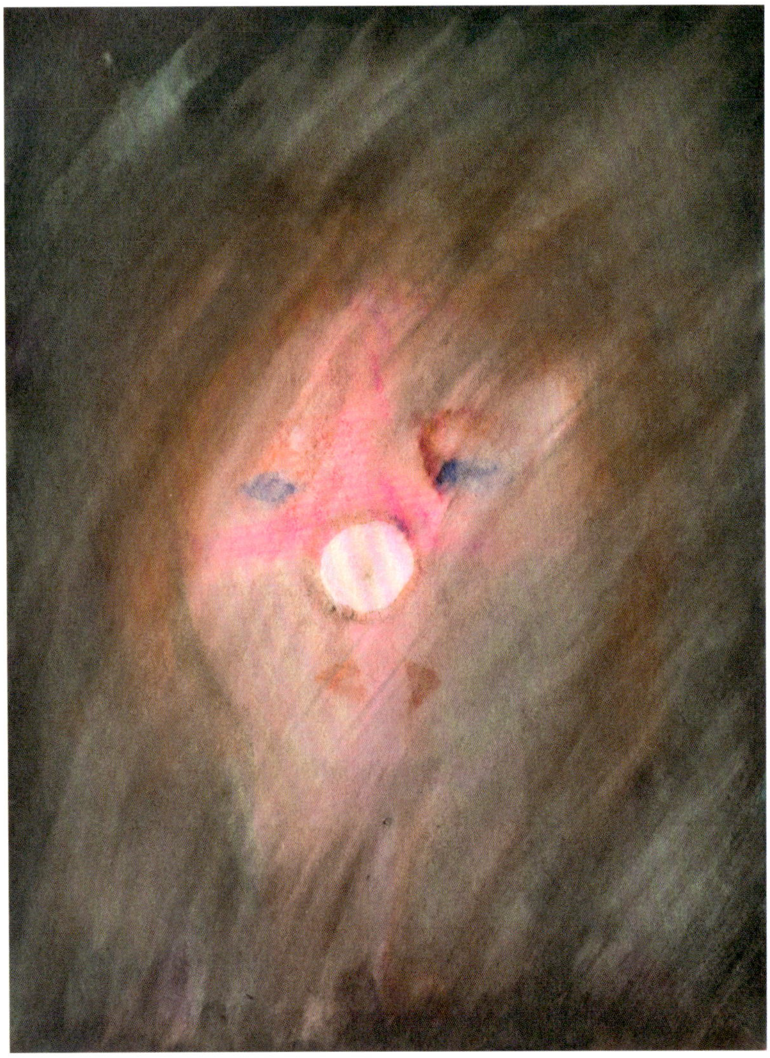

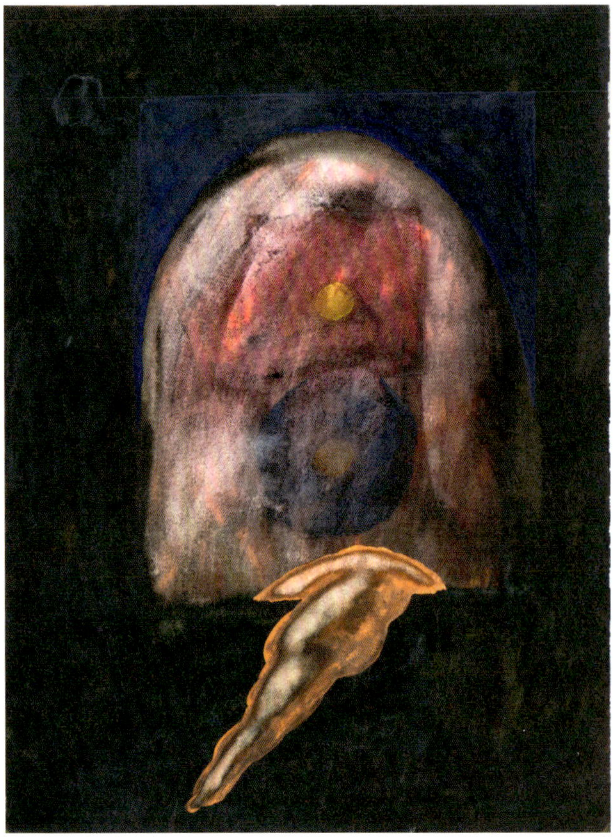

Diese Seite / This page: Umnachtung / Derangement, 2020, Aquarell auf Papier / Watercolor on paper, 32 × 24 cm;
Subconsciousness, 2020, Aquarell auf Papier / Watercolor on paper, 32 × 24 cm;
Seite aus Skizzenbuch / Sketch book page, 2020, Bleistift auf Papier / Pencil on paper, 26 × 18 cm
Rechte Seite / Right-hand page: CRSPR, 2020, Aquarell auf Papier / Watercolor on paper, 32 × 24 cm

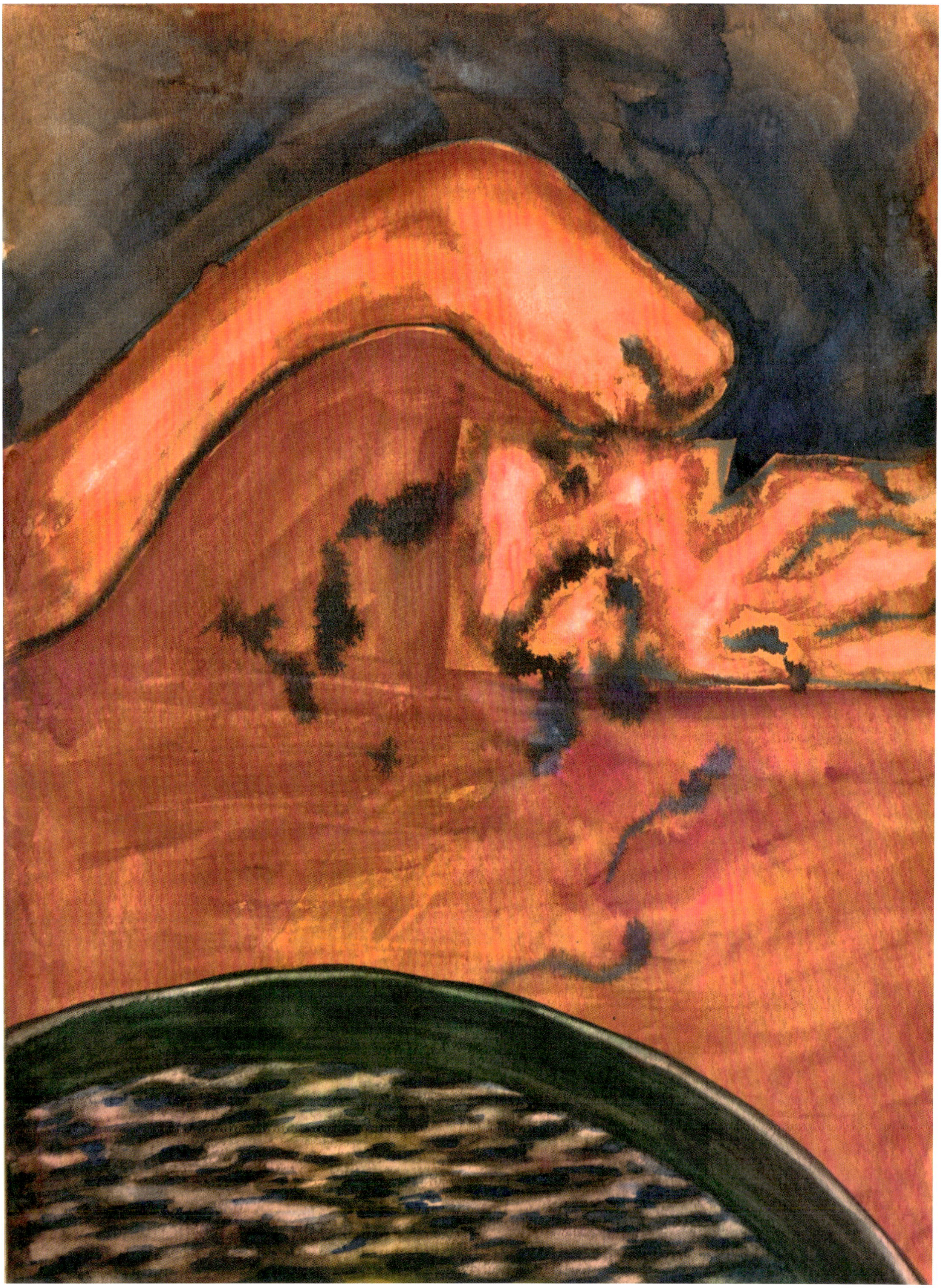

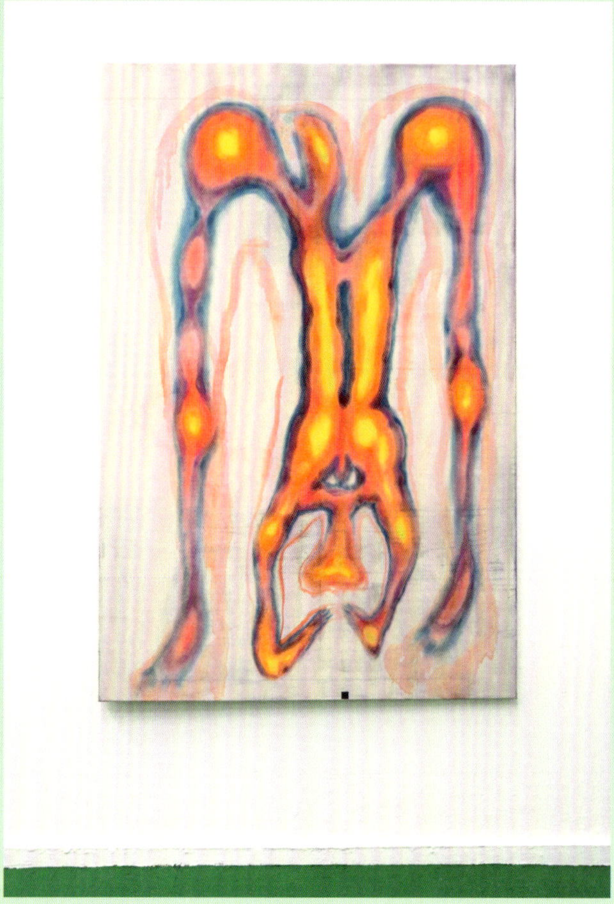

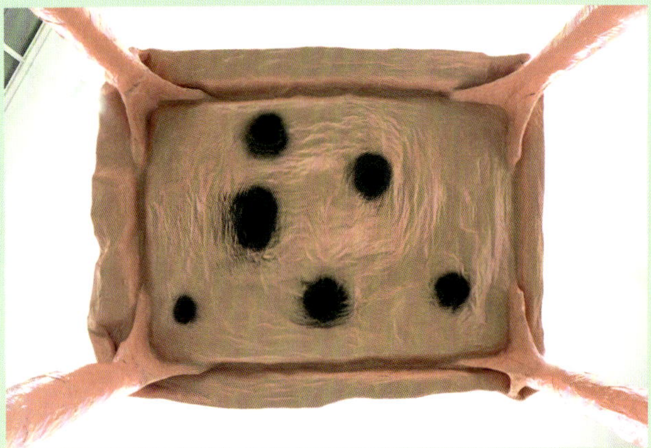

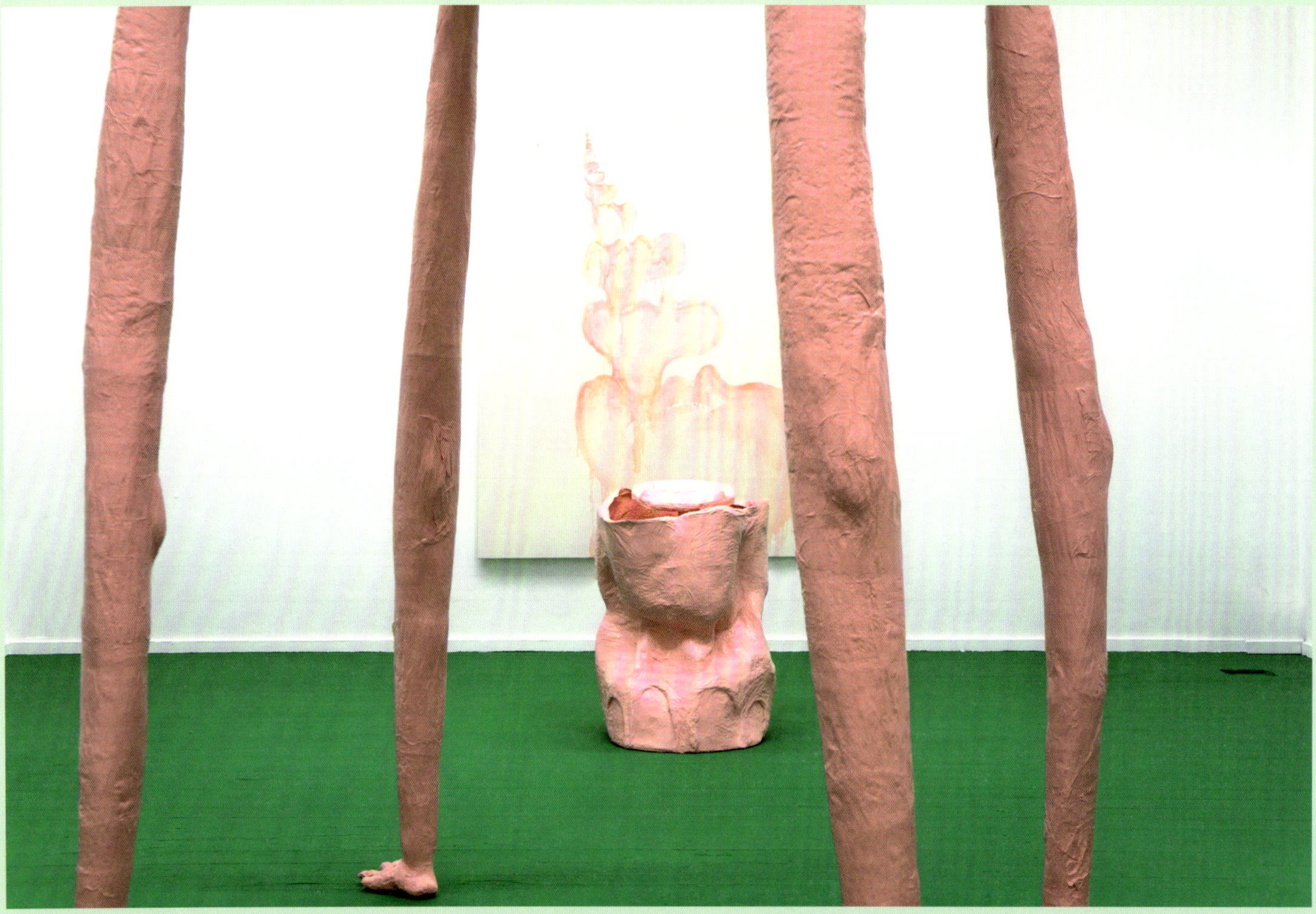

Ausstellungsansichten / Exhibition views Phylum,
Diplomausstellung Akademie der Bildenden Künste München / Degree show Academy of Fine Arts Munich, 2018

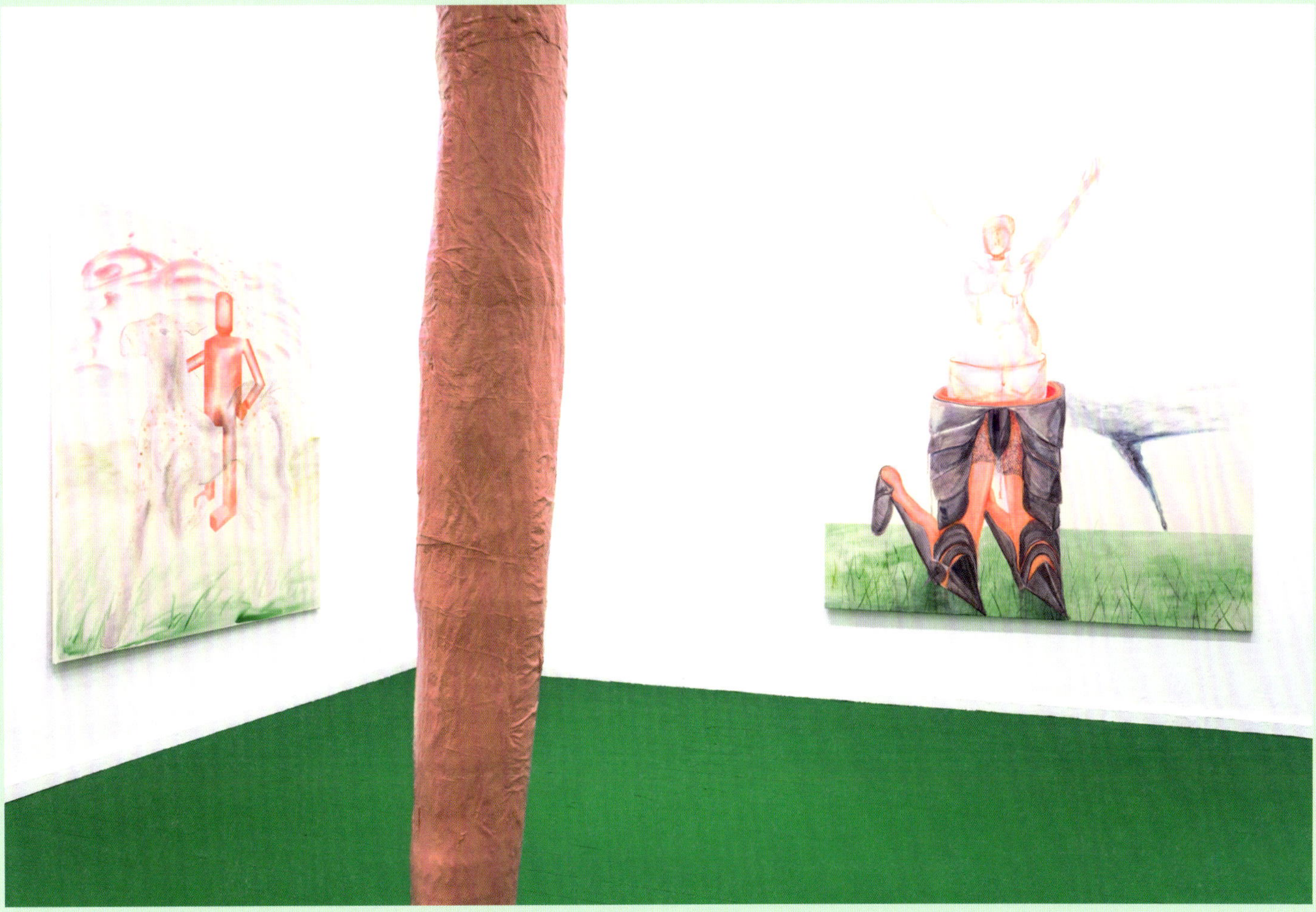

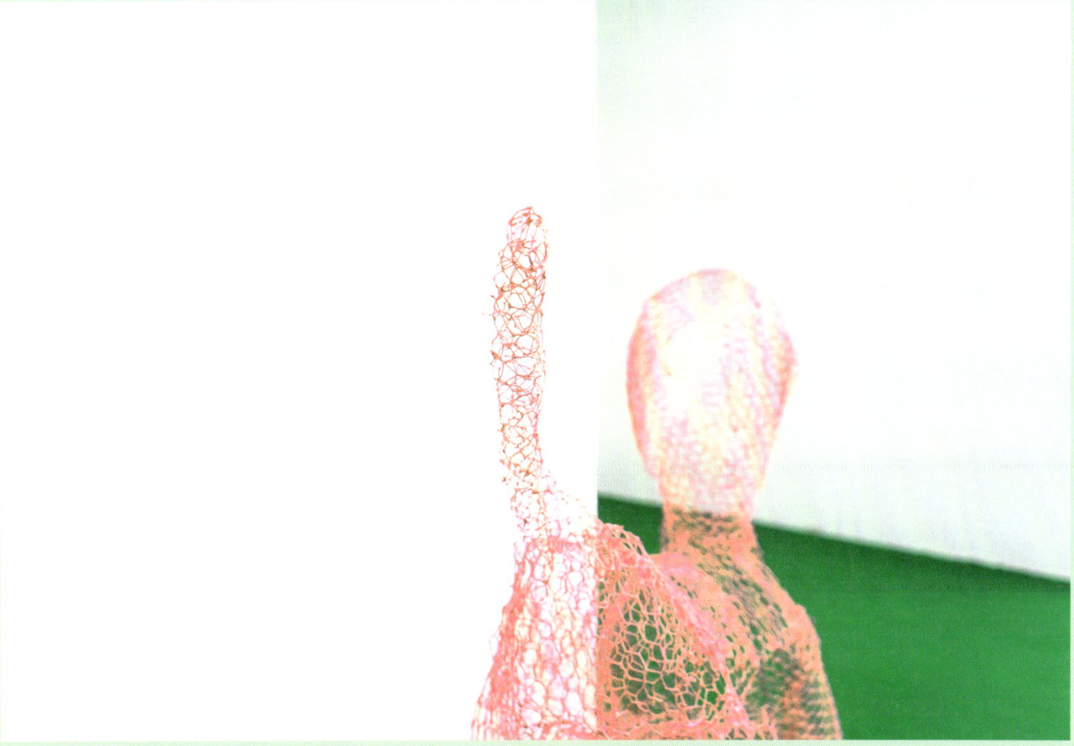

About intensities, bulkiness, and Riemannian dogs A conversation between Jakob Gilg and Lilian Robl

L. R.: On the one hand, I have no questions at all, and on the other hand, I have a lot of questions for you. None at all, because we have known each other for many years and in a sense grew up together in the academy. Our practices are intertwined and influenced by each other, even though we have never "officially" collaborated. I would argue that we have developed both a very acute sense of each other's work and a private vocabulary of shortcuts. This can make an interview more difficult, but also more exciting, as I now try to simultaneously take a perspective from a greater distance. In preparation for the interview, I've been "more aware" of your work and I'd say there's still a lot to talk about! Do you want to briefly tell how we met?

J. G.: From the very beginning? Well, first of all we always sat together in those philosophy seminars at the academy, which we attended out of interest—otherwise we probably wouldn't have gotten to know each other at all, since the disciplines at the academy are actually quite separate—you on the first floor with the sculptors, me with the painters on the second floor. Then, in 2016, as part of the philosophy colloquium, we went to the Performing Arts Forum, which is a self-organized interdisciplinary institution near Reims in France, to participate in the annual Spring Meeting, an intensive multi-day colloquium with contemporary philosophers. I even remember you pretty much snapping at me the first night when I tried to talk to you. So I guess you can't really say that our friendship was born out of an immediate sympathy.

Yes ... A film screening that we organized at the PAF turned the tide.

Exactly. That's when I first saw a work of yours, the video *Winning Hearts and Minds*. I still remember how I thought: one should produce something like that, which generates such intensity. On the one hand, that made an incredible impression on me at the time, and on the other hand, it also led to a crisis in my own creative work. Among the PAF participants, I was the only one who painted; everyone else was moving about in more contemporary media including performance, video, installation ... I felt strange and old-fashioned, wanted to participate, but couldn't imagine at all how I could connect this with my own practice. With my thinking, I felt more settled perhaps—because I also dealt with philosophy and theory independently early on.

Regarding my video* Winning Hearts and Minds*, you later wrote: "Grasping an alien concept that springs from a desire that is new to you, by means of an artwork of the fullest intensity, is an impressive form of becoming convinced. That there is something enclosed in it (capsule-like) that is of great interest was both obvious and puzzling to me." In fact, the very first keyword I wrote down in preparation for the interview about your work was "intensity." This might be a bit of a tough question to start with, but I'd love to talk about what that term means to you or what you associate with it.

I personally see intensity strongly linked to desire, as an image perhaps we can imagine it this way: an object has certain characteristics. These drive into you like spikes, shooting an imprint into your mind. In extreme cases, this can become an impression that takes hold so strongly that you even change your own patterns—which is what happened to me after I saw *Winning Hearts and Minds*. At the time, I asked myself: How is it that a single work can trigger such a caesura? And how can I make this productively useful for myself and expand the boundaries of my thinking, as well as my work? In the course of this, the concept of *becoming*—in the sense of Deleuze and Guattari—became a practical experience for me. That's a concept that I still feel is essential because it produces a completely different view of existence than the concept of *being* ... If everything were okay, then we could relax and lie down on our chaise longues and ponder, but everything is weird, terrible and nothing works—not even oneself to some extent. In this respect, the PAF was very formative. I suddenly became aware of how deeply my brain is stuck in some kind of trenches ...

For me, intensity has to do with condensation. That is definitely something I want to achieve in my work. But I also associate the term with something crisis-like, perhaps because it is related to becoming or because intensity is so difficult to achieve in the work.

Intensity could also be something quite baroque: something overriding, overflowing. But intensity can also mean silence. That's what visual art is capable of: creating an intensity that can be much bulkier—which also impressed me about your video. I have watched this work so many times! And it was only after the twentieth time that I didn't see anything new in it anymore. That's what pleases me most about my own work that others own: to learn that the expression of the image changes for the owner depending on the situation in life. Many things empty themselves out quite quickly.

I borrow the phrase "low-hanging fruit" from artist and author Moyra Davey. She uses it to describe artistic works that are too easy to achieve, for which nothing is risked. That's something I keep asking myself: Should you go where it's easy or where it's hard?

It should remain hard. At least I'm personally always concerned with not producing work that simply hangs on the wall in a luxury loft, as part of the furniture, degenerated into decor. I don't want to make anything super slick. All my paintings are individual works. That alone, this non-seriality, already makes my practice bulky. For example, one picture is called *Sensitive Column* and the other *Baustopp*—how does that go together? In the cosmos that I'm working in, of course it goes together, but it's difficult to boil it down to a short paragraph.

I think you do a good job of juggling the light and the heavy, staying playful with both. And I also admire how productively you deal with doubt. I often get so blocked that I'm completely paralyzed. And you came to my studio last week with a whole box of newly filled sketchbooks! Apparently, doubt is also an interesting concept for us. After all, we are active in different media, you in painting, me in video art. Could it be that we both doubt the image—or image-making—in general? And how do you solve this in your practice? For me, it's relatively direct—I do it through language. In a video, for example, I deliver a critique of the image right along with it, in the form of a voice-over ...

I also find image making ultra difficult. The world is full of them. Why should you add new ones? Why do I keep going anyway? I can only ever find a piecemeal answer to that. My very pragmatic answer is: I can make things that resonate deeply with people, that make them think and that can inspire them. That would be a good justification for continuing to make pictures. And the way you work with language is not entirely dissimilar to my strategy because image titles are always pretty important to me. For example, if an image tends in a humorous direction, I can counter that with an unwieldy title. And even in the case of pictures without titles, concepts are formed while we think: here this is depicted and over there that is depicted. Concepts and images are, after all, intertwined in all of us. You can't separate the images from the concepts, and when we hear a concept, very specific images start to go off inside of us. If we keep reproducing the same old images for the same concepts, we don't get anywhere.

Imaginatively putting these image-concept linkages up for discussion is similar to the approach and interest in my work. In fact, we both landed independently on the concept of the diagram: the diagram as a kind of meta-structure or hypothesis about an image. Some of your pictures are diagrams according to their title. In terms of motifs, you often employ a section slicing through various layers; in general, the diagram in your pictures has something very physical, brutal even. However, the map's "legend" is missing for us to be able to really read it. Meaning you are more concerned with the idea of a diagram in general. Could you put it that way?

I use the concept of the diagram differently in my mind than I do in my pictures. In the latter I use it perhaps even epistemologically: In former times one could not look into the body. Diagrammatic representations made the body available, visible in its entirety. Over time, these representations changed; at some point, the parts inside would be color-coded, for example, to make them more visible; there were other sectional views, X-rays, et cetera, due to medical advancement. So how do we think differently about bodies when we only have access to the intact body as a whole, as opposed to a greatly enlarged section that can only be read as an abstract colorful image by specialists? Which thinking regimes determine our thinking, then and now?

***You called your graduation show* Phylum ...**

The phylum is the genetics of being, beginning with the first unicellular organism, a tree diagram chronologically unweaving itself. The individual strands are separated from each other. If you think of life this way, organisms would have to be separate from each other, which of course is nonsense. All the horizontalities, interactions, and cycles are lost in such a perspective. For me, therefore, such a "scholastic" diagram is a good example of merely apparent clarity. Of course, a diagram cannot encompass everything at the same time, which is precisely why diagrams are used in the first place: to depict different forces and mechanisms separately. Except that an analogous problem arises, as we find in segregation by specialization in science and society. The easily grasped, catchy, and pointed representation prevails and overshadows the actual complexity of the issue. In general, fixing things, pinning them down, as in a butterfly collection, is not how reality works, but our ideas are often shaped by it. There are of course more exciting diagrams, such as Deleuze's ...

That would have been my next question. In Gilles Deleuze's volume* The Logic of Sensation *there is an impressive text on the paintings of Francis Bacon. Deleuze describes how the diagram breaks into the figuration of the image as a kind of "catastrophe" or calamity. Was or is this text important to you?

I haven't read it for a while. But it was definitely important once. The diagrammatics in Francis Bacon's pictures actually describe quite well the way I think about intensities: "It is as if a Sahara, a zone of the Sahara, were suddenly inserted into the head; it is as if a piece of rhinoceros skin, viewed under a microscope, were stretched over it." Can pictures manage to be more than mere representations or metaphors? The postmodern critique of the image is very much about representations. But what is a mere representation? Just because something is photorealistic doesn't mean it degenerates into sole representation, and just because something is abstract doesn't mean it can't be representative in a negative sense. And when you work with ideas from philosophy, of course you have to ask yourself whether you are merely illustrating them, or whether you are translating them into reality. And thereby add something new to them.

For me, such references most of the time only come after the work is finished. I don't think that's a bad thing, because that way the work remains autonomous and references to a theoretical discourse are more of an add-on, but you can also understand the work quite intuitively or emotionally. What is appealing to you about references to theory?

I incorporate individual ideas from philosophy that I find exciting, such as the critique of the tree diagram, or pieces from other disciplines—such as mathematics, biology, or physics—into my paintings. In this way, my work often functions as a gateway to conversations with people with whom one might otherwise not have entered into conversation. For example, a small group of mathematicians came to my diploma exhibition and we had a very intense exchange—the conversation starter was my *Riemannian Dog* made of chicken wire. Bernhard Riemann was concerned, among other things, with set theory, in which higher dimensionalities can be reformulated into lower dimensions. For example, our globe, which is three-dimensional, can be made into a two-dimensional map. My *Riemannian Dog* was therefore fun for mathematicians because the sculpture represents a human head with a dog's body built from a square wire grid. To try to build such a complex shape from two-dimensional squares must fail—which illustrates quite well the "loss of information" when the number of dimensions is changed. It's the same problem we find with the Mercator projection. The transformation from globe to map creates only a seemingly representative image which would not work without a strong distortion of the map ...

Speaking of transdisciplinary work: I read in another interview that you wanted to be an astronaut or an archaeologist when you were a kid. I wanted to be a detective ... And now: Did we become that?

I definitely became an astronaut and an archaeologist. But also more. The beautiful thing about working in art is that you don't have to specialize in just one thing. You can research, write, paint, film ... In which other profession could you do that?

In your exhibition **Phylum** ***you showed large-scale paintings on canvas alongside sculptural works made of papier-mâché and wire. But you also have a large output of small watercolors. And of course I know your sketchbooks. What difference does it make for you to draw or paint on A4 or the large canvas?***

I believe that analog expression retains or even increases its relevance, especially in relation to an ever-increasing digitality: in the digital, everything is scalable; this is not the case in the physical form. For example, the gradients in a watercolor are always the same size because they are a physical given. And of course, there are other limitations and freedoms, whether you use your hand or your whole arm. And everything has its own sensory-haptic specificity: whether I work with a pencil or a brush has a big effect on the form. I used to try to transfer my sketches onto the canvas. In other words, I almost illustrated the sketch. I do that differently today. A painterly approach also includes a risk and, possibly, this one moment that works well in a certain state. The whole organism has to work well together in one moment. Then you're in the flow.

How has your painting style changed over the years? And what effect has that had on the content?

At the academy, I initially painted completely abstract. Then objects were added. One of the first objects was a strange shower, created on the theme of "vacation." Vacation combines a kind of gentle colonialism with romanticized childhood memories: going to Italy with your parents, that sort of thing. A little later, I discovered a photo of exactly this shower in an old photo album, from a vacation in Greece when I was four or five. Deposited deep in the unconscious, this shower came to the surface. It fascinated me. In principle, I don't have to search for any objects in my childhood. Nostalgia is horrible to me. But the fact that art making is capable of bridging that gap, I think that's amazing. So then came these objects and then the gnarly stuff. And then at some point this guy crept in ... Okay: One of the most important authors for me is and remains Kafka. The worlds he builds are still some of the most intense and relevant stories for me. In Kafka, there's this Mr. K. He's a John Doe type of guy, the problematic and, in retrospect, even more problematic standard human template. This type often appears in my drawings and paintings. It's not the upright, muscular Ken, but the somewhat too tall gangly guy with a bald head and a slight belly, who always walks around bent over. Not heroic, but exposed, vulnerable, questioning. Of course, that's also me a little bit, or rather others read that into him and it's not so wrong. I found it quite interesting to keep the pictorial space very flat and to apply thin, translucent areas of color with only one pigment, thereby creating this strange pink that appears again and again as a representative of a sensibility. Until about graduation, that was my color palette. Right now I'm rather trying to take contrasts to a maximum ... Type K, that was one world. I would say: about a year ago, a new world began.

Looking at your paintings over the years, I notice that in earlier paintings the figure was placed more centrally on the "naked" canvas. Now the painting has gradually spread to the entire surface of the canvas. Volume also seems to be a new element to me: You use hatching in your latest paintings, which makes the objects on the canvas look more three-dimensional. The papier-mâché sculptures you've been making recently seem like the next logical step—they look like artifacts that have fallen out of the paintings: mask, flute, tent ... In your solo exhibition **Albedo** ***you showed those very unpretentiously, without a base or pedestal and without placing them accurately. Do these objects have something to do with a performative longing?***

Totally. And actually it's even less the end results than the process of making them. Making and shaping the material is super cool, it's sensual, slimy, sexual. I like to film that and put clips on Instagram. The archaic objects feed off my interest in archaeology. Right now I'm interested in what objects are commonly used to tell human history and what other possibilities there might be for that. In your video *Is writing female?* you quote an excerpt from Ursula K. Le Guin's text *The Carrier Bag Theory of Fiction*, which opposes the gun to the bag. Based on such thoughts, a sword made of paper, for example, comes into being in my work: How can such an outdated object still have such a strong media presence today?

In our preliminary conversation, you mentioned the word "escapism." Art as an escape from reality, as a retreat into the private sphere. The term has a negative connotation. One could counter that change can only come from a distance to reality.

Escapism as an attitude in the private sphere is, of course, difficult: to let oneself be numbed by watching series or to disappear completely into virtual worlds ... My claim in art is to create something that contextualizes reality in a different way. A slight shaking of it. This is a kind of escapism in which doors are built leading into reality, which in turn make it more accessible through a slightly shifted perspective on the world. These doors are sensual—like the cutting open and dissection of physicality, or contextual, like the tension between the image's content and its title. An example of the latter: I have now painted six paintings with the title *Der Architekt*. None of the motifs would be recognized at first glance as an architect. These alternative worlds do not lead to an escapist sense of well-being. Rather, they play through what bodies might look like if they were governed by architectural standards. It is a hypothetical transfer of architectural principles, and thus of the rationality of the design of buildings and infrastructure to the bodies of the architects. Thus, they themselves become "affected" by their creations. Or they're simply wearing very architectural skirts.

You know that I'm incredibly interested in routines and rituals of other artists ... Gertrude Stein, for example, enjoyed seeing a cow when she looked up from her work. So she drove around in her car looking for a cow pasture and sat down on a folding chair in the meadow with her notepad. Her partner then had to herd the cow into view. You currently have your studio in the country. What does a typical art workday look like for you?

Yes, I have many cows in my vicinity, but they don't help me with my work. I don't like routines at all! I prefer to live according to an intuitive desire and try to keep everything in flow. I prefer everything to be new again and again.

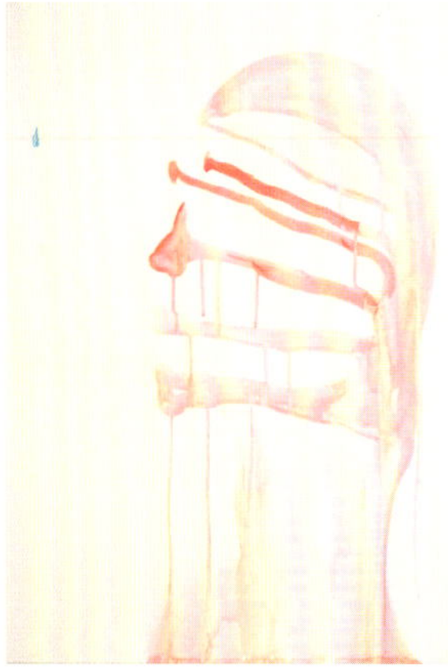
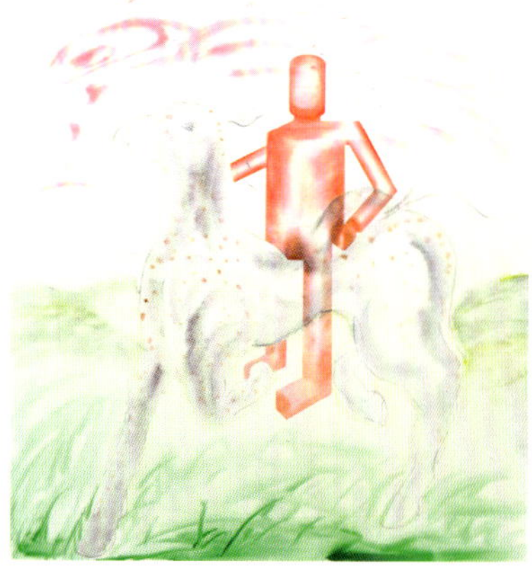
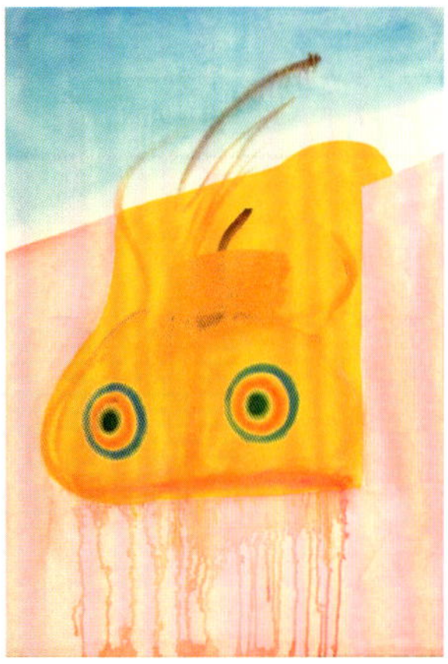
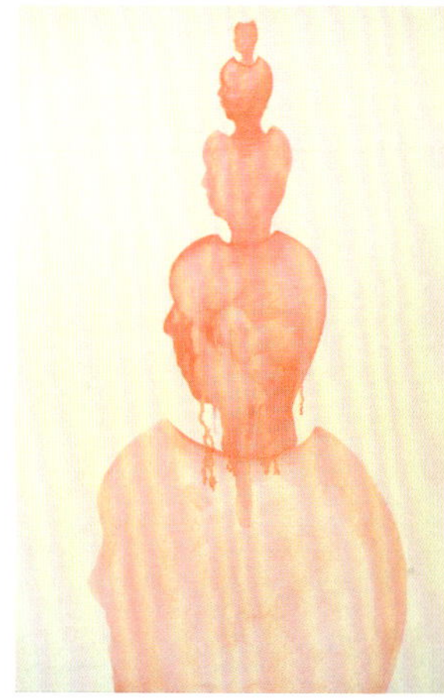
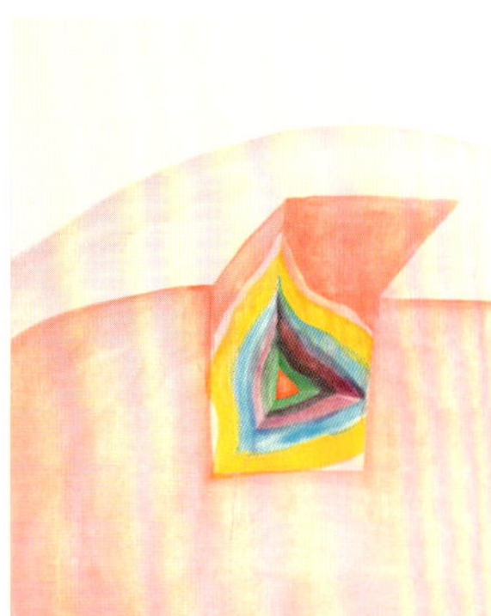
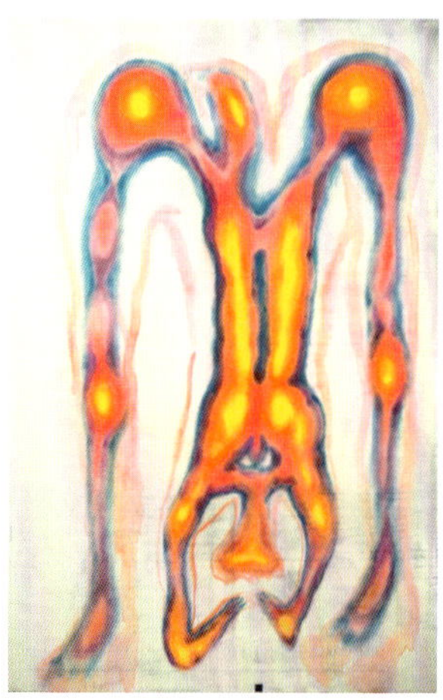
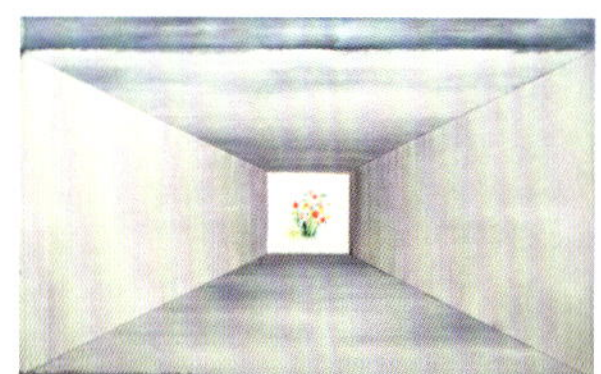

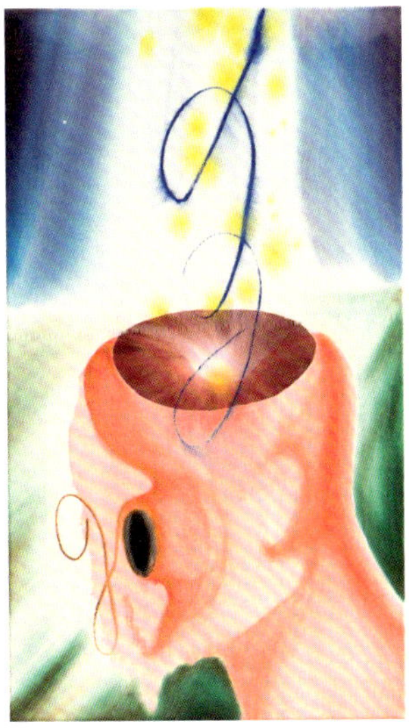
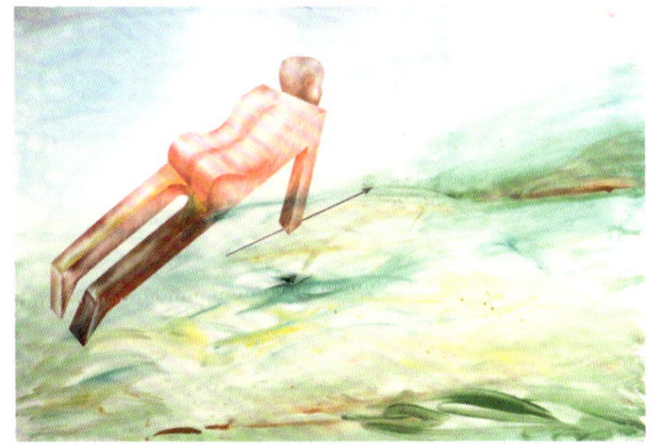

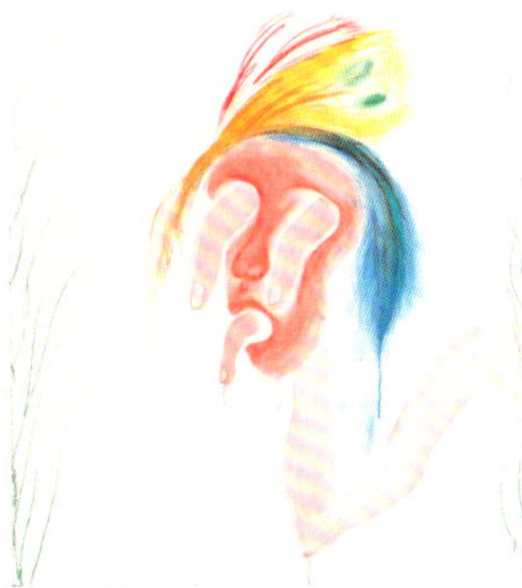
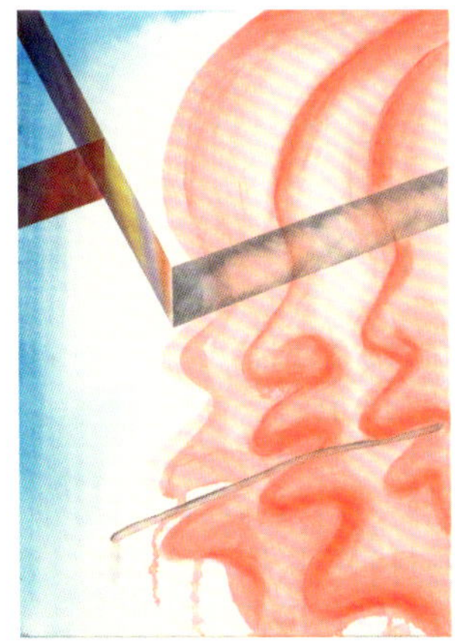
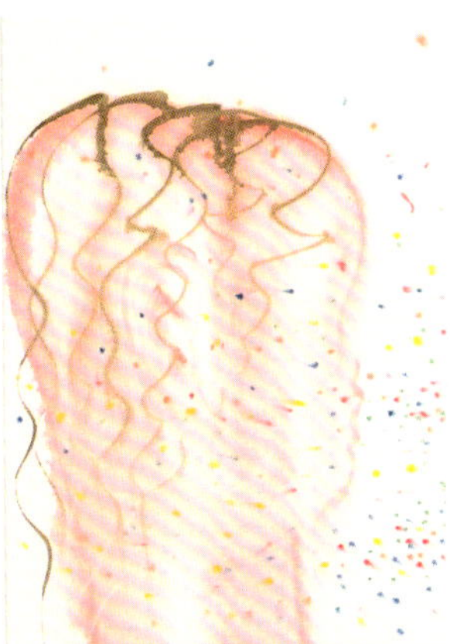
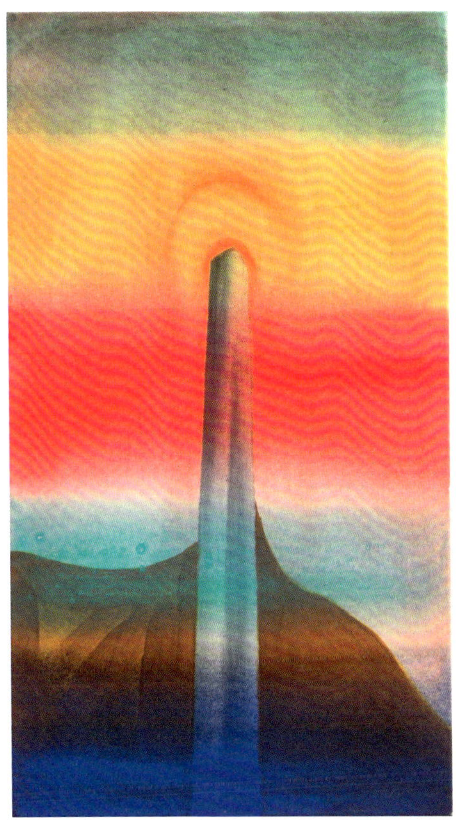
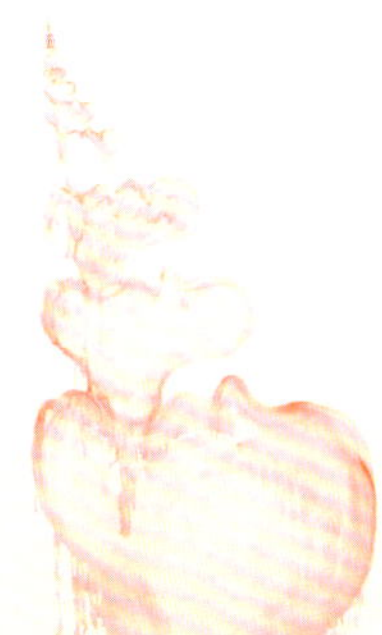
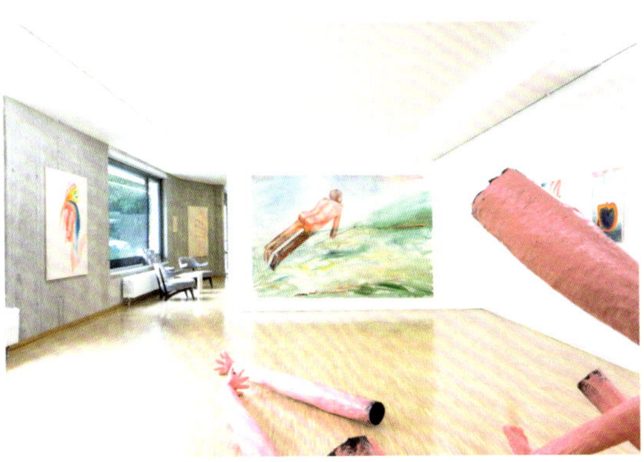

5 (2020/2)

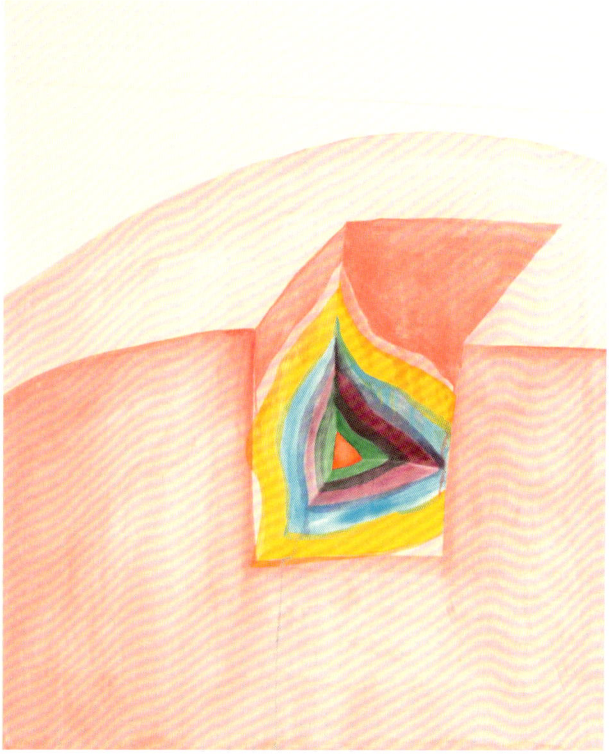

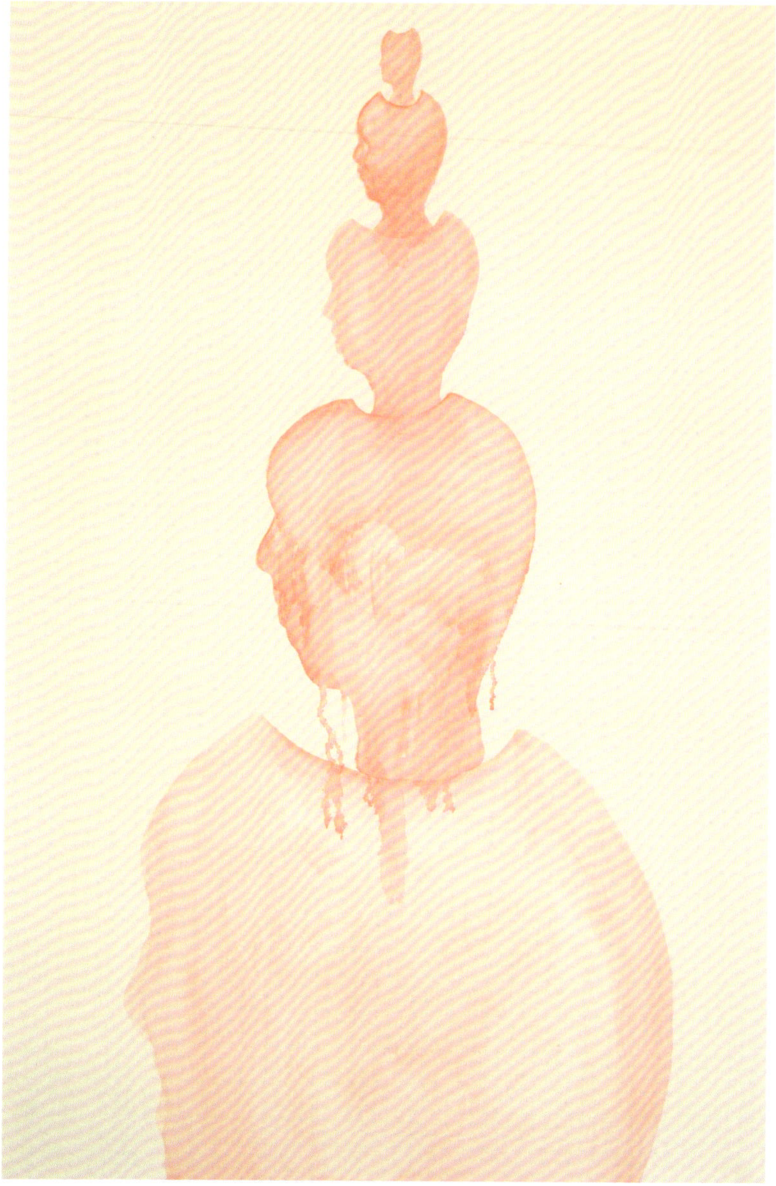

Diese Seite / This page: Kern / Core, 2020,
Pigment und Acrylbinder auf Leinwand / Pigment and acrylic binder on canvas, 120 × 100 cm;
Babel, 2020, Pigment und Acrylbinder auf Leinwand / Pigment and acrylic binder on canvas, 150 × 100 cm
Rechte Seite / Right-hand page: Mimikry / Mimicry, 2020,
Pigment und Acrylbinder auf Leinwand / Pigment and acrylic binder on canvas, 140 × 120 cm;
Aerosol, 2020, Pigment und Acrylbinder auf Leinwand / Pigment and acrylic binder on canvas, 70 × 50 cm

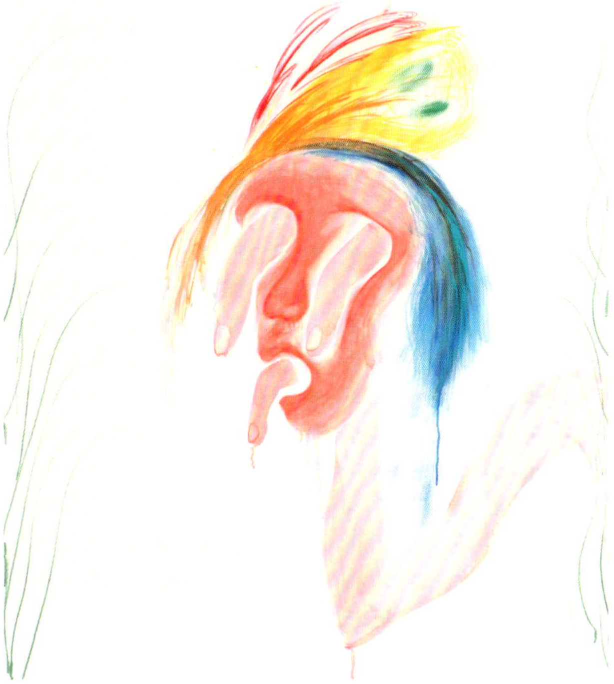

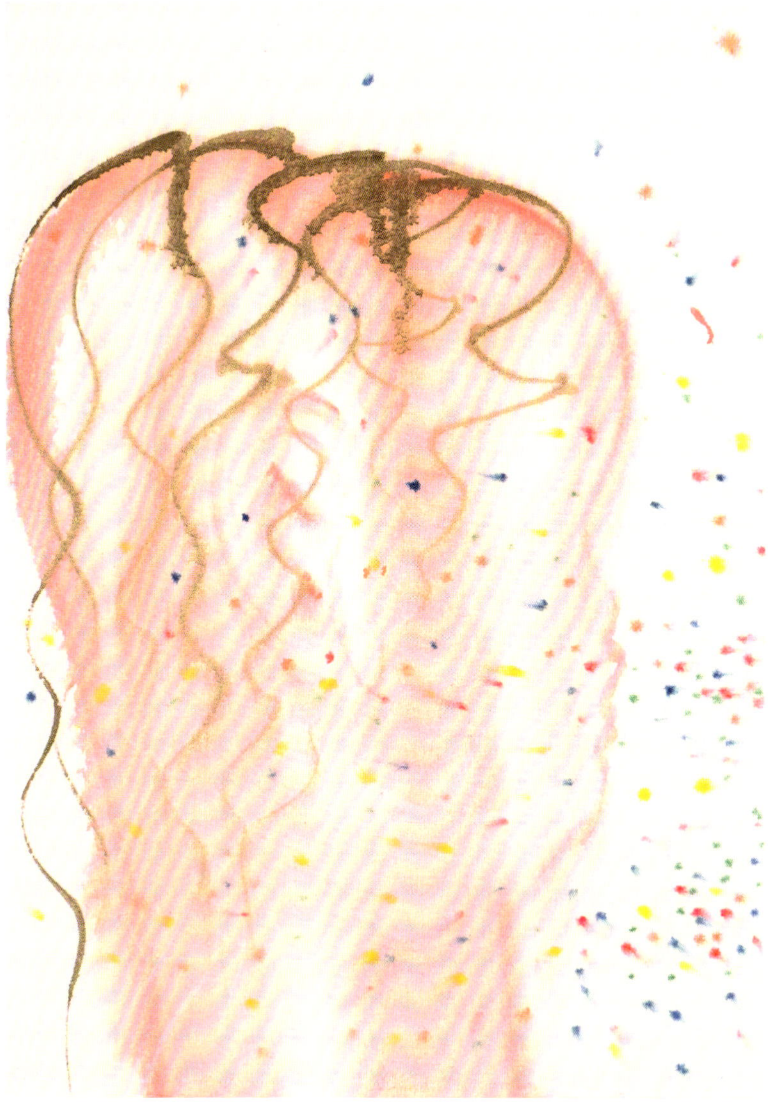

Diese Seite / This page: Seiten aus Skizzenbuch / Sketch book pages, 2020,
Bleistift auf Papier / Pencil on paper, je / each 26 × 18 cm
Rechte Seite / Right-hand page: Der dritte Architekt / The Third Architect, 2020,
Pigment und Acrylbinder auf Leinwand / Pigment and acrylic binder on canvas, 180 × 160 cm

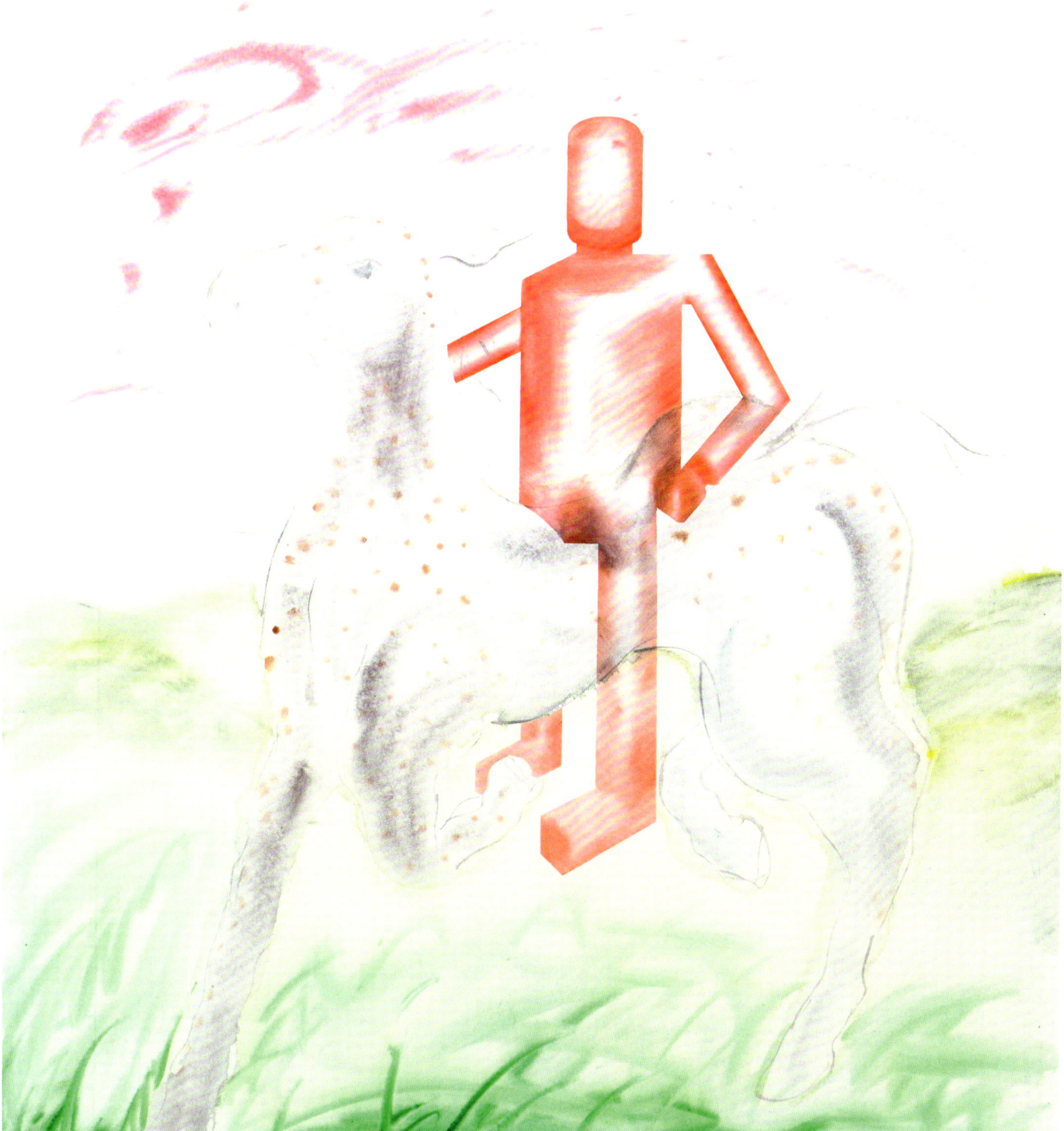

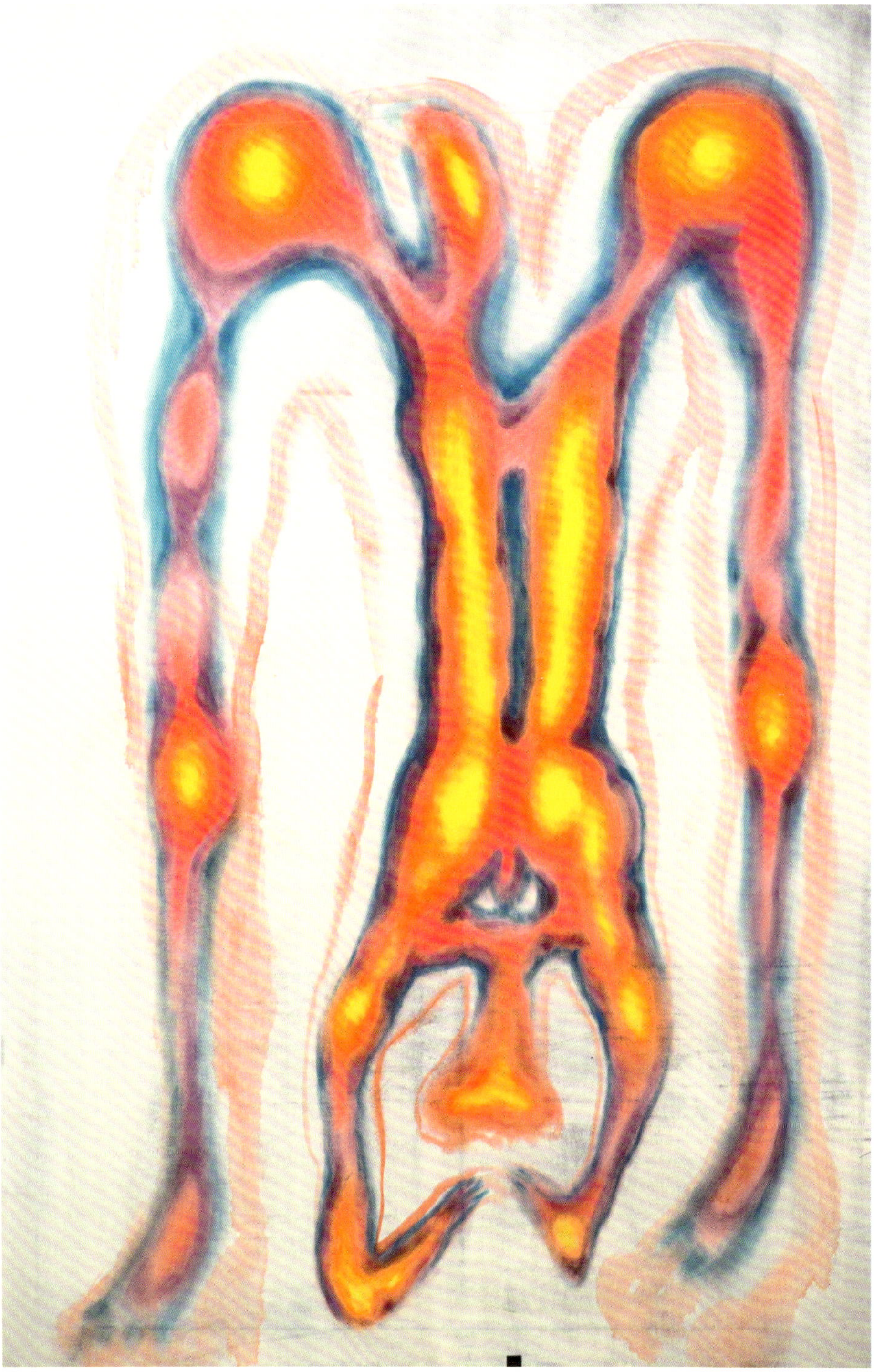

Diese Seite / This page: Karma, 2020,
Pigment und Acrylbinder auf Leinwand / Pigment and acrylic binder on canvas, 180 × 120 cm;
Seite aus Skizzenbuch / Sketch book page, 2020, Bleistift auf Papier / Pencil on paper, 26 × 18 cm
Rechte Seite / Right-hand page: Glandula, 2020,
Pigment und Acrylbinder auf Leinwand / Pigment and acrylic binder on canvas, 100 × 70 cm

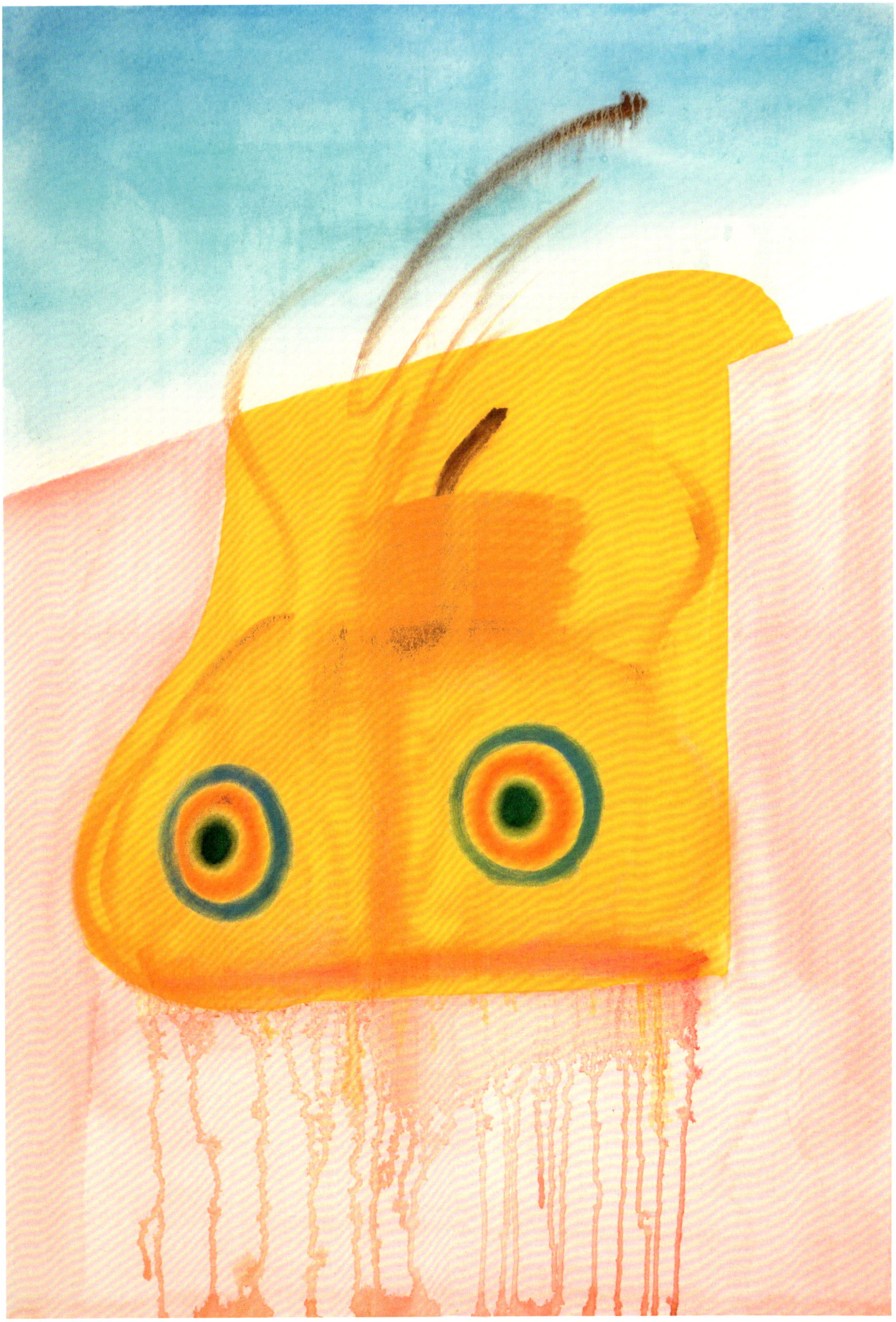

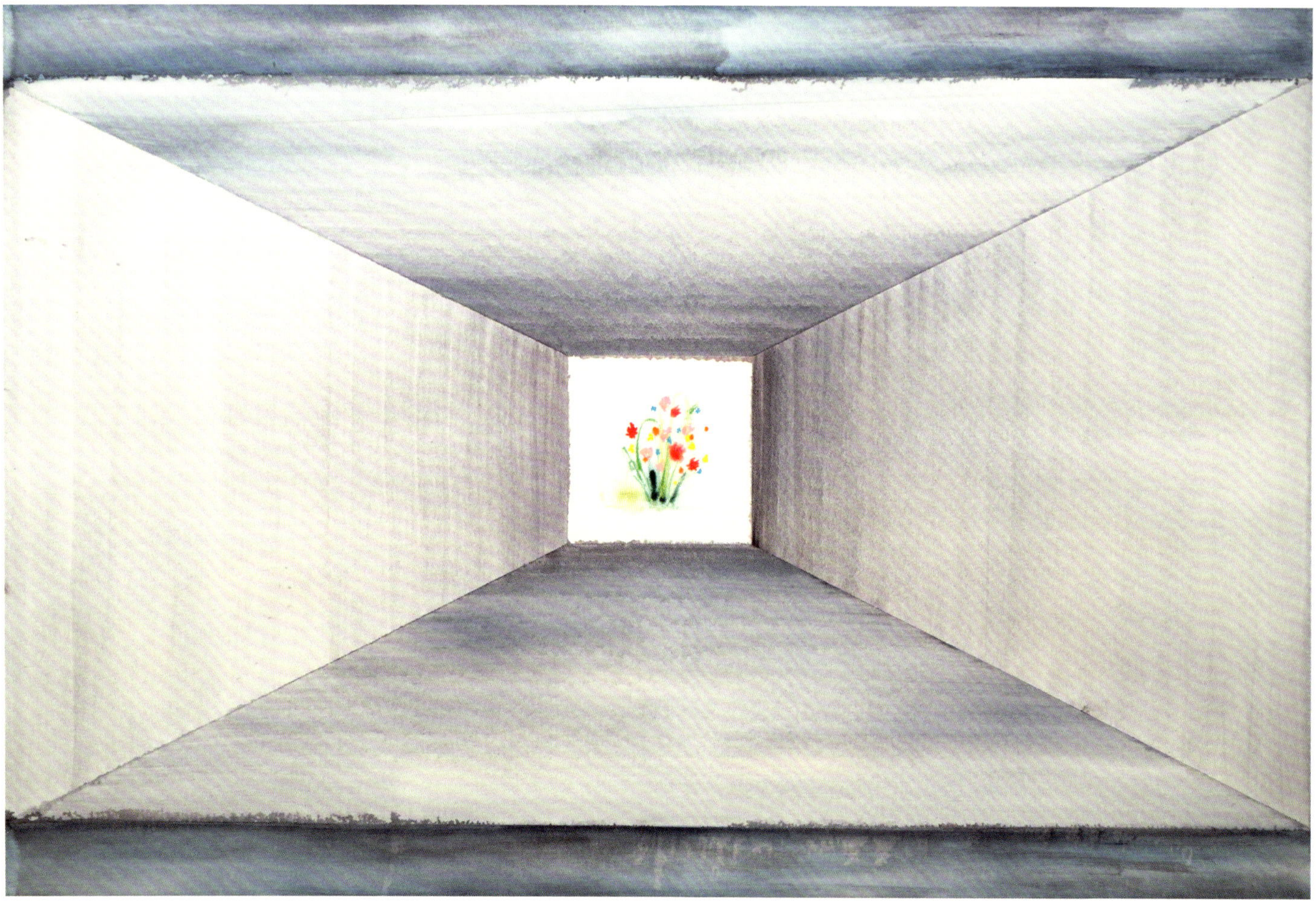

Diese Seite / This page: Baustopp / Stop of Construction, 2020,
Pigment und Acrylbinder auf Leinwand / Pigment and acrylic binder on canvas, 120 × 180 cm
Rechte Seite / Right-hand page: Mantik / Divination, 2020,
Pigment und Acrylbinder auf Leinwand / Pigment and acrylic binder on canvas, 70 × 40 cm

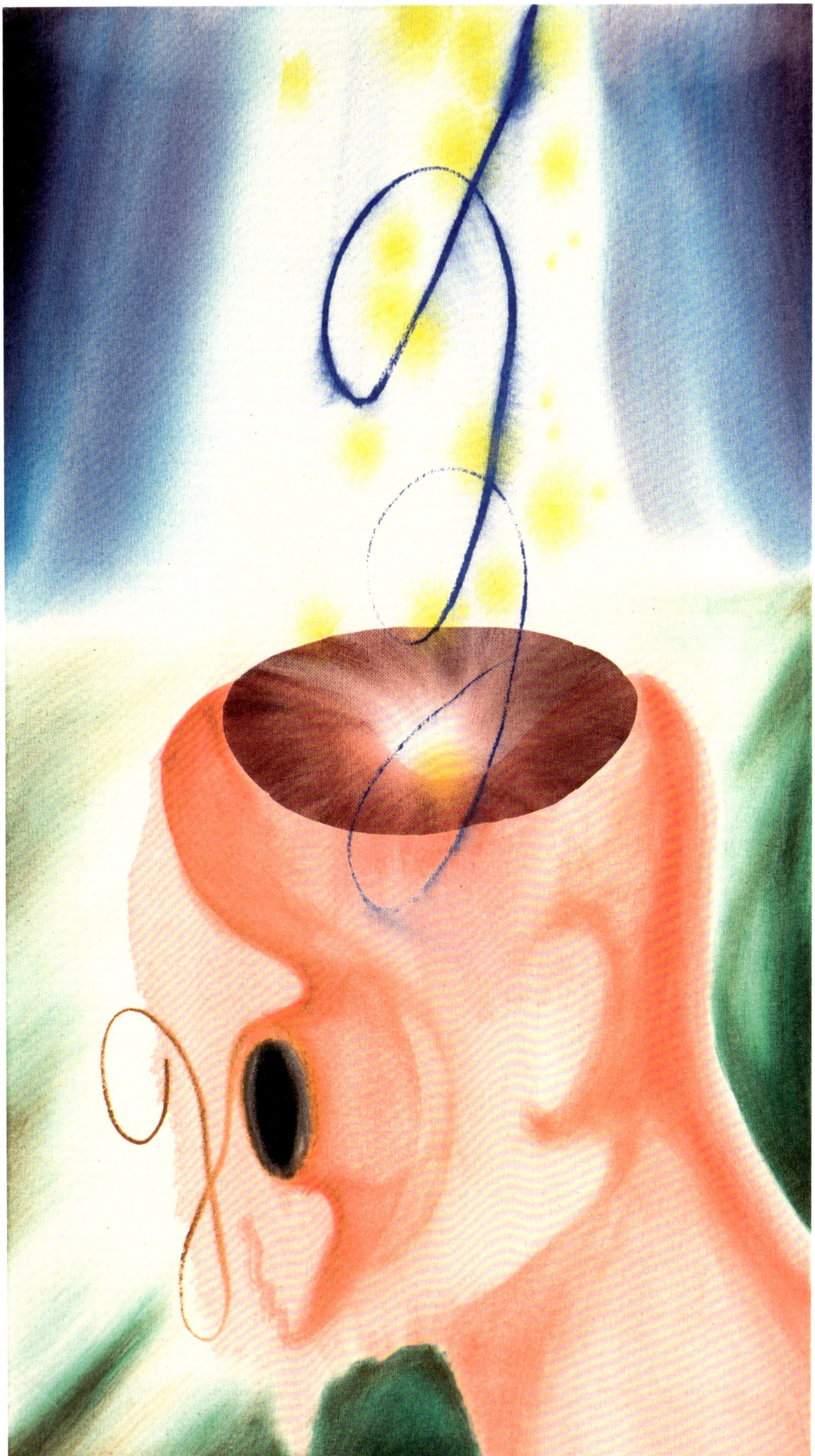

Diese Seite / This page: Seiten aus Skizzenbuch / Sketch book pages, 2020,
Bleistift auf Papier / Pencil on paper, je / each 26 × 18 cm
Rechte Seite / Right-hand page: Courbet, 2020,
Pigment und Acrylbinder auf Leinwand / Pigment and acrylic binder on canvas, 70 × 40 cm

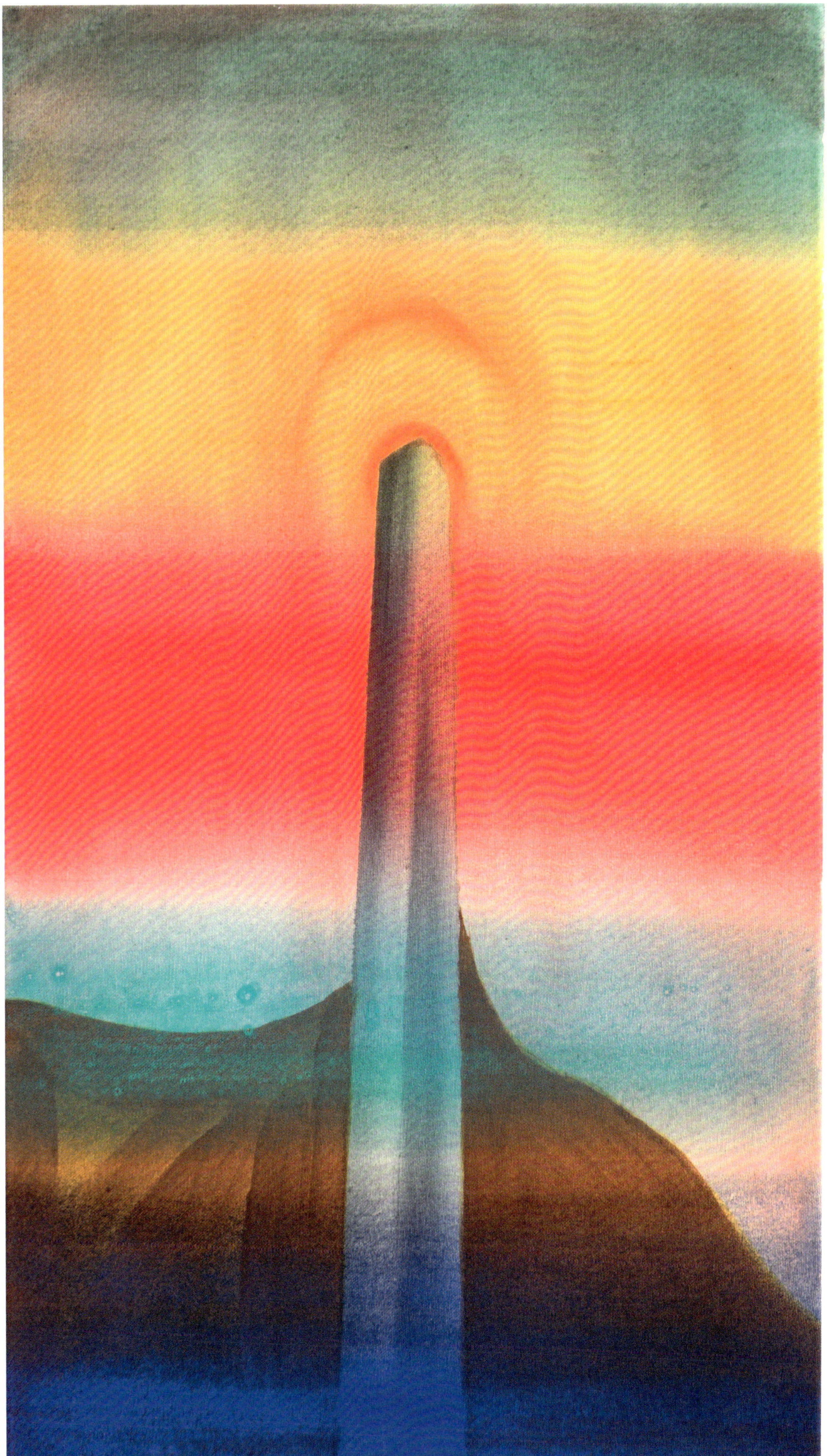

Diese Seite / This page: Seiten aus Skizzenbuch / Sketch book pages, 2020,
Bleistift auf Papier / Pencil on paper, je / each 26 × 18 cm
Rechte Seite / Right-hand page: Präzisionsgriff / Precision Grip, 2020,
Pigment und Acrylbinder auf Leinwand / Pigment and acrylic binder on canvas, 70 × 50 cm

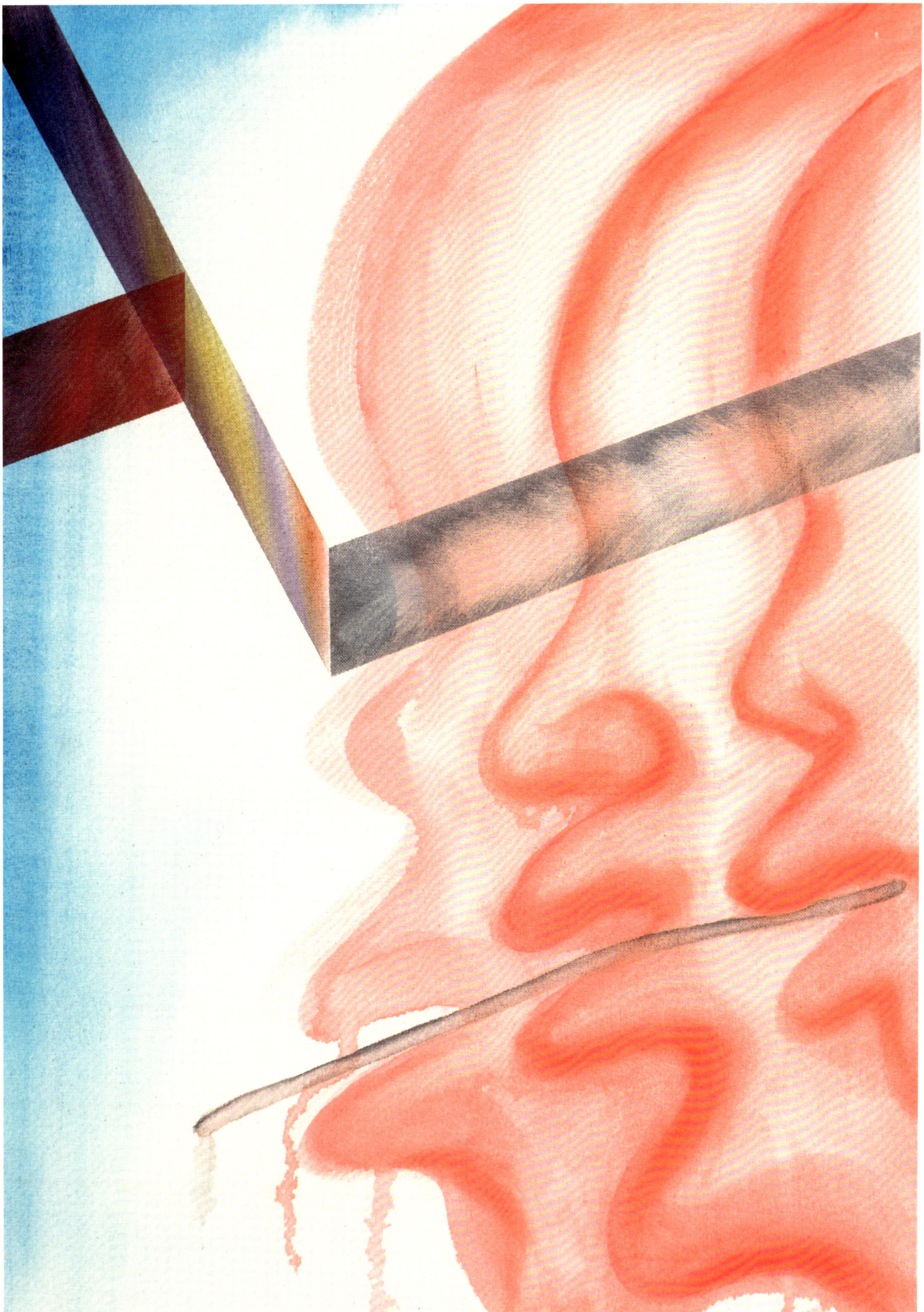

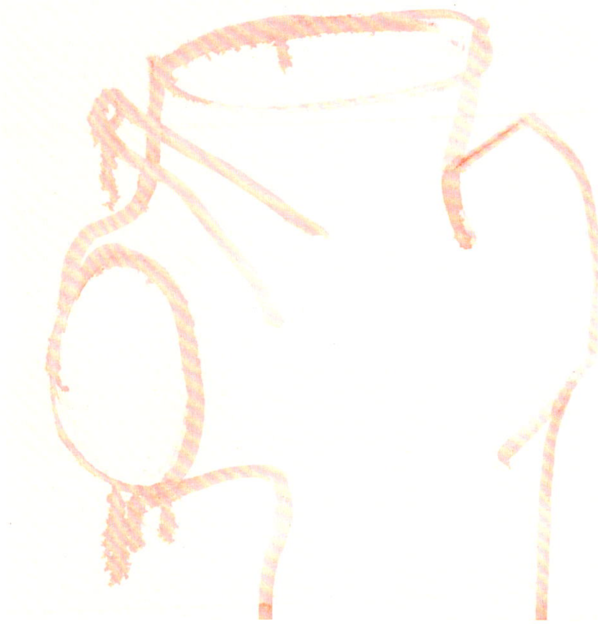

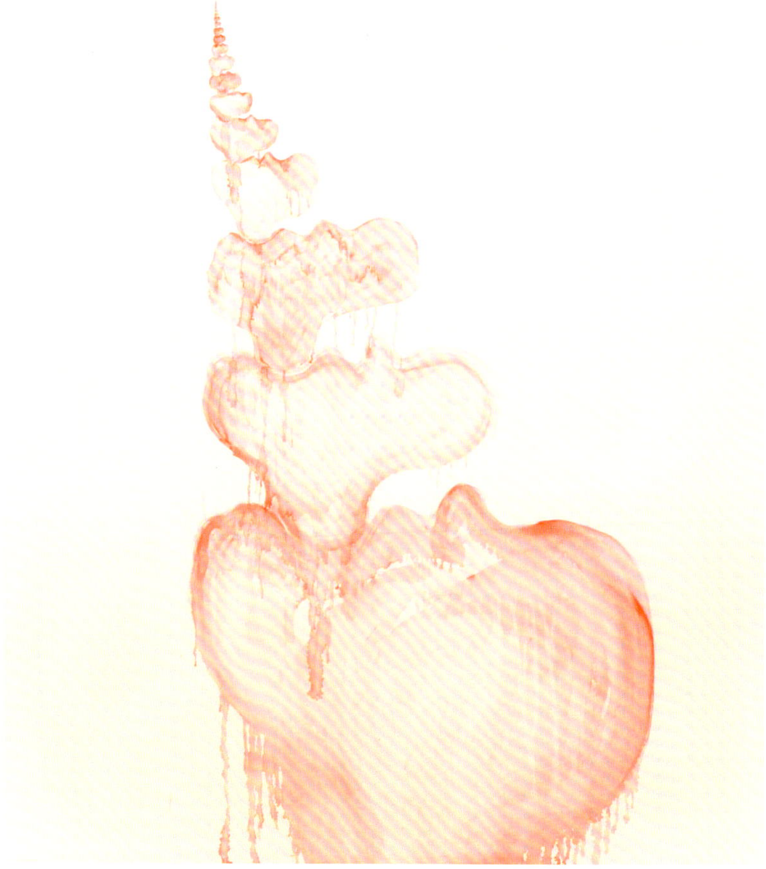

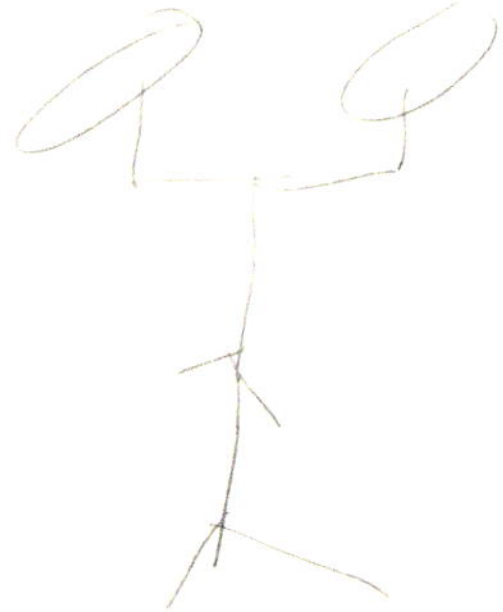

Diese Seite / This page: Sekretionsinstrument / Secretion Tool, 2020,
Pigment und Acrylbinder auf Leinwand / Pigment and acrylic binder on canvas, 40 × 40 cm;
Erbschaftssteuer / Inheritance Tax, 2020,
Pigment und Acrylbinder auf Leinwand / Pigment and acrylic binder on canvas, 230 × 200 cm;
Seite aus Skizzenbuch / Sketch book page, 2020, Bleistift auf Papier / Pencil on paper, 26 × 18 cm
Rechte Seite / Right-hand page: Seite aus Skizzenbuch / Sketch book page, 2020,
Bleistift auf Papier / Pencil on paper, 26 × 18 cm;
Schwitzen / Sweating, 2020, Pigment und Acrylbinder auf Leinwand / Pigment and acrylic binder on canvas, 140 × 100 cm

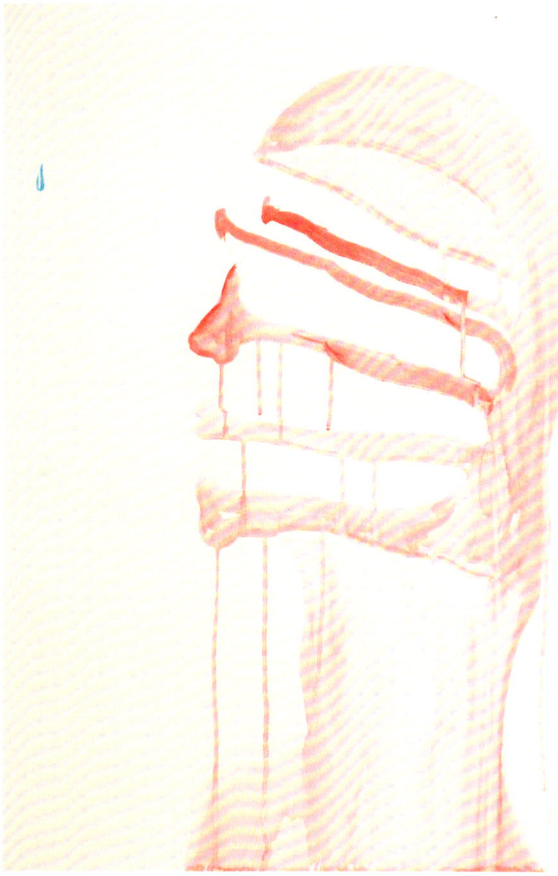

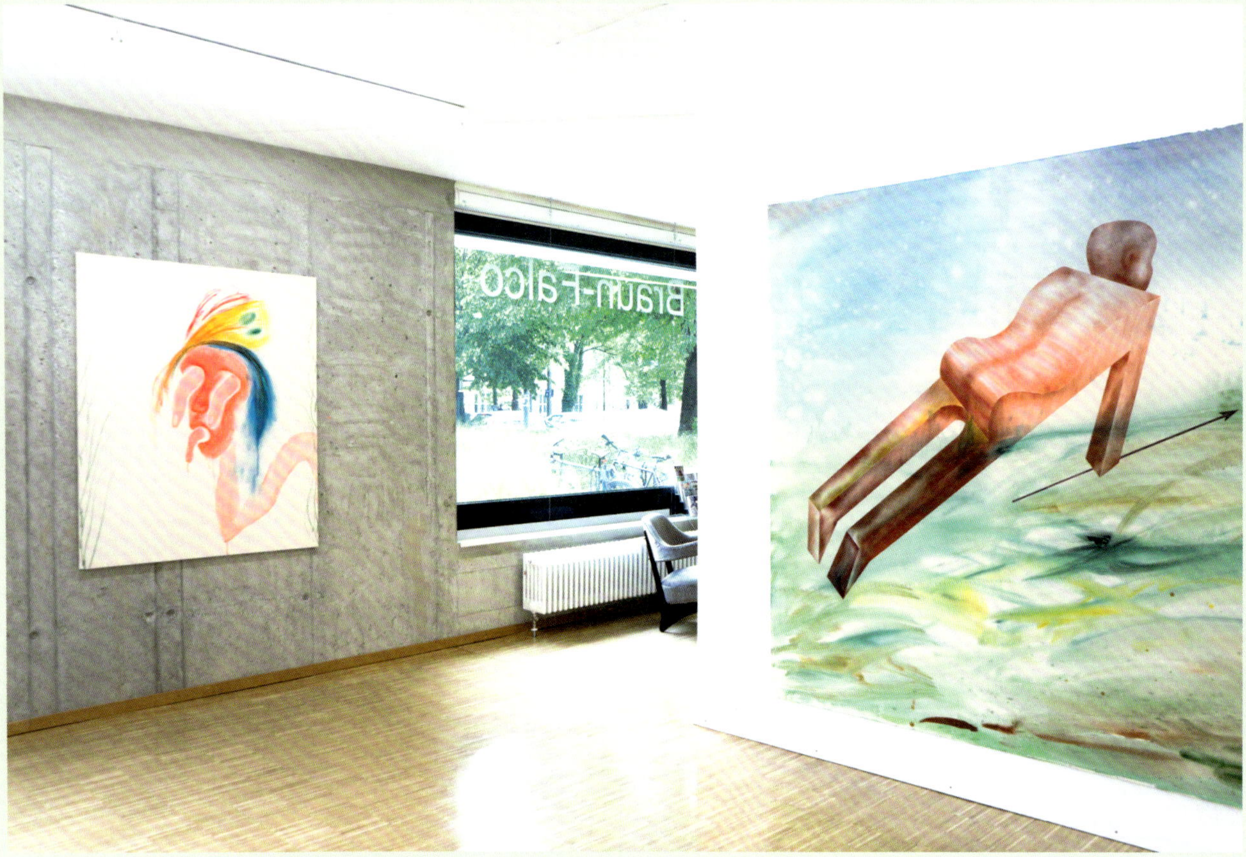

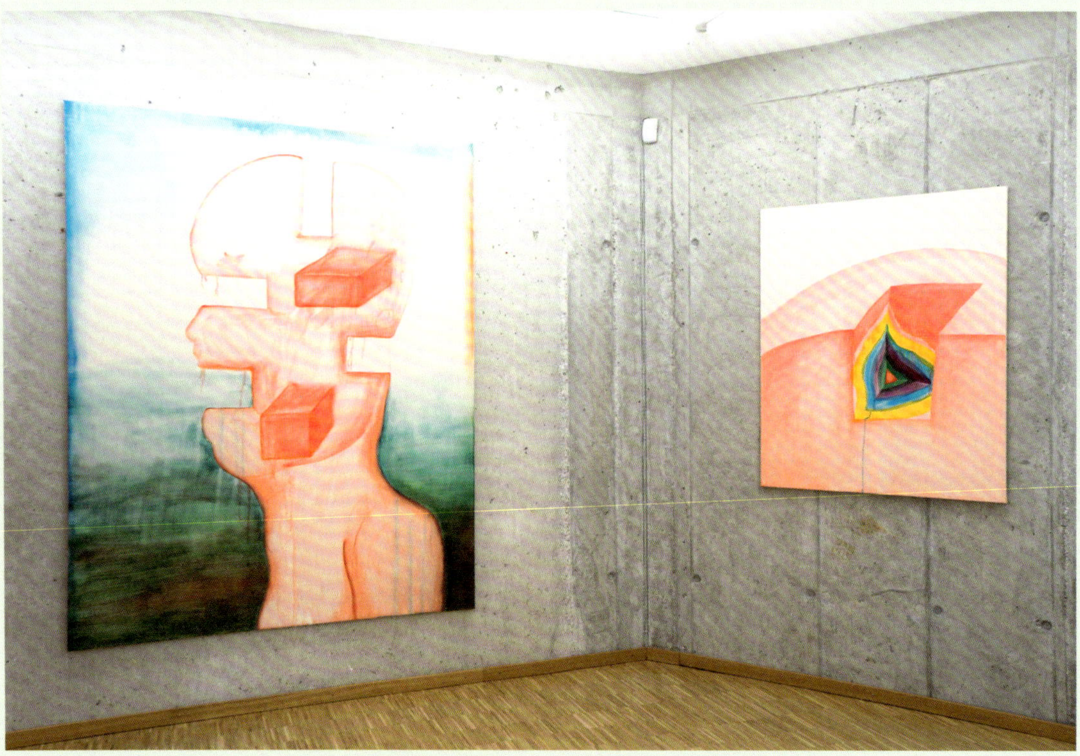

Ausstellungsansichten / Exhibition views <u>Epithel</u>, Braun-Falco Galerie, 2020

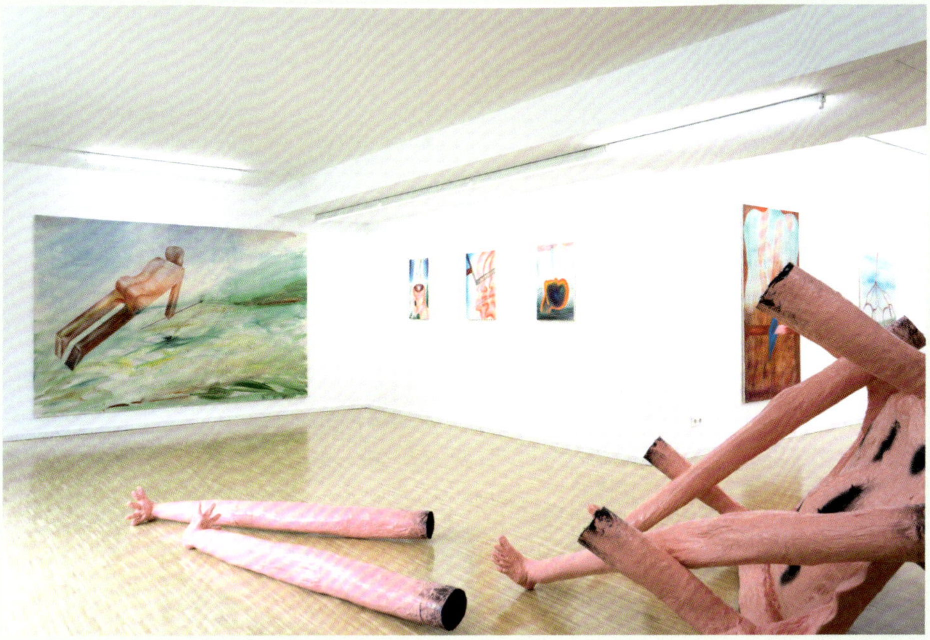

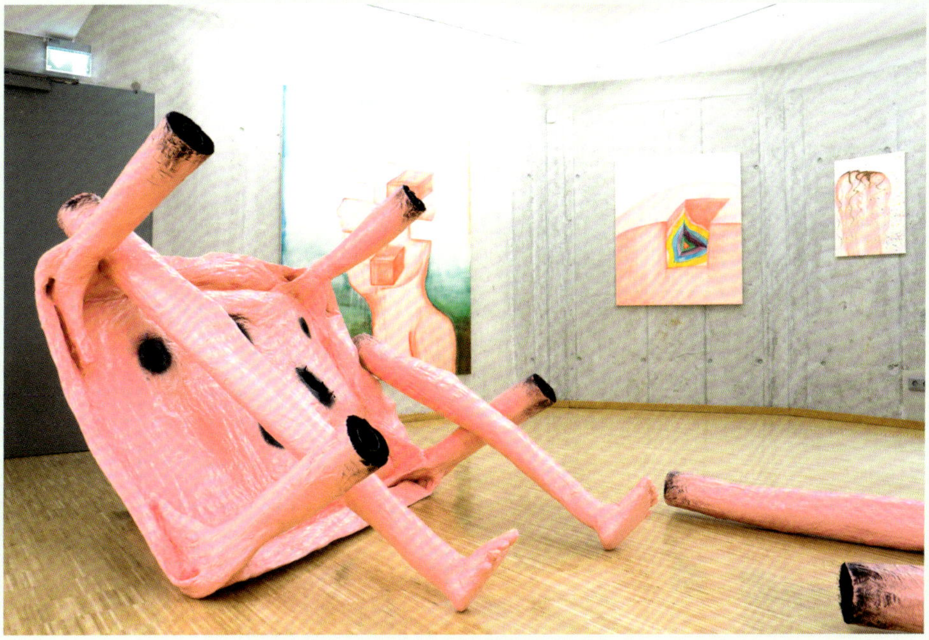

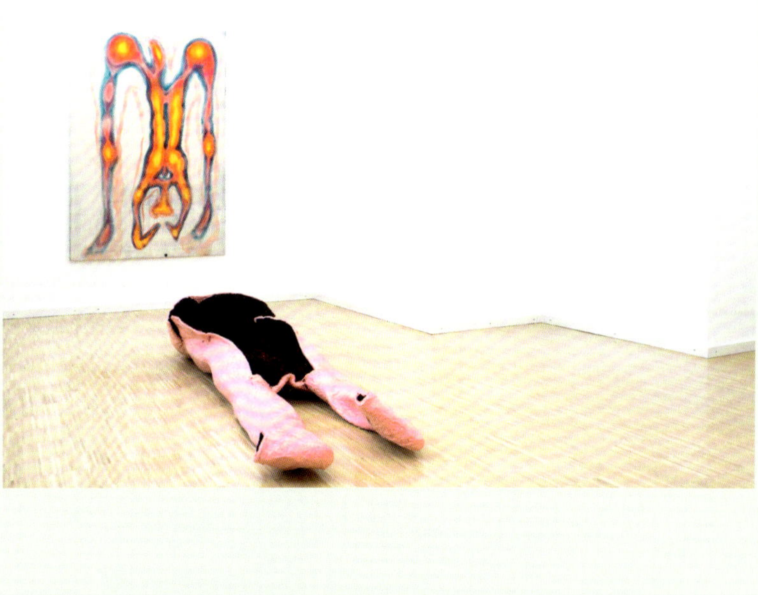

Friedrich G. Scheuer
Bilder

Gilgs Bilder übertreffen sich. Die Qualität der Malerei übertrifft ihre Motive. Motive sind Anlass, nicht Inhalt.

Gilgs Motive sind Möglichkeiten einer Figuration, sind Konstruktionen von Kopf- und Körperfragmenten, widersinnig sinnvoll als formale Tatsachen, als Fakten ästhetischen Denkens.

Dummköpfe halten Motive für „Inhalt" und legen eine Schleimspur interpretativer Verdächtigungen und selbstsüchtiger Projektionen.

Inhalt ist als Begriff bildnerischer Ikonografie unbrauchbar. Die Qualität eines Kunstwerks ist nicht Sache des Motivs, der Ikonografie. An ikonografischer Deutlichkeit übertrifft Kitsch Kunst.

Gilgs Motive sind nicht für hirnrissige Interpretationen gemalt. Die Motive sind Motivation zur Entfaltung einer – sinnlich gesättigten – fundamentalen Malerei. Fundamental bedeutet: Gilgs Motive, seine Bildgestalten gibt es nur als Wirklichkeiten ästhetischen Erscheinens.

Gilg malt Farbwesen. Er tränkt seine Gegenstände in Farbe, er beizt sie oder er malt ihnen eine Farbhaut. Es ist Gilgs ausgesprochen feinsinnige Farbbehandlung, die aus einem Industrieprodukt gewissermaßen atmende Organismen macht. Materie – chemisch gebundene Pigmente – wird durch Geist- und Sinnestätigkeit zum ästhetisch definierten Kunst-Konstrukt im Status eines überzeitlichen kulturellen Werts.

Gilgs Gedankenbilder sind nicht ausgedacht. Sie scheinen angedacht: ästhetische Stammzellen für weiteres Wachstum, als sei Malen eine selbstbezügliche Evolution bildnerischer Tatsachen. Denken und Tun stimmen überein.

Dieser Zustand selbstvergessener Geistesgegenwart ermächtigt Hände, ungeplant spontan zu handeln. So entstehen die seltsamen gilgnerischen Wesen aus Malerei, aus dem Handwerk der Malerei, nicht aus surrealismusschlauer Spekulation: eine spezifische Qualität der Bilder, deren farbsinnige Erarbeitung und Ausformung.

Farben verführen die Vernunft. Gilgs Farben irrlichtern zwischen Knalleffekt und metaphysischer Entrückung.

Wir sind paradoxe Wesen.
Wir brauchen Bodenloses,
um Standpunkte zu festigen,
Ratlosigkeit, um Erkennen zu
lernen und Kunstwerke, um
denkend das Mögliche zu sehen,
das Unbestimmte zur Ansicht
bestimmt jenseits der sogenannten Wirklichkeit: die Kunst.

Jakob Gilg malt dafür Werke eigensinniger Radikalität und Schönheit. Wir sollten sie annehmen.

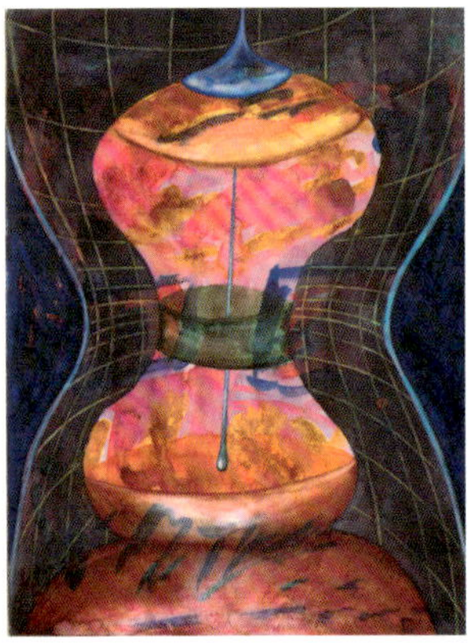
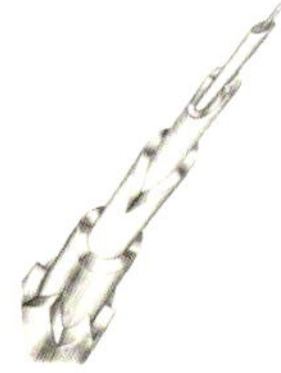
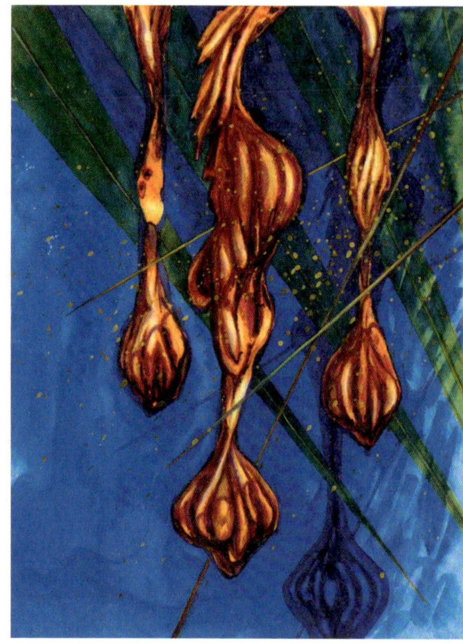
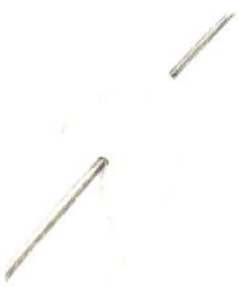
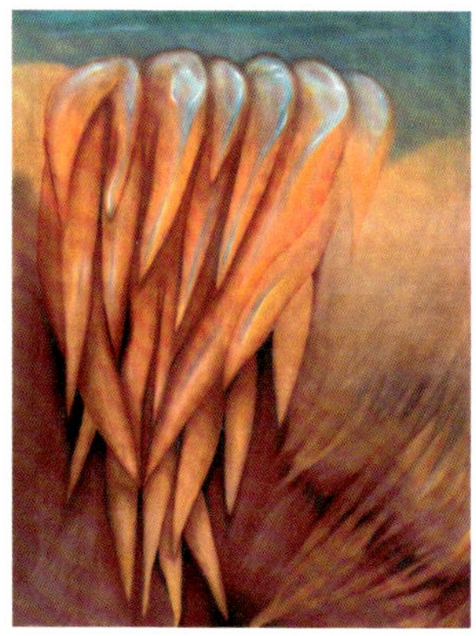
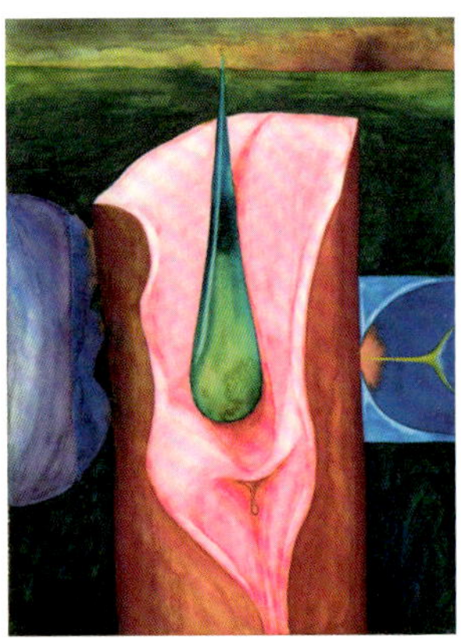
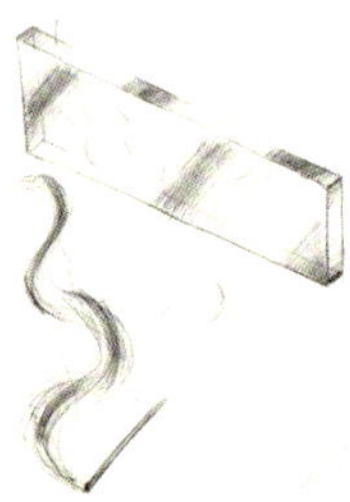

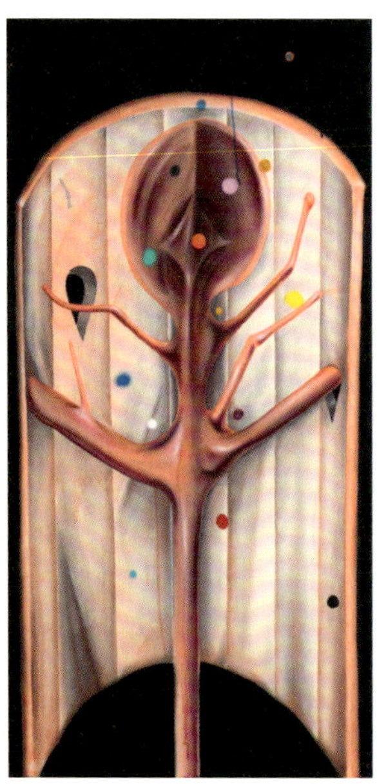
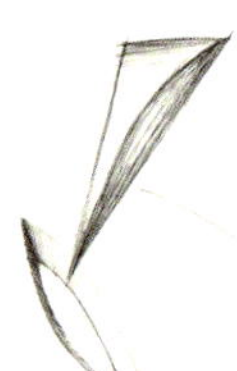
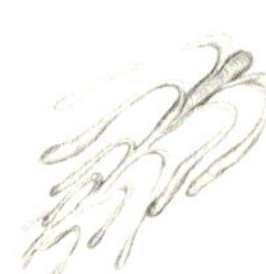
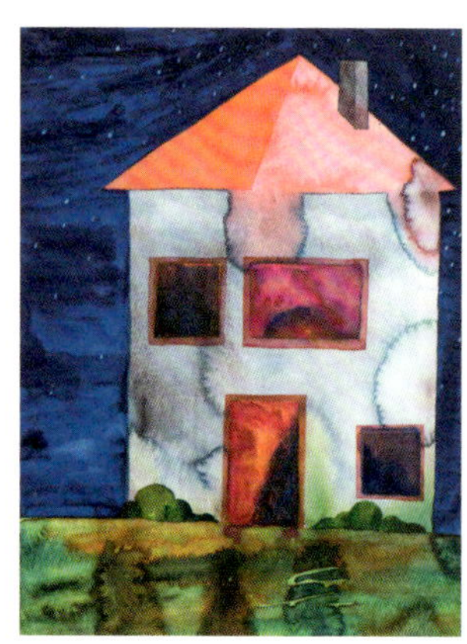

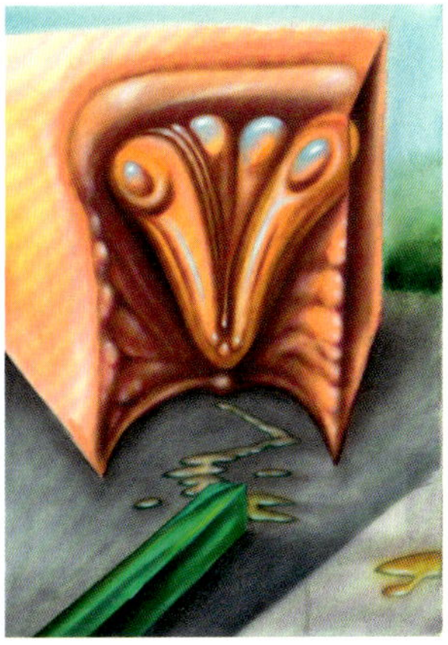
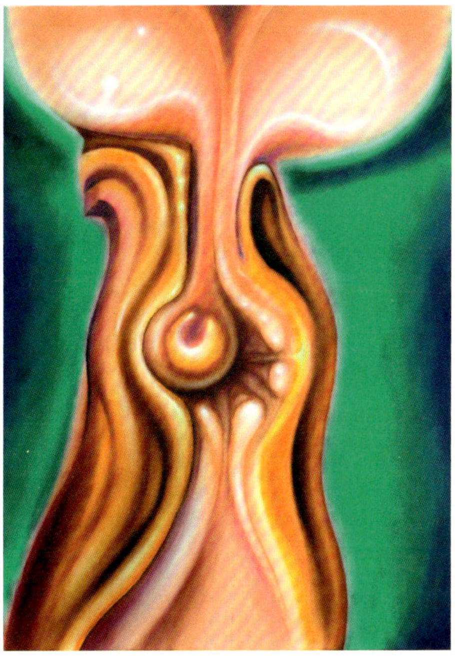
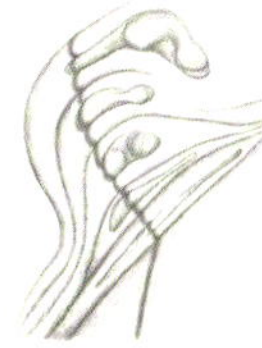
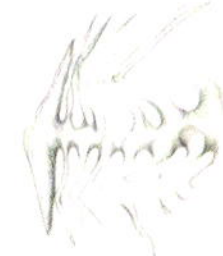
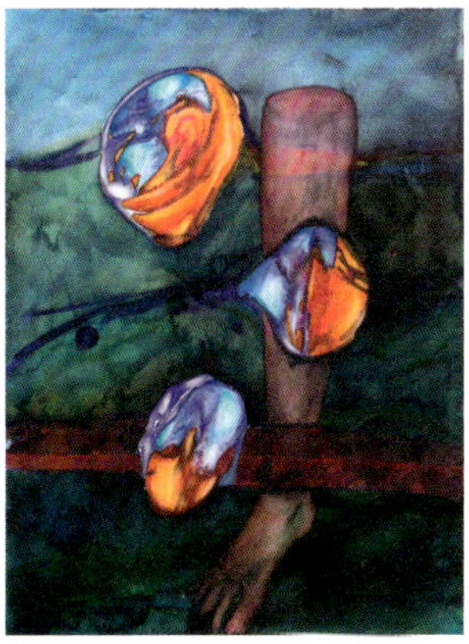
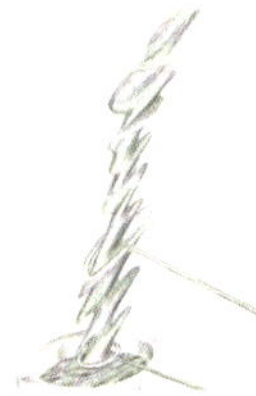
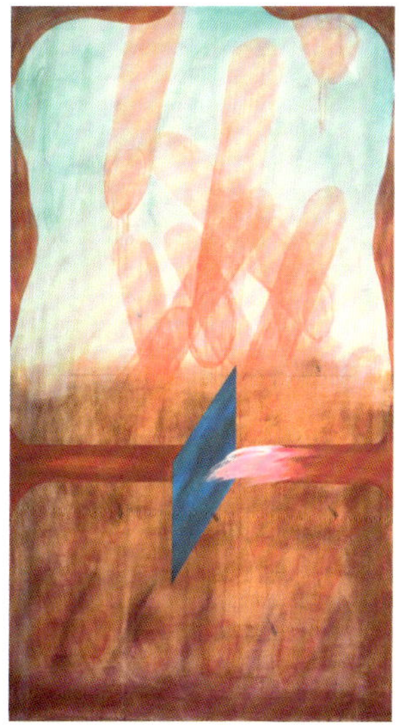
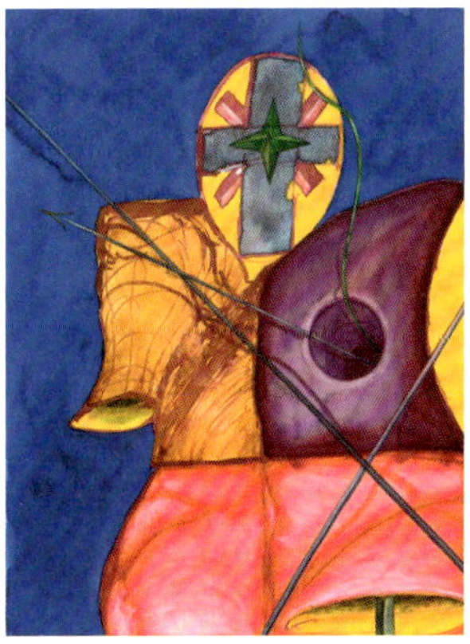
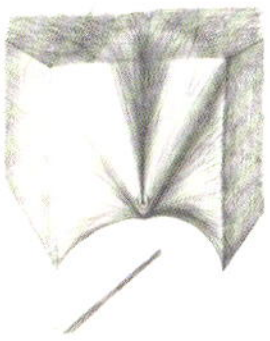
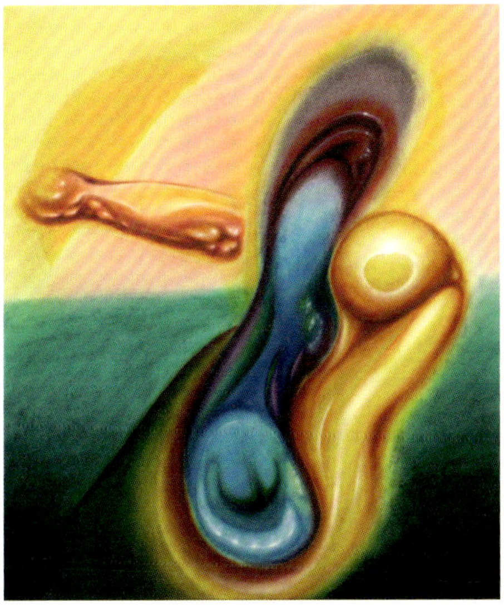

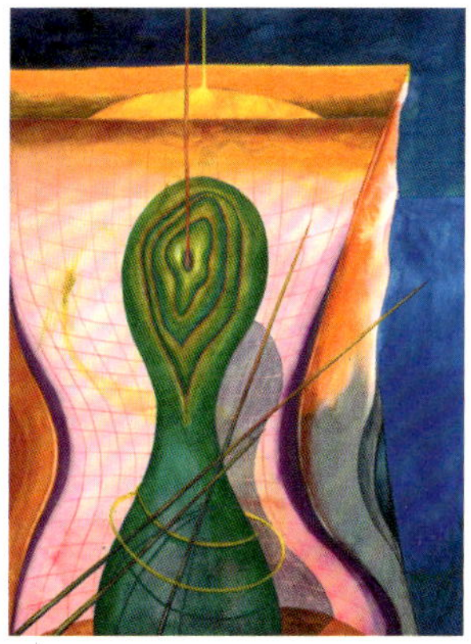
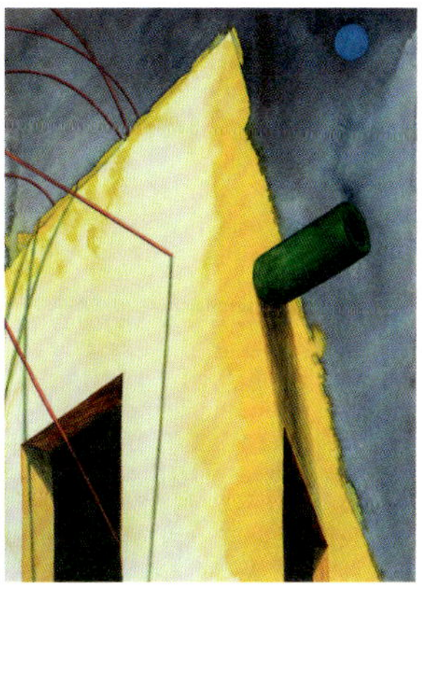

6 (2021/1)

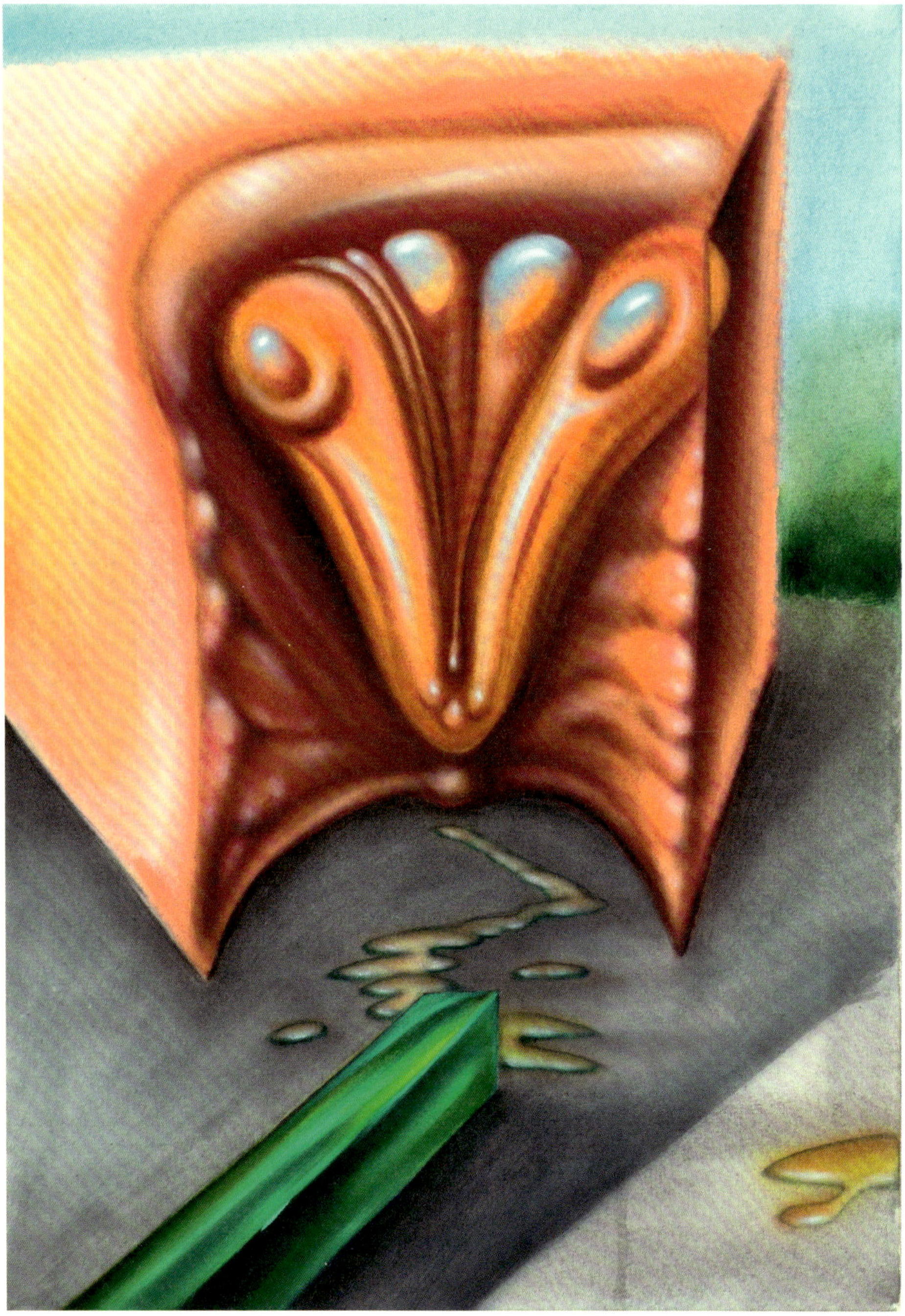

Diese Seite / This page: The Architect, 2021,
Pigment, Acrylbinder und Ölfarbe auf Leinwand / Pigment, acrylic binder, and oil color on canvas, 70 × 50 cm
Rechte Seite / Right-hand page: Diagram, 2021,
Pigment, Acrylbinder und Ölfarbe auf Leinwand / Pigment, acrylic binder, and oil color on canvas, 70 × 50 cm

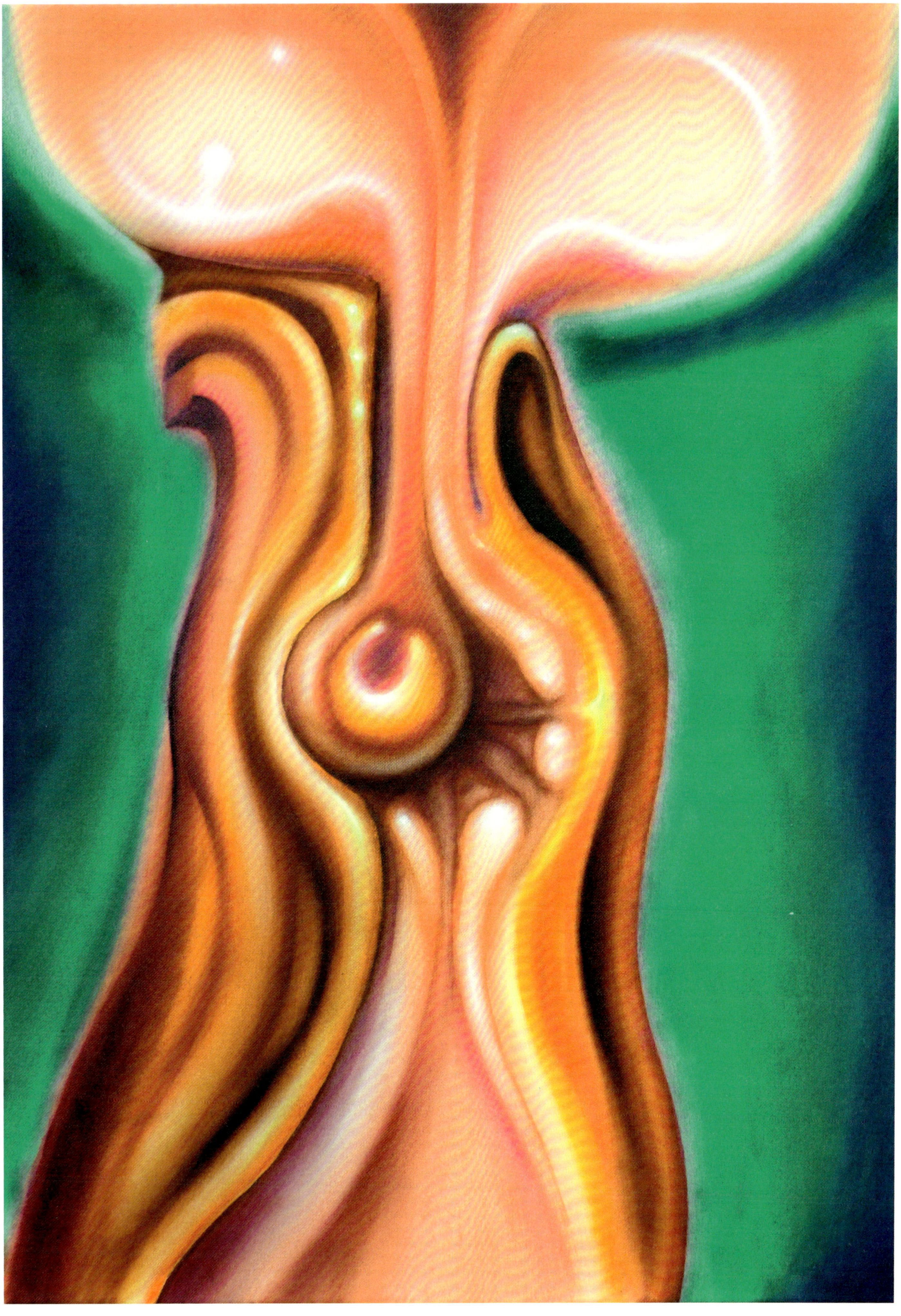

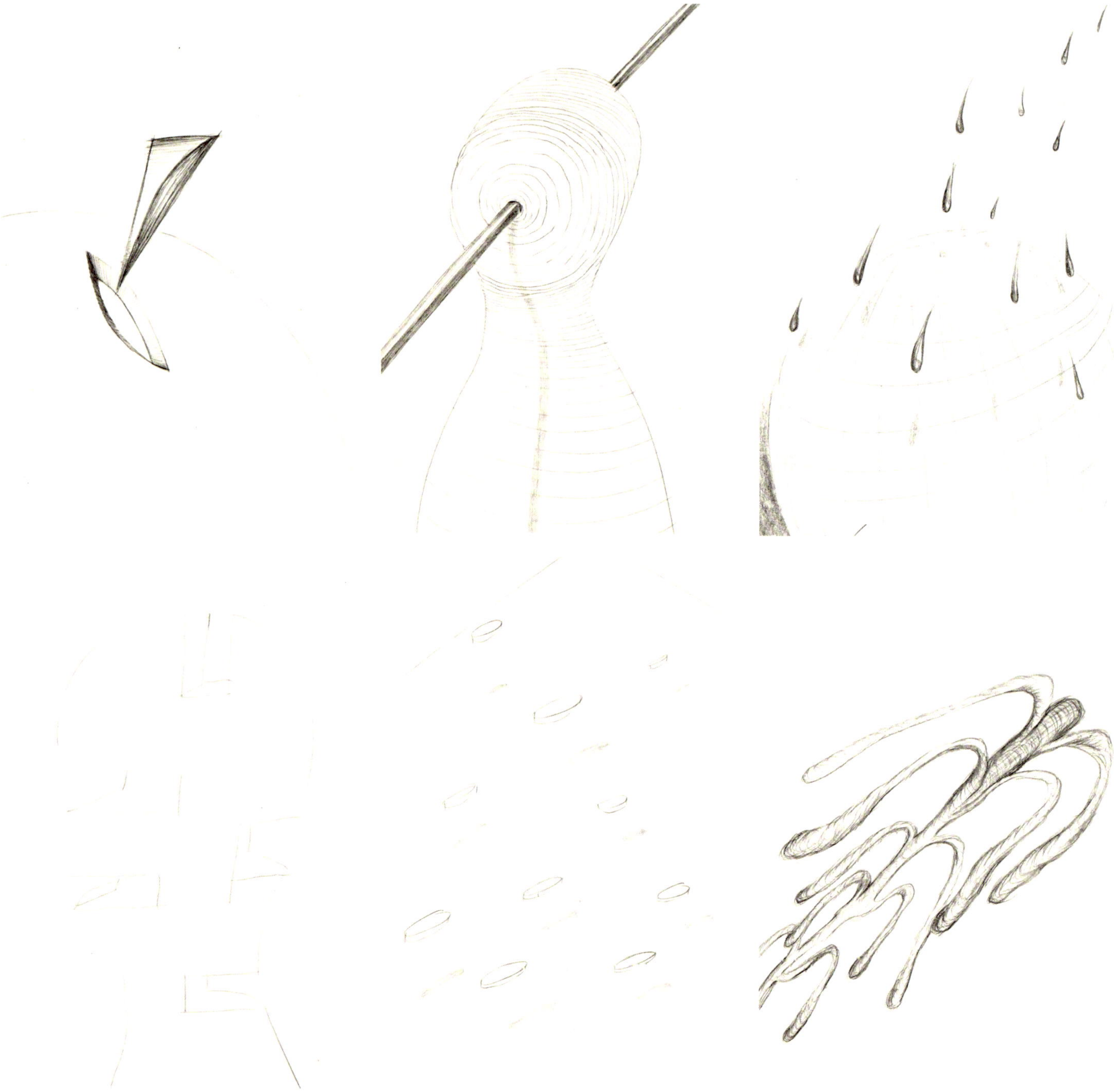

Diese Seite / This page: Seiten aus Skizzenbuch / Sketch book pages, 2021,
Bleistift auf Papier / Pencil on paper, je / each 26 × 18 cm
Rechte Seite / Right-hand page: Synthesis, 2021,
Pigment, Acrylbinder und Ölfarbe auf Leinwand / Pigment, acrylic binder, and oil color on canvas, 140 × 70 cm

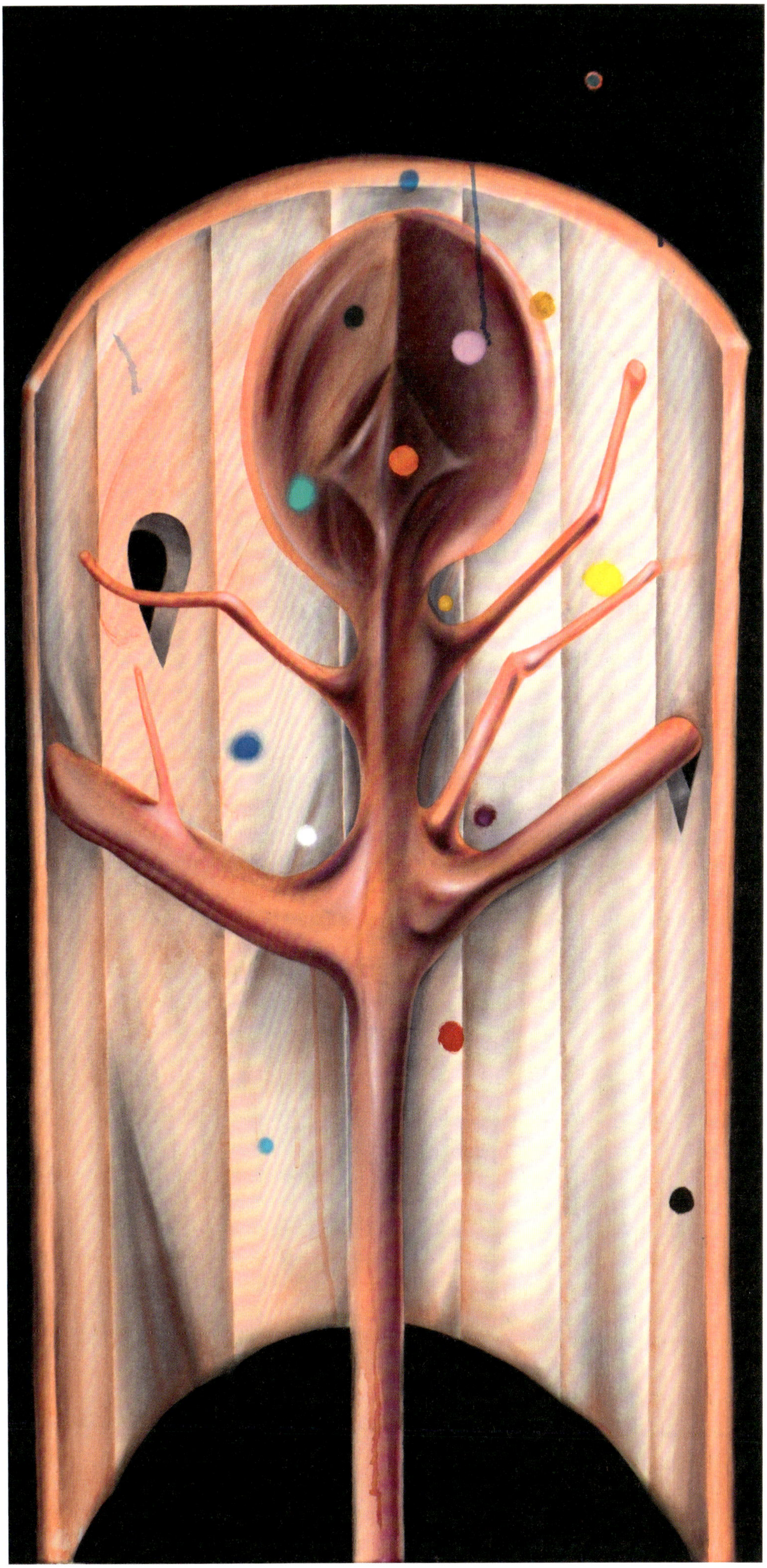

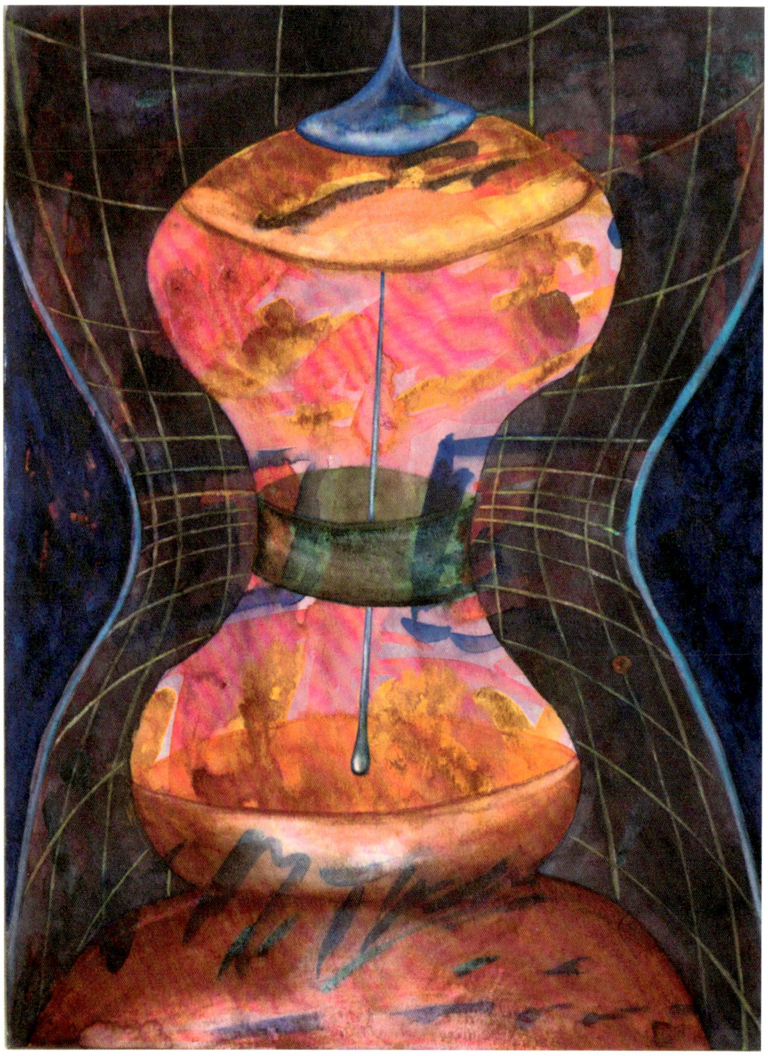

Diese Seite / This page: Quantum Hour Glass, 2021, Aquarell auf Papier / Watercolor on paper, 32 × 24 cm; Seite aus Skizzenbuch / Sketch book page, 2021, Bleistift auf Papier / Pencil on paper, 26 × 18 cm
Rechte Seite / Right-hand page: Synthesis 2, 2021, Pigment, Acrylbinder und Ölfarbe auf Leinwand / Pigment, acrylic binder, and oil color on canvas, 130 × 100 cm

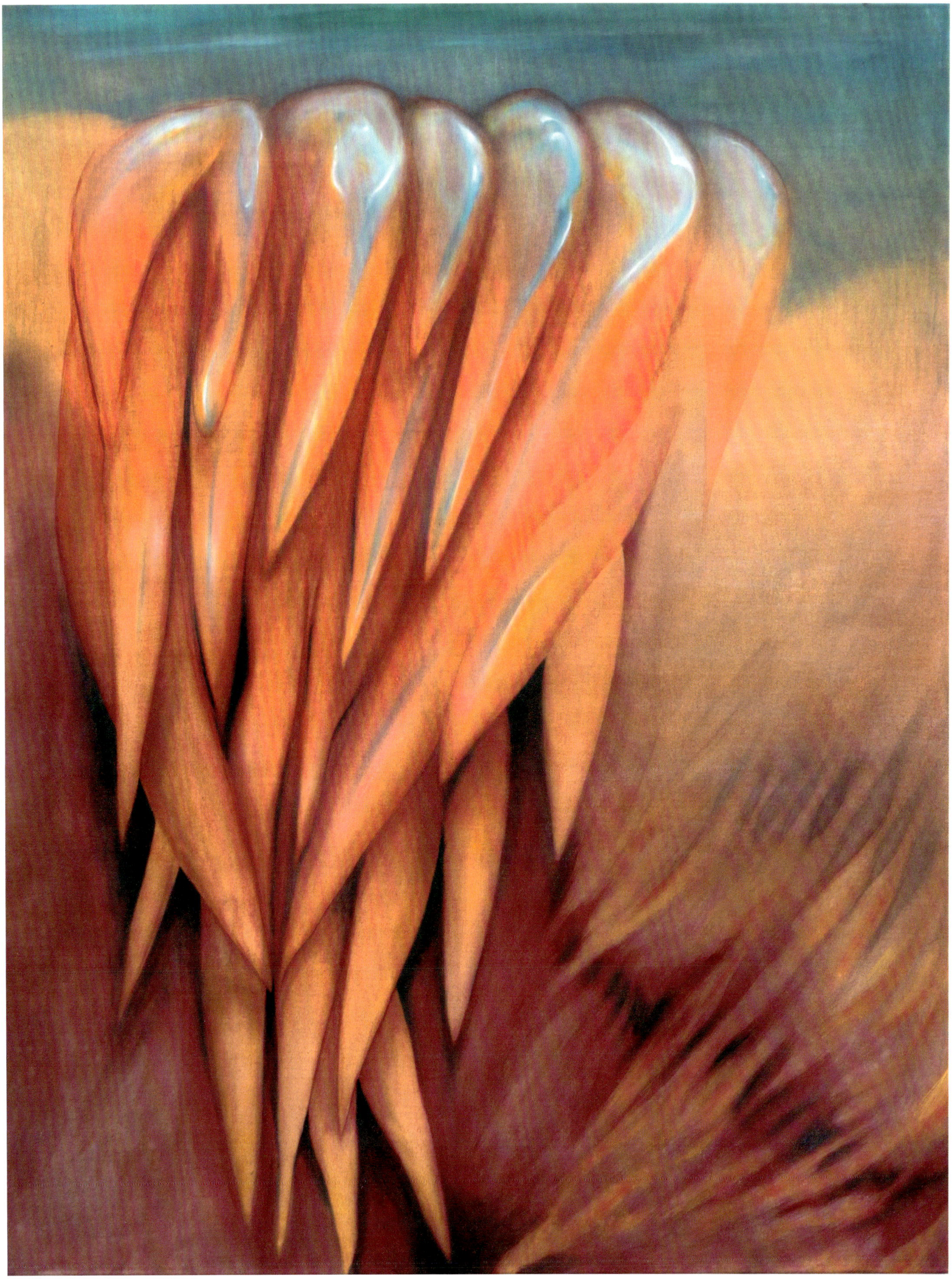

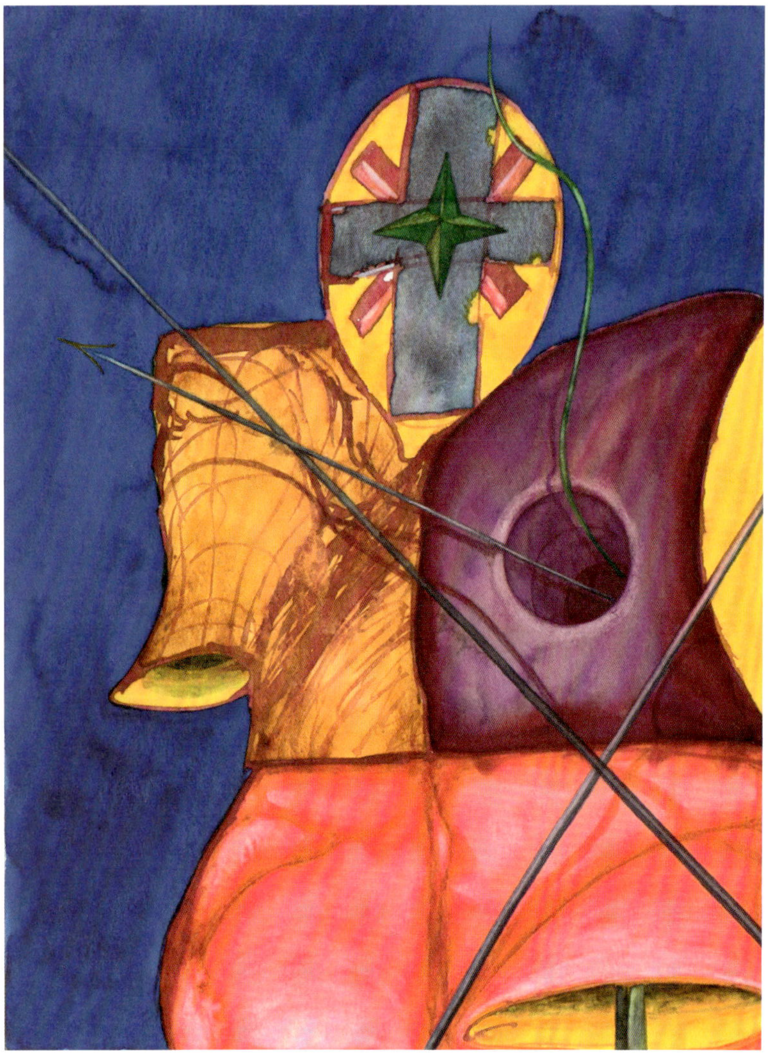

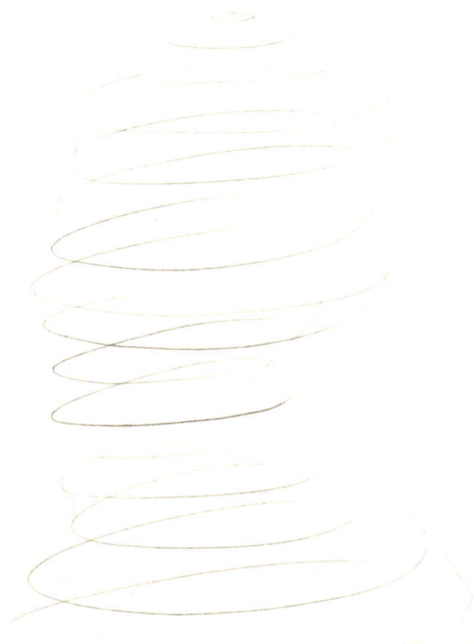

Diese Seite / This page: Time Demon, 2021, Aquarell auf Papier / Watercolor on paper, 32 × 24 cm;
Seite aus Skizzenbuch / Sketch book page, 2021, Bleistift auf Papier / Pencil on paper, 26 × 18 cm
Rechte Seite / Right-hand page: Seite aus Skizzenbuch / Sketch book page, 2021,
Bleistift auf Papier / Pencil on paper, 26 × 18 cm;
Surrender, 2021, Aquarell auf Papier / Watercolor on paper, 130 × 100 cm

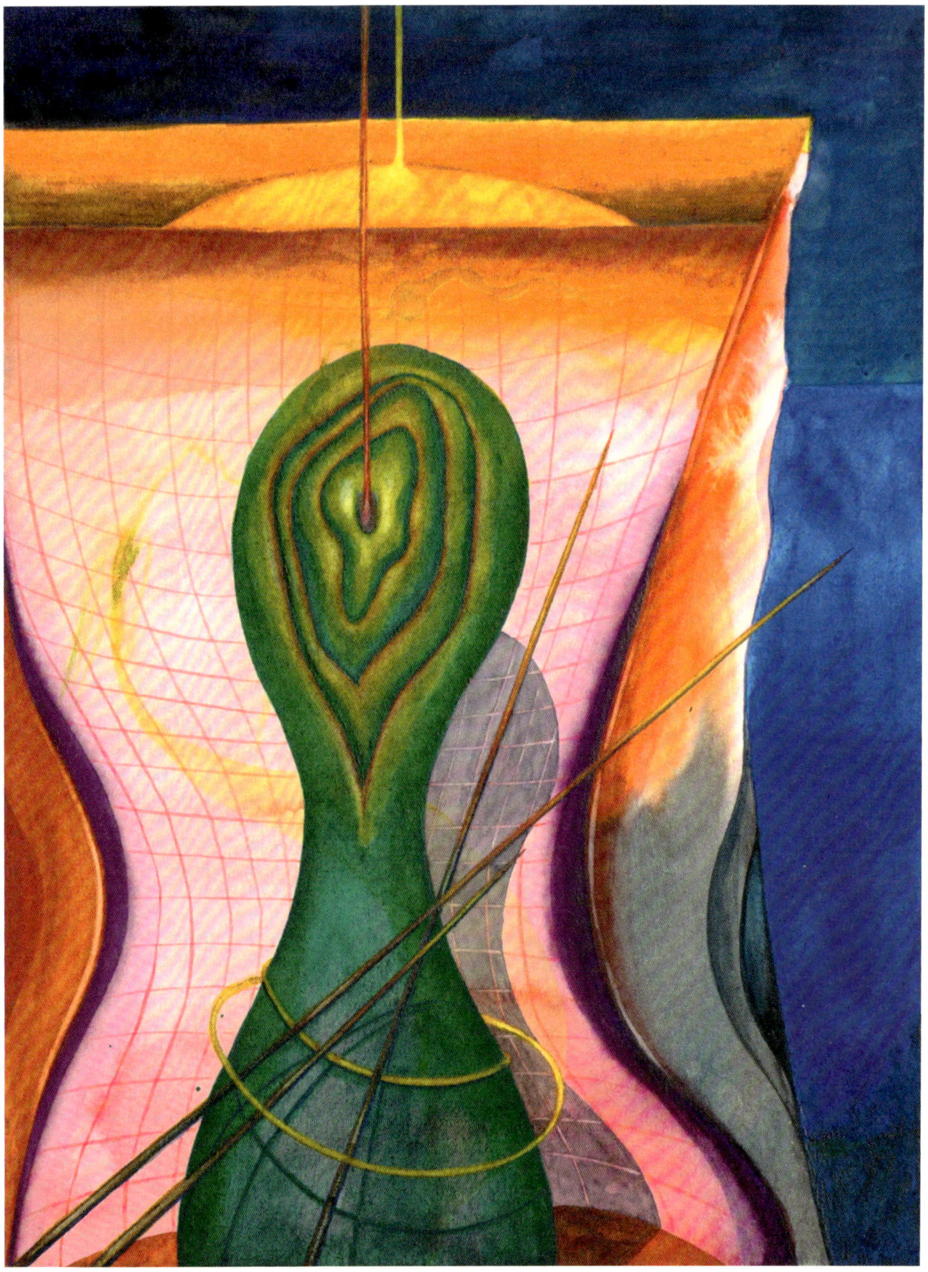

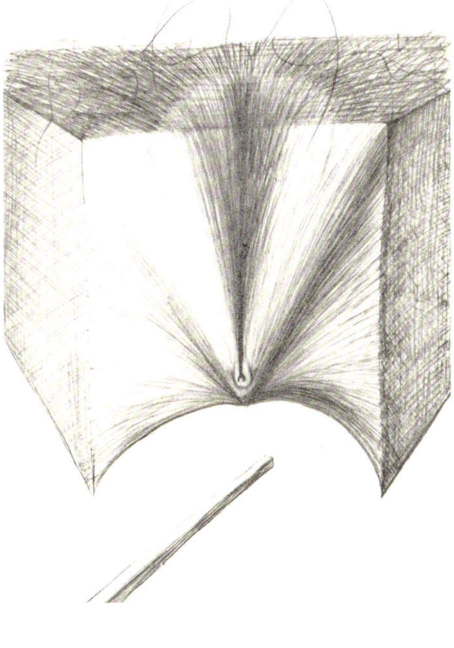

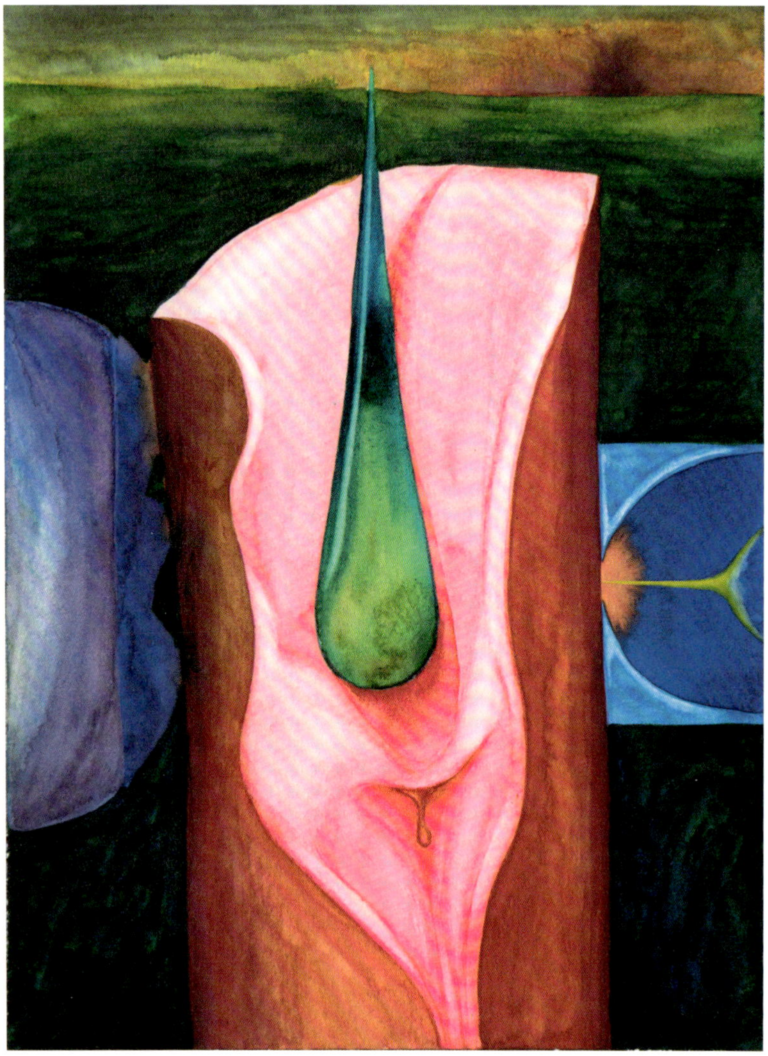

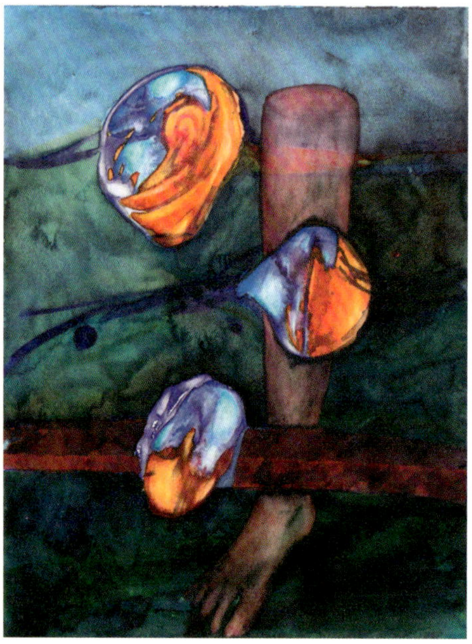

Diese Seite / This page: Sensitive Column, 2021, Aquarell auf Papier / Watercolor on paper, 32 × 24 cm;
Unsere Hände sollen uns das Fürchten lehren / Our Hands Shall Teach Us to Fear, 2021,
Aquarell auf Papier / Watercolor on paper, 32 × 24 cm
Rechte Seite / Right-hand page: My House, 2021, Aquarell auf Papier / Watercolor on paper, 32 × 24 cm

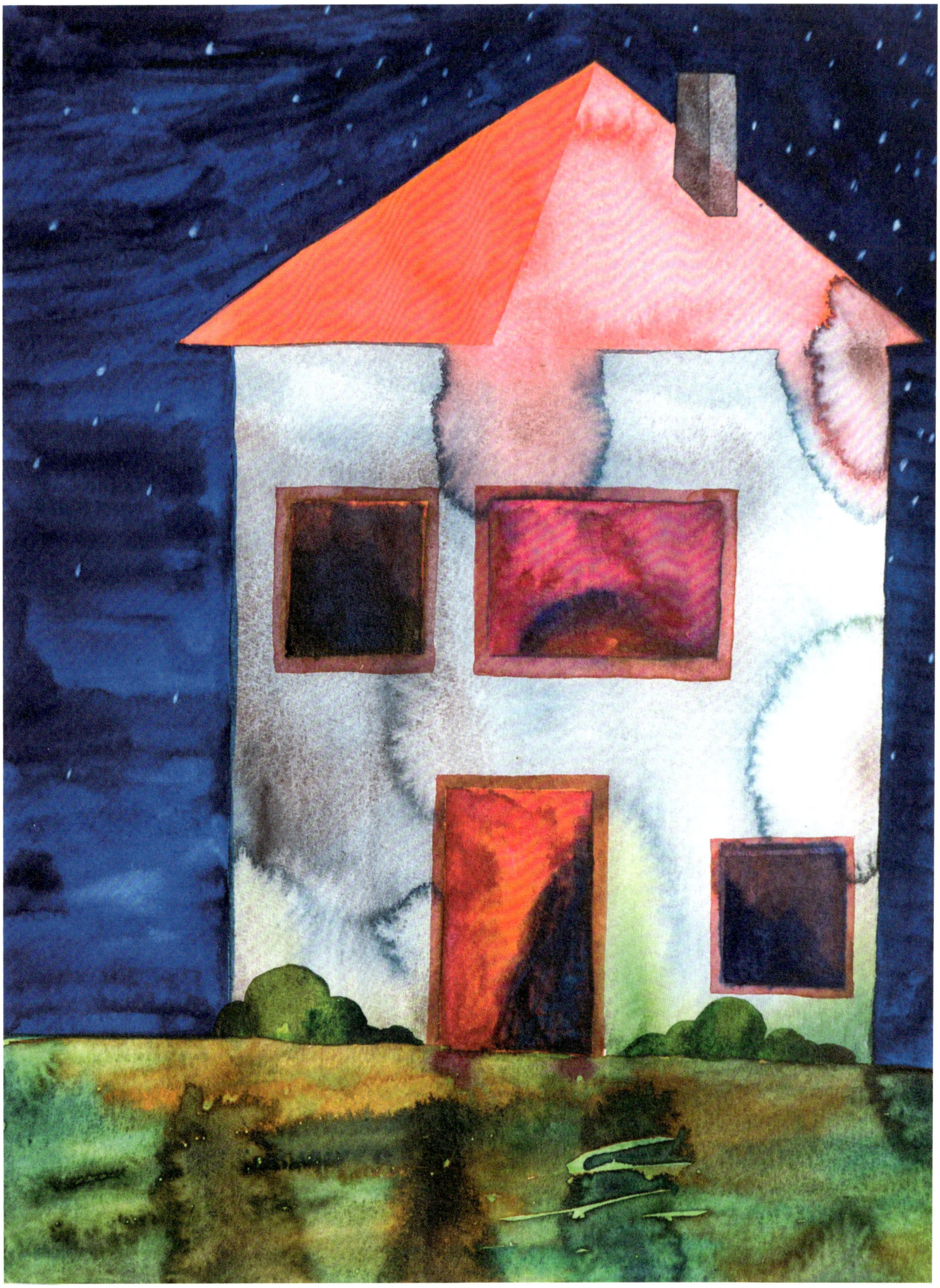

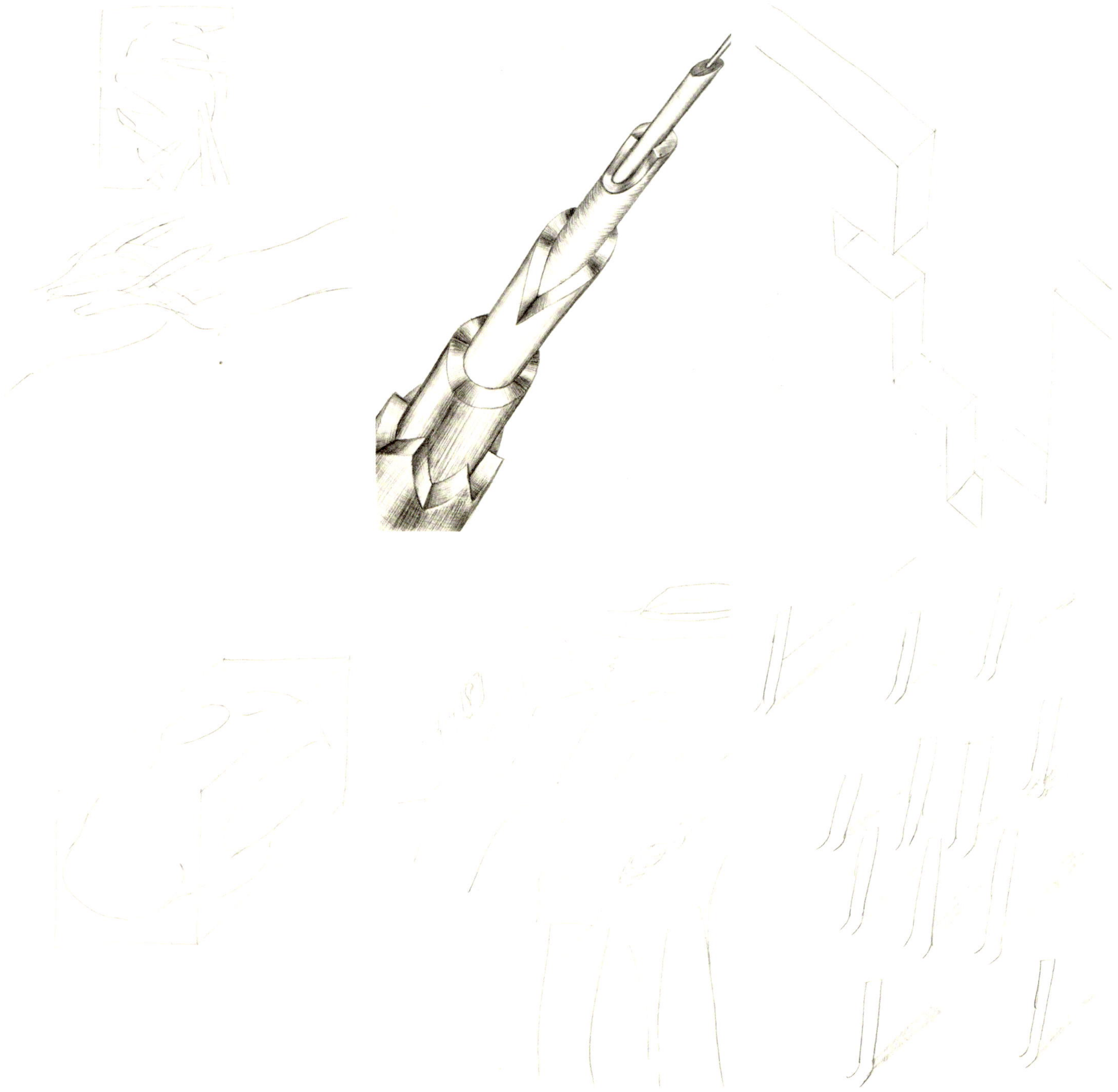

Diese Seite / This page: Seiten aus Skizzenbuch / Sketch book pages, 2021,
Bleistift auf Papier / Pencil on paper, je / each 26 × 18 cm
Rechte Seite / Right-hand page: GMO, 2021, Aquarell auf Papier / Watercolor on paper, 32 × 24 cm

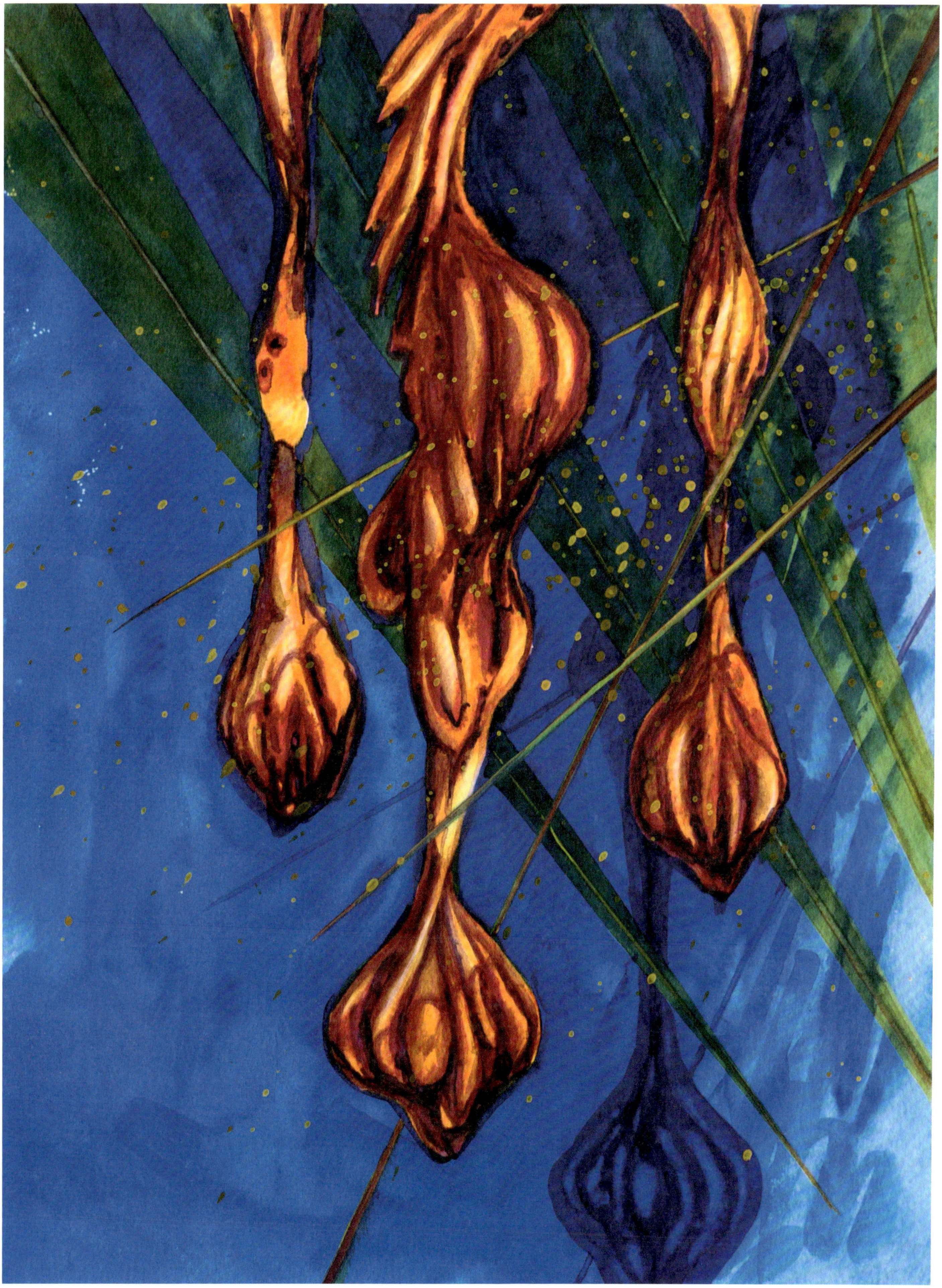

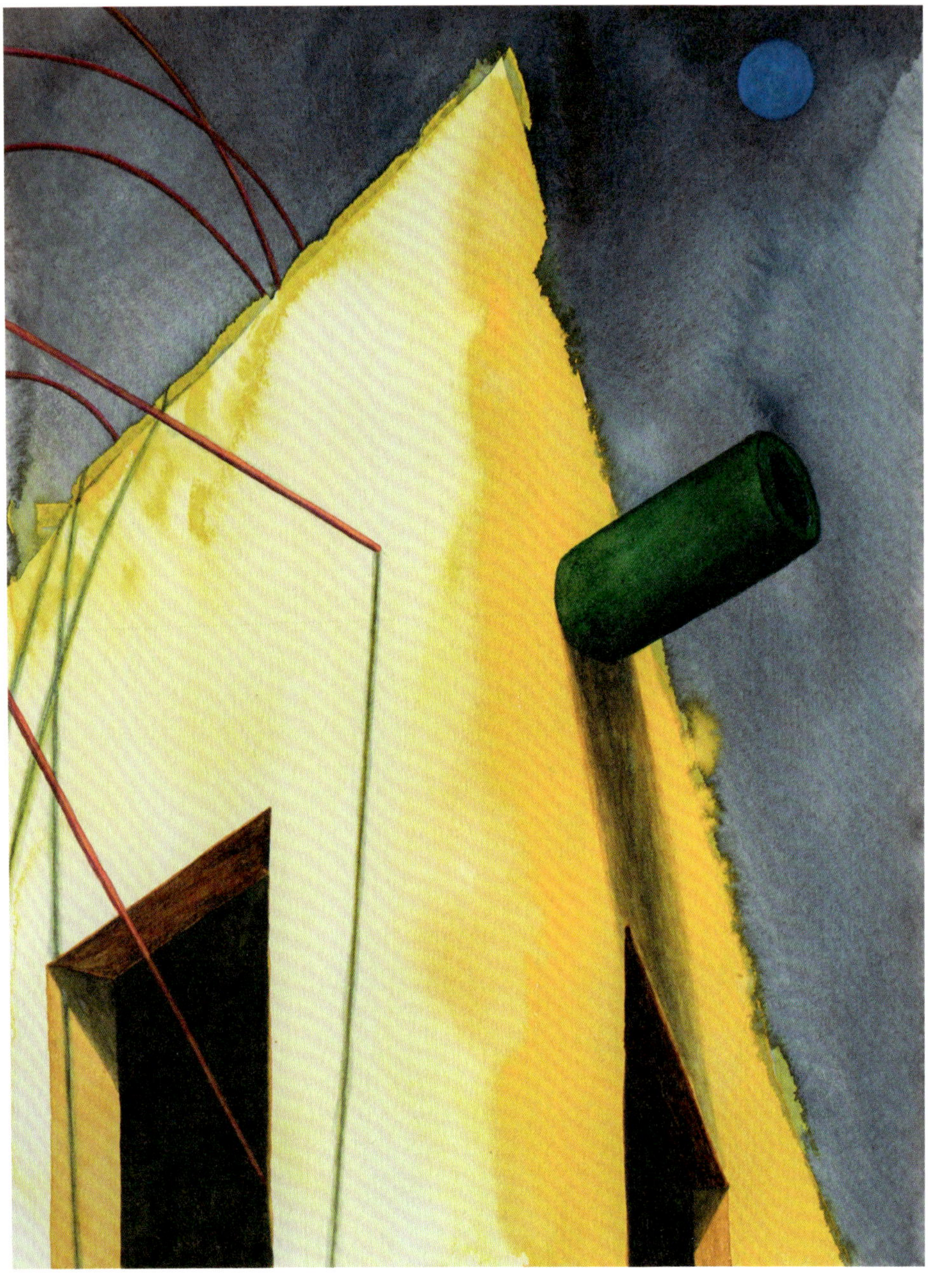

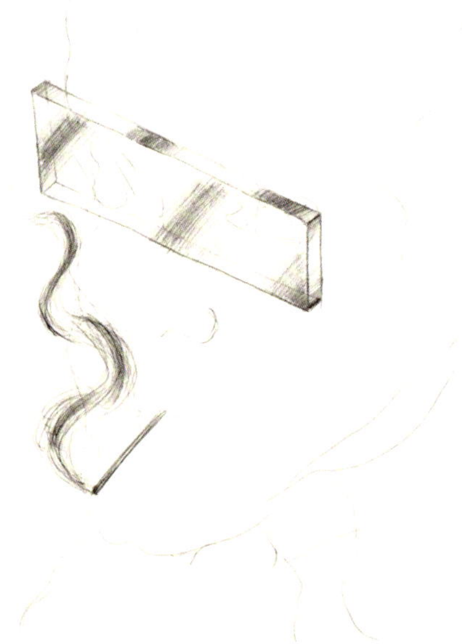

Diese Seite / This page: Rohbau / Carcass, 2021, Aquarell auf Papier / Watercolor on paper, 32 × 24 cm;
Seite aus Skizzenbuch / Sketch book page, 2021, Bleistift auf Papier / Pencil on paper, 26 × 18 cm
Rechte Seite / Right-hand page: Three Body Problem, 2021,
Pigment, Acrylbinder und Ölfarbe auf Leinwand / Pigment, acrylic binder, and oil color on canvas, 70 × 60 cm

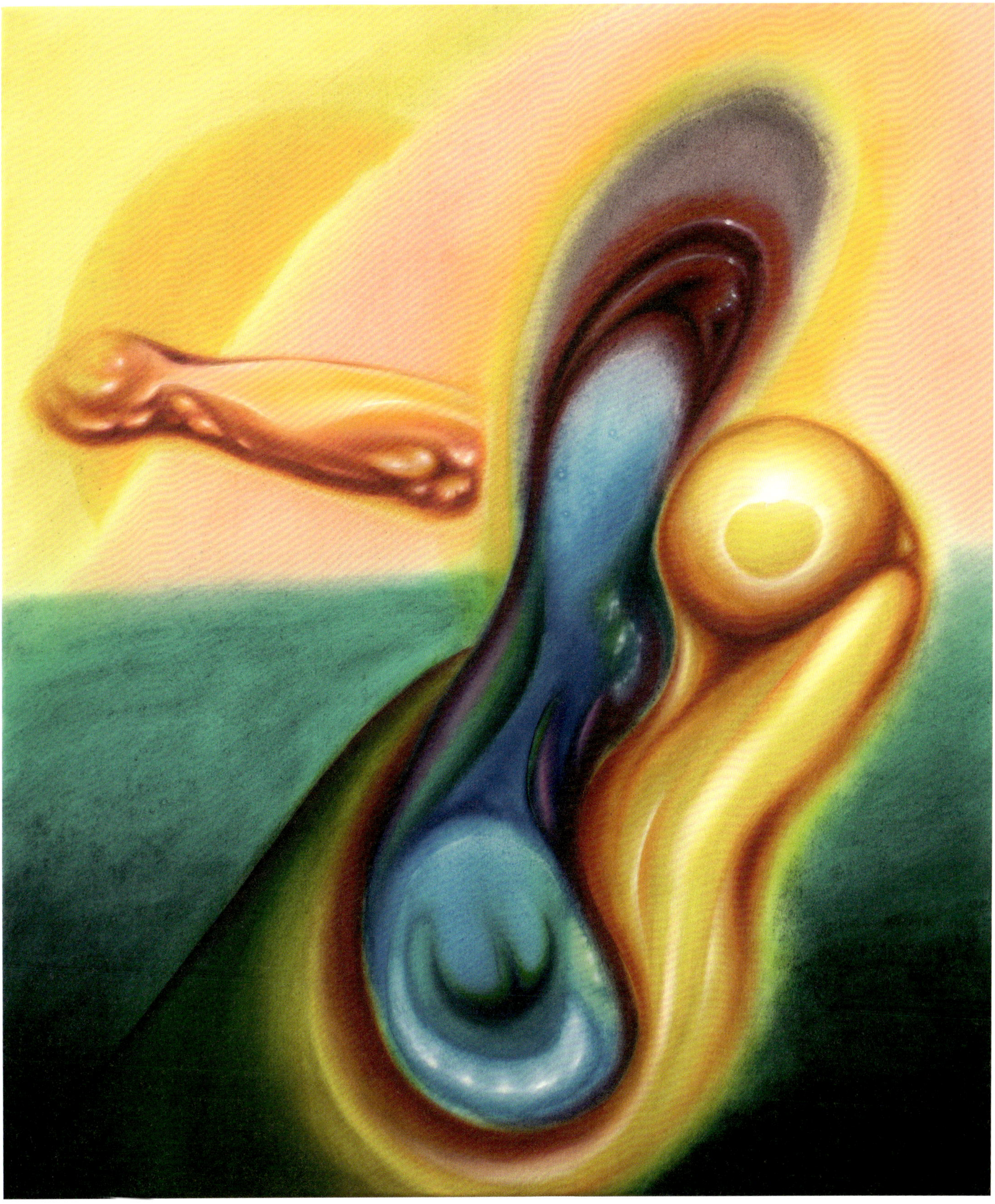

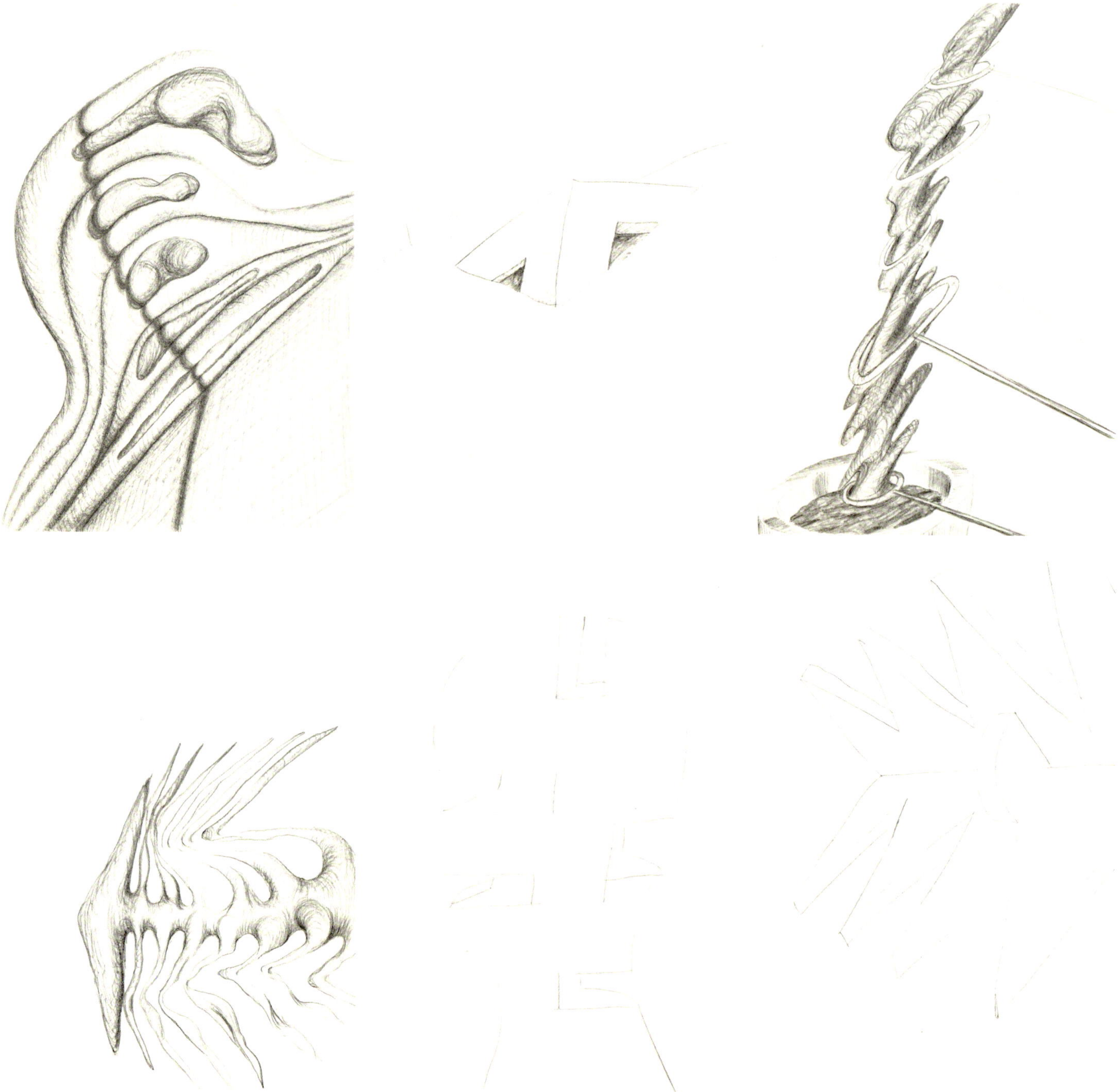

Diese Seite / This page: Seiten aus Skizzenbuch / Sketch book pages, 2021,
Bleistift auf Papier / Pencil on paper, je / each 26 × 18 cm
Rechte Seite / Right-hand page: Flimmerhärchen / Cilia, 2020,
Pigment und Acrylbinder auf Leinwand / Pigment and acrylic binder on canvas, 180 × 100 cm

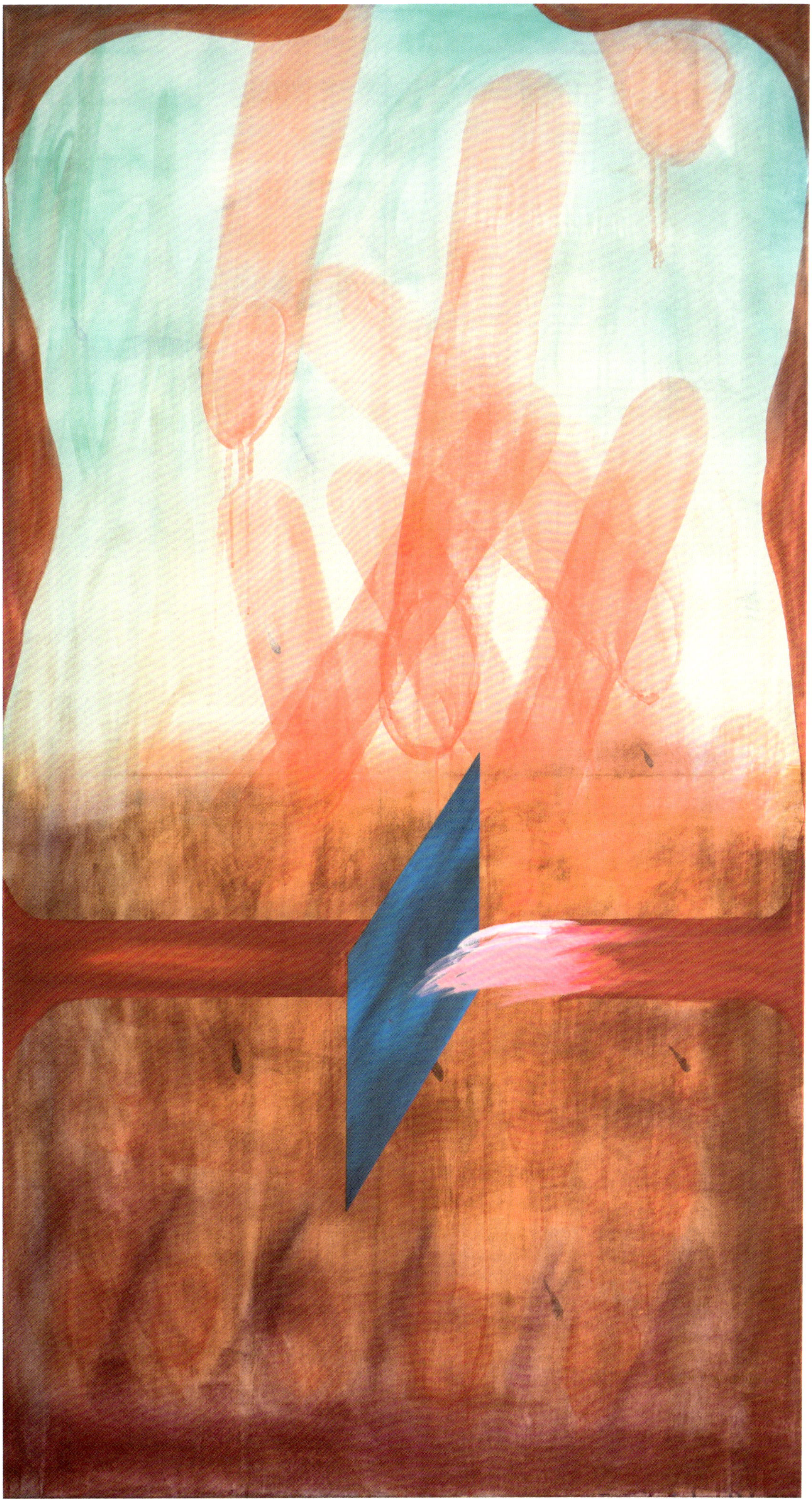

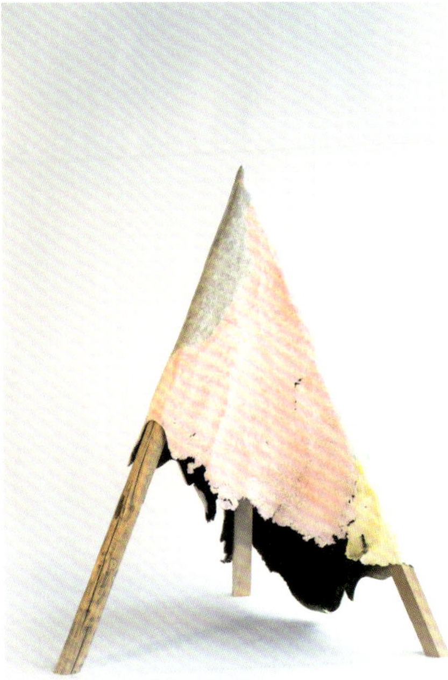

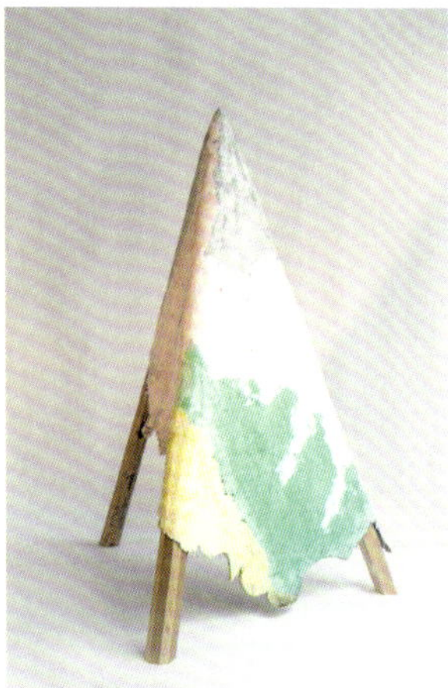

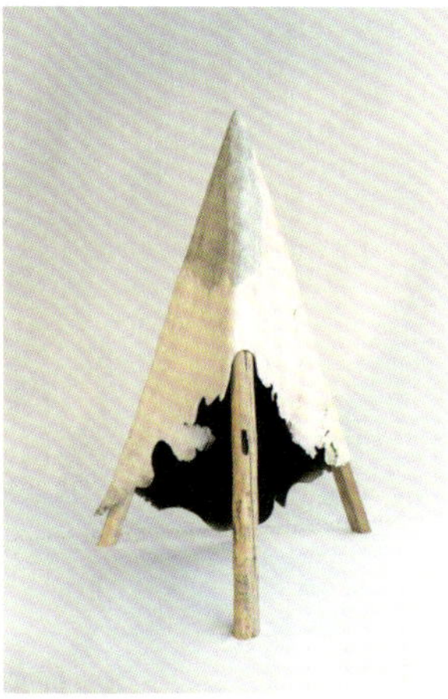

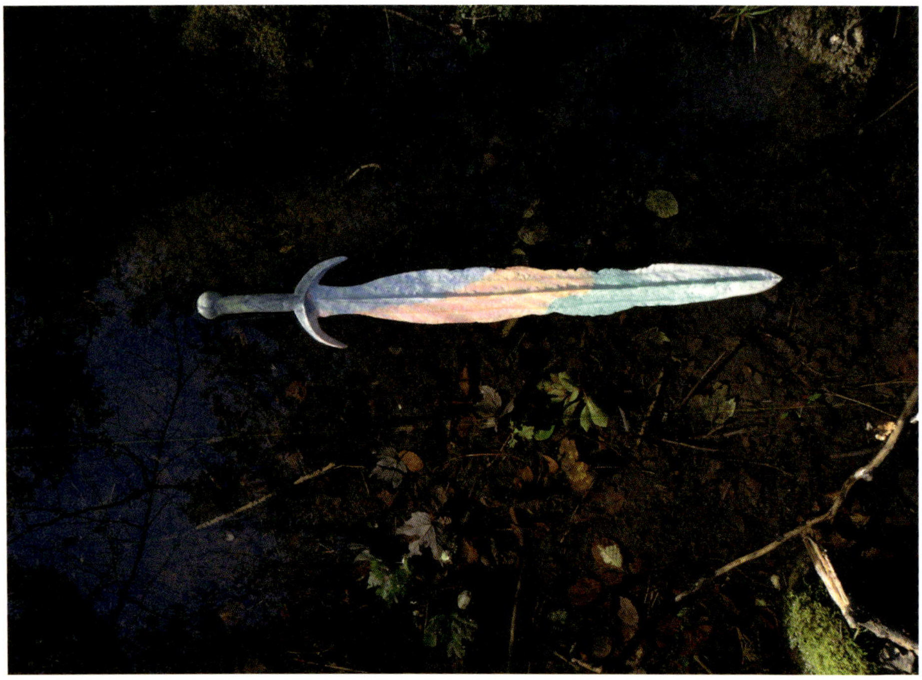

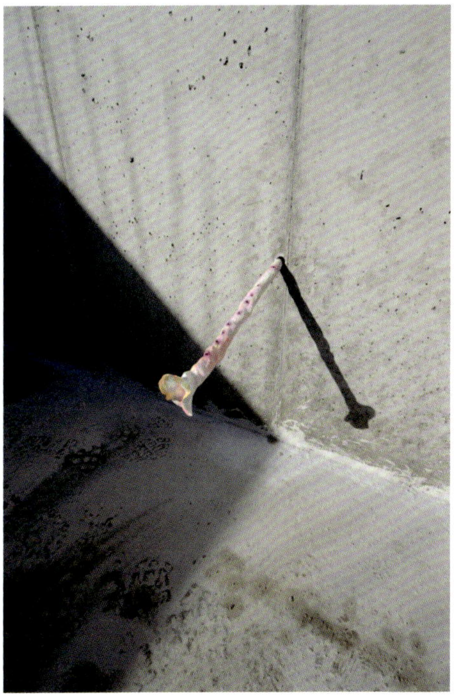

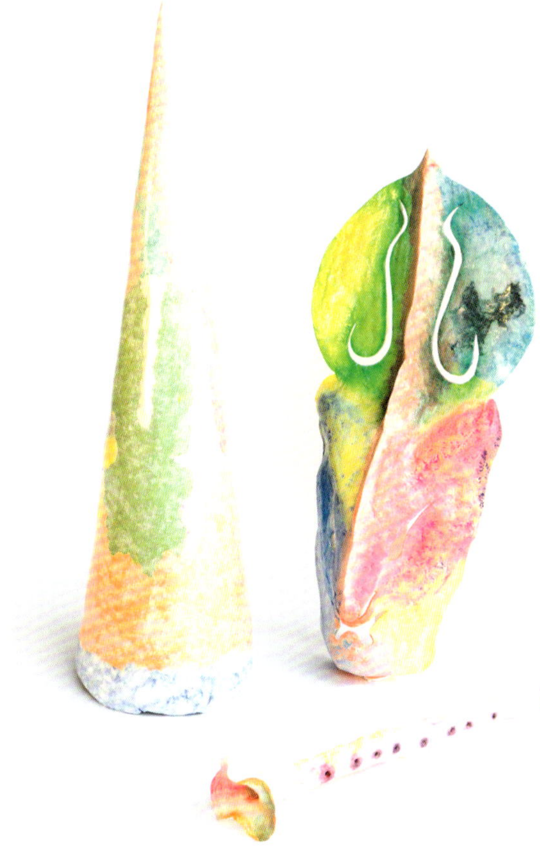

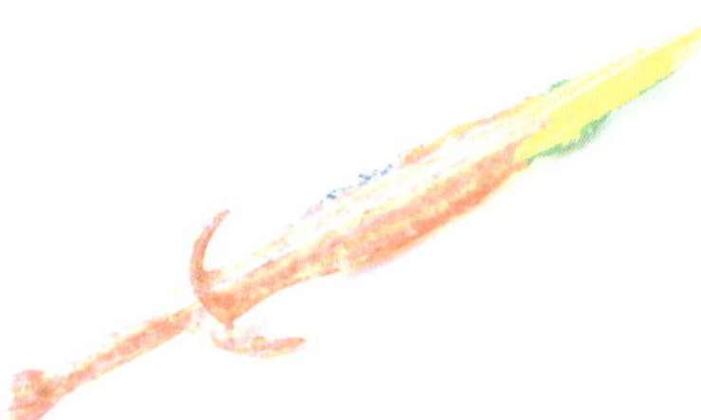

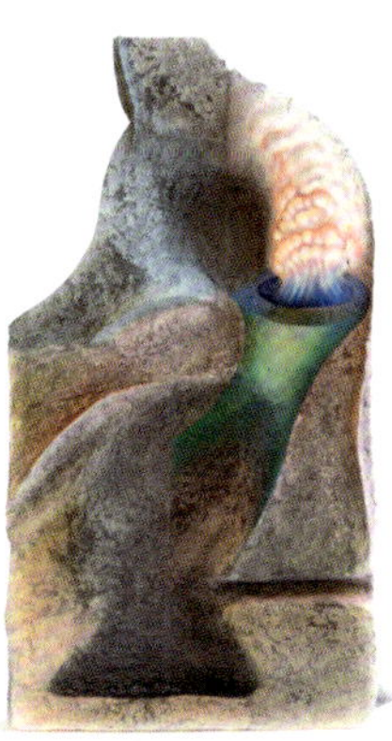

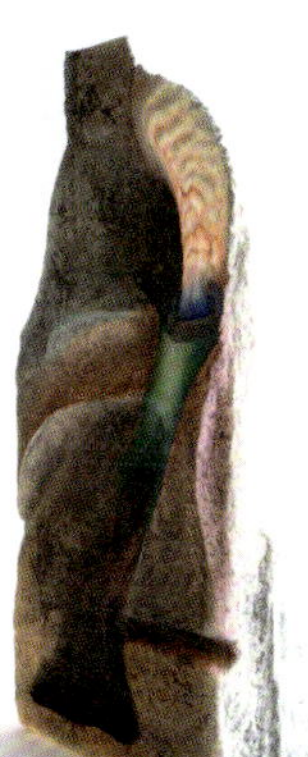

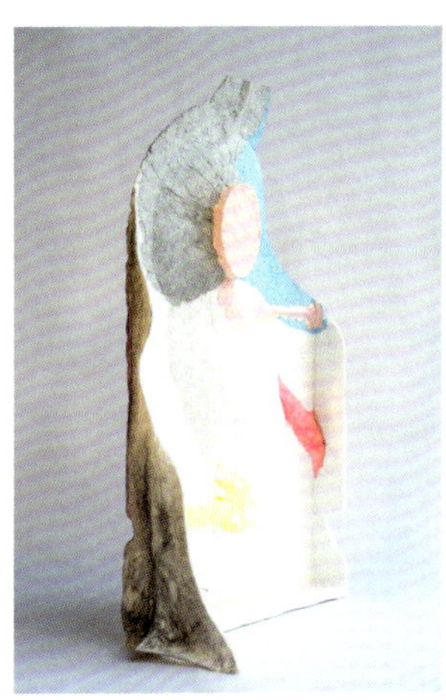

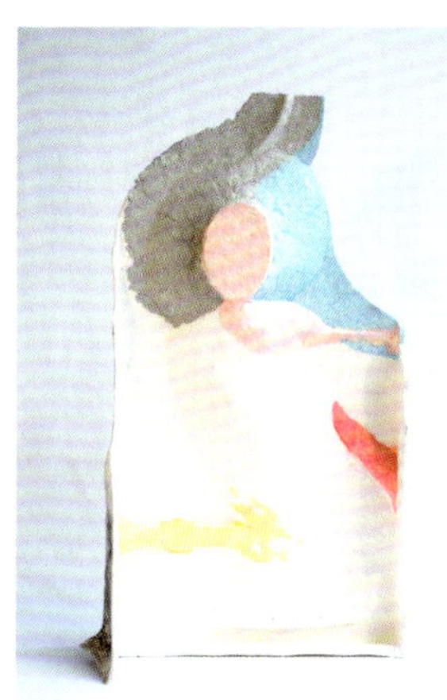

7 (2021/2)

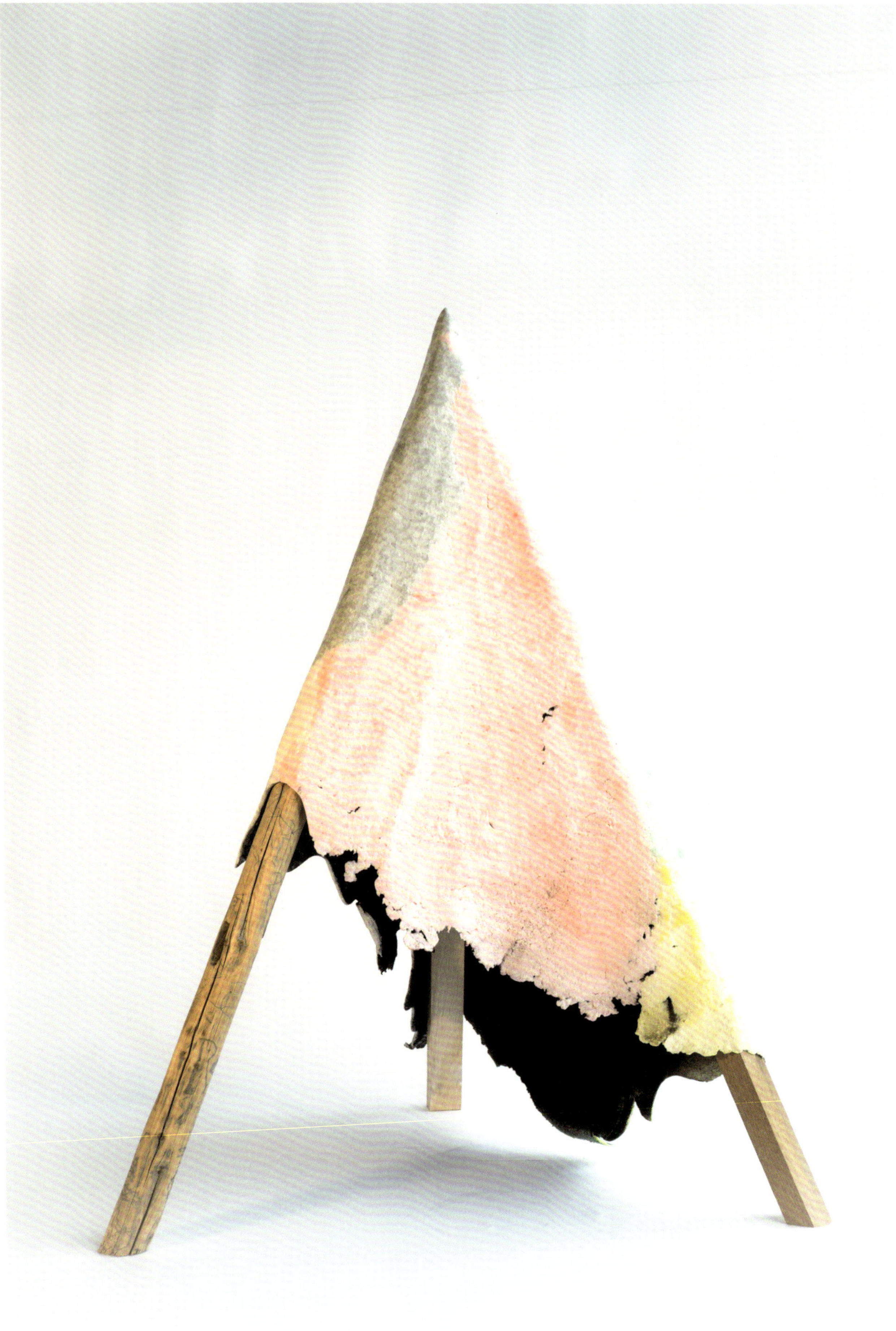

Tent, 2021, gefärbter Zellstoff, Kleister und Acryllack /
Dyed cellulose, paste, and acrylic varnish, 100 × 80 × 80 cm
118 / 119

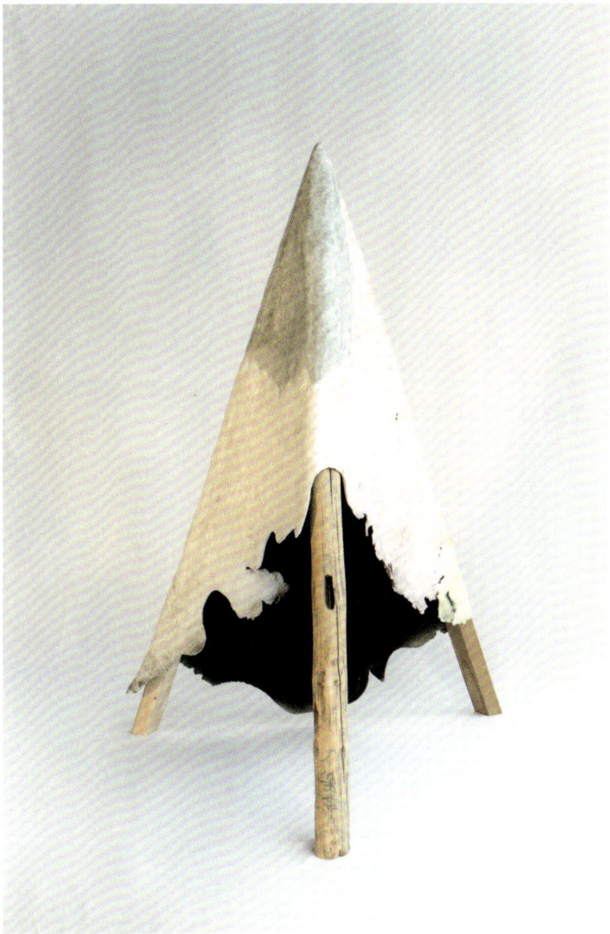

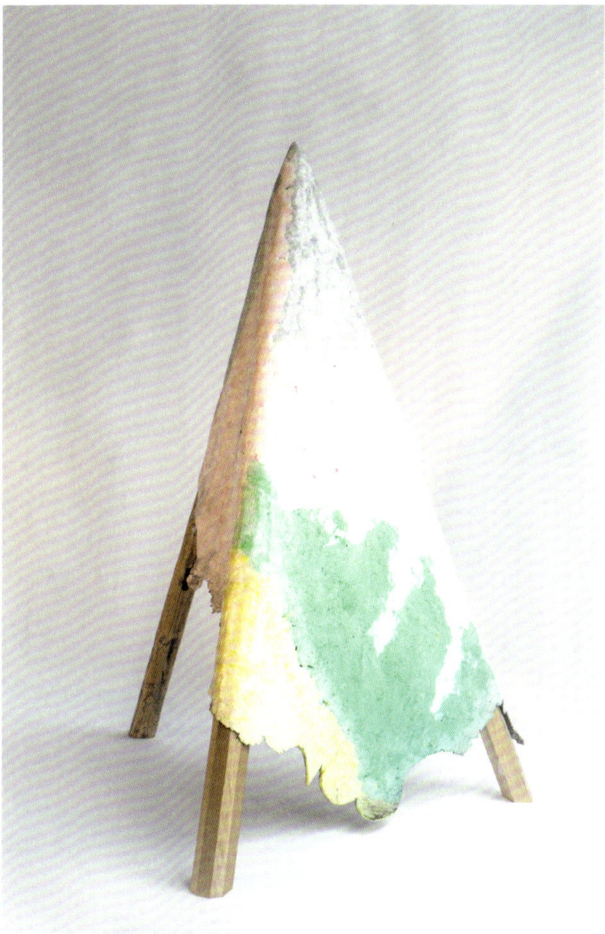

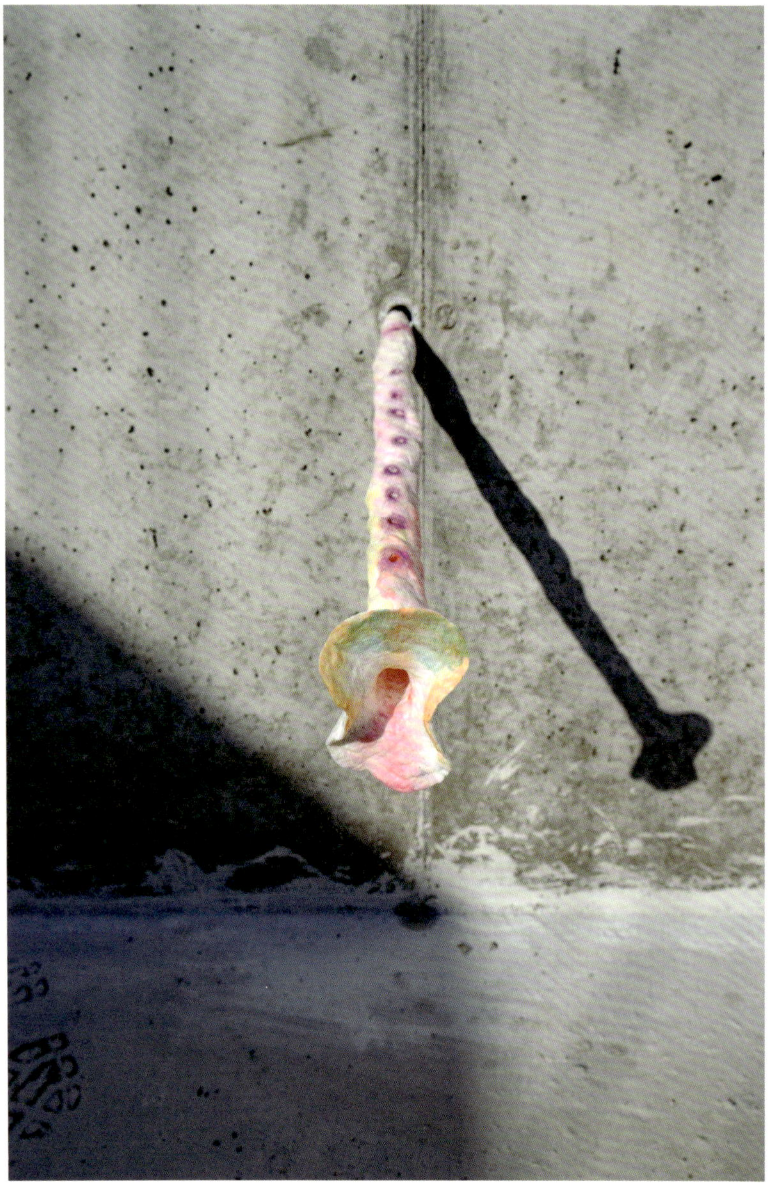

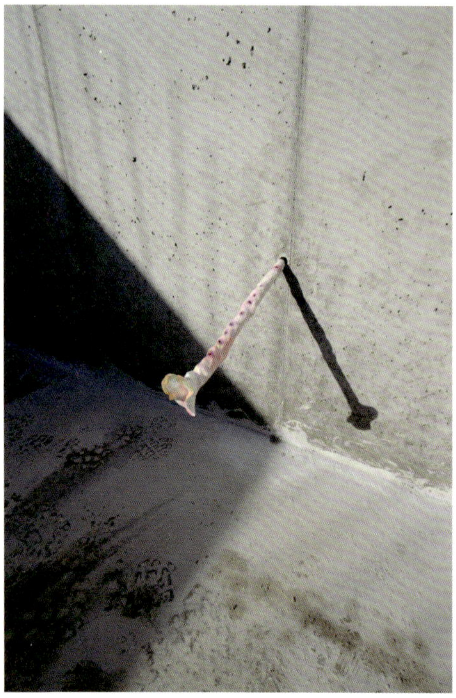

Diese Seite / This page: Flute, 2021, gefärbter Zellstoff, Kleister und Acryllack / Dyed cellulose, paste, and acrylic varnish, 10 × 7 × 52 cm
Rechte Seite / Right-hand page:
Magic Hat, 2021, gefärbter Zellstoff, Kleister und Acryllack / Dyed cellulose, paste, and acrylic varnish, 80 × 23 × 23 cm;
Mask, 2021, gefärbter Zellstoff, Kleister und Acryllack / Dyed cellulose, paste, and acrylic varnish, 65 × 32 × 15 cm;
Sword, 2021, gefärbter Zellstoff, Kleister und Acryllack / Dyed cellulose, paste, and acrylic varnish, 4 × 18 × 115 cm

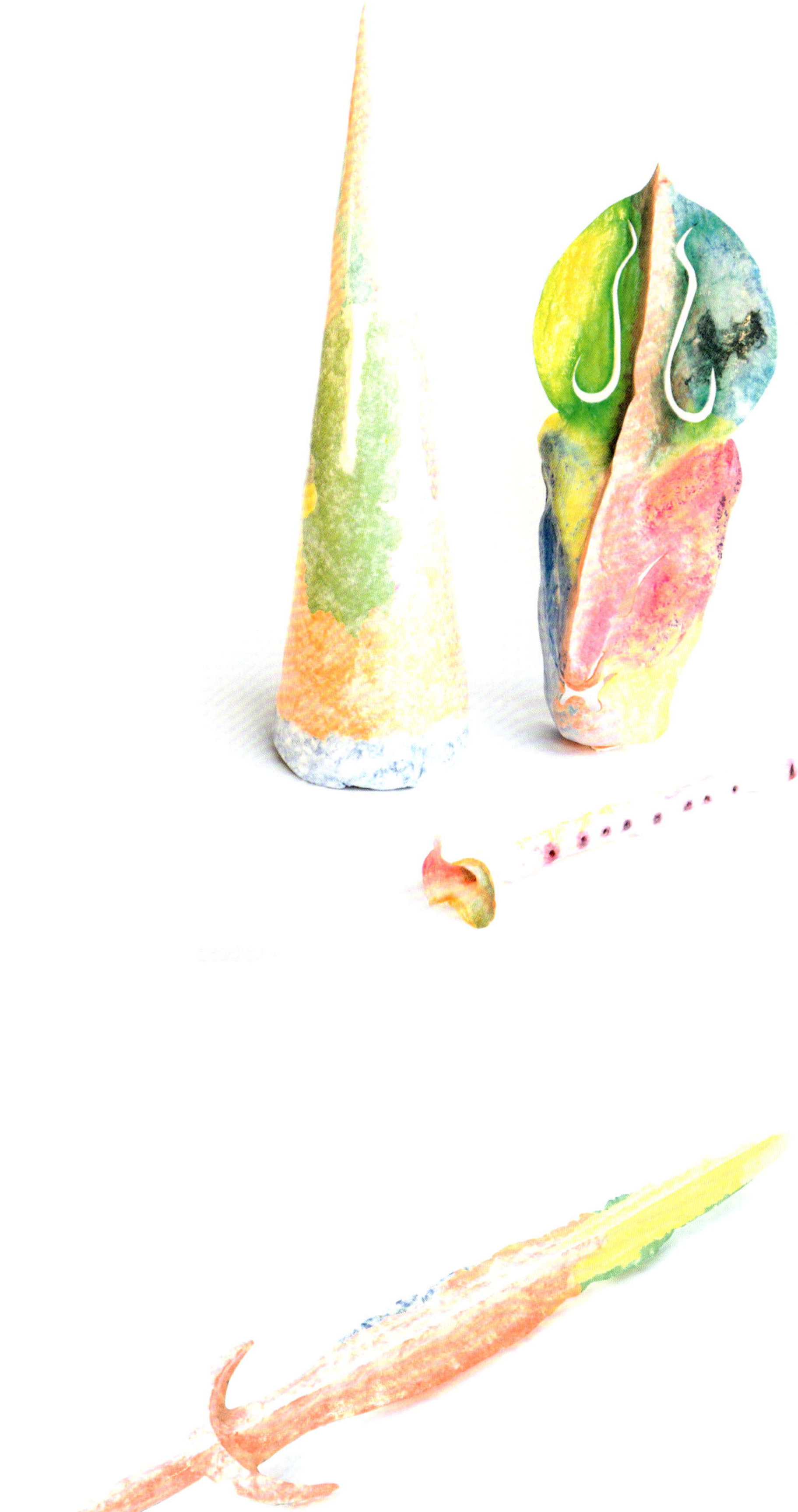

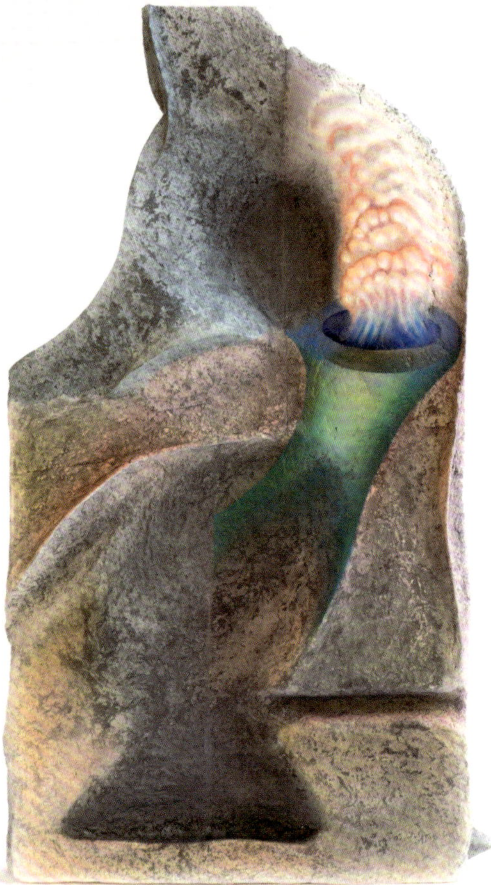

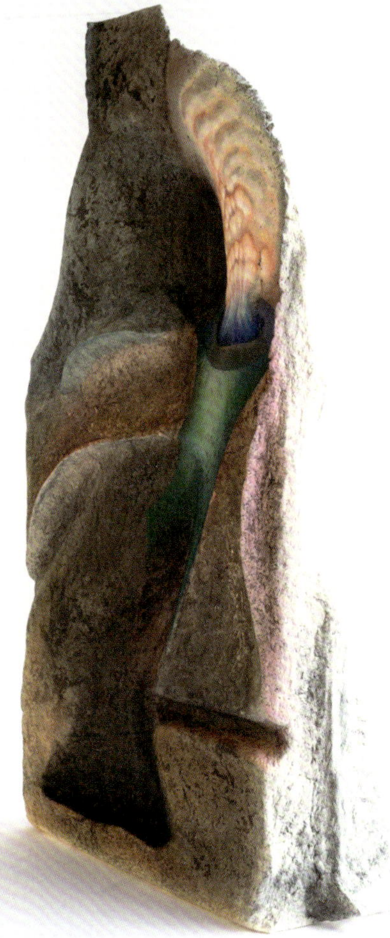

Inscription, 2021, Pigment und Airbrush auf gefärbtem Zellstoff und Kleister /
Pigment and airbrush on dyed cellulose and paste, 93 × 50 × 20 cm
Nächste Seite / Overleaf: Sword, 2021, gefärbter Zellstoff, Kleister und Acryllack /
Dyed cellulose, paste, and acrylic varnish, 4 × 18 × 115 cm

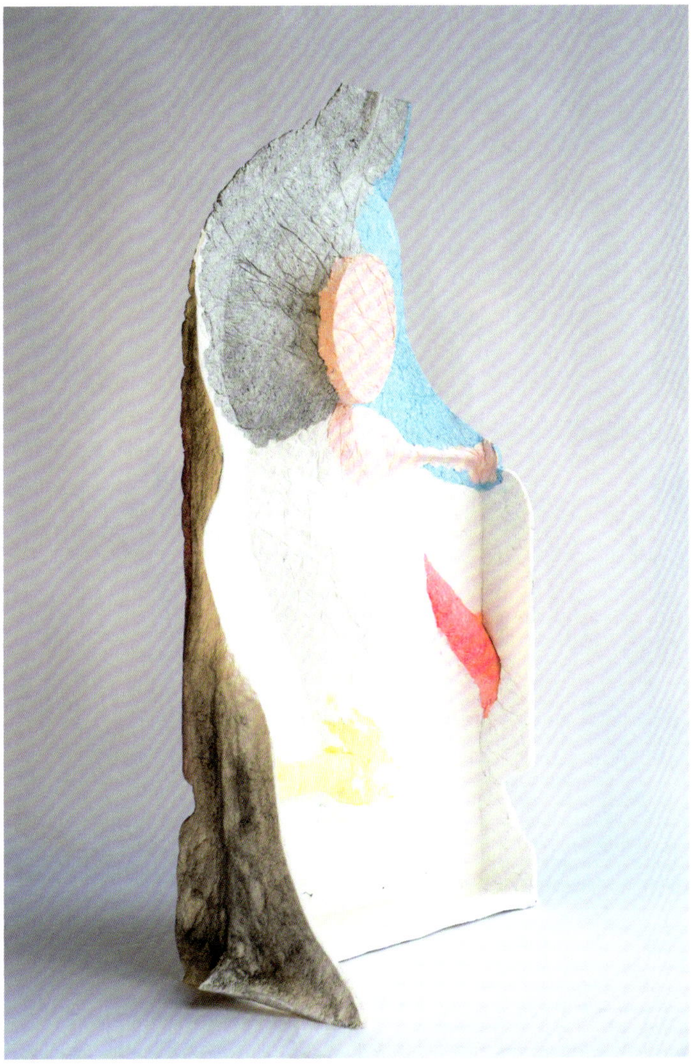

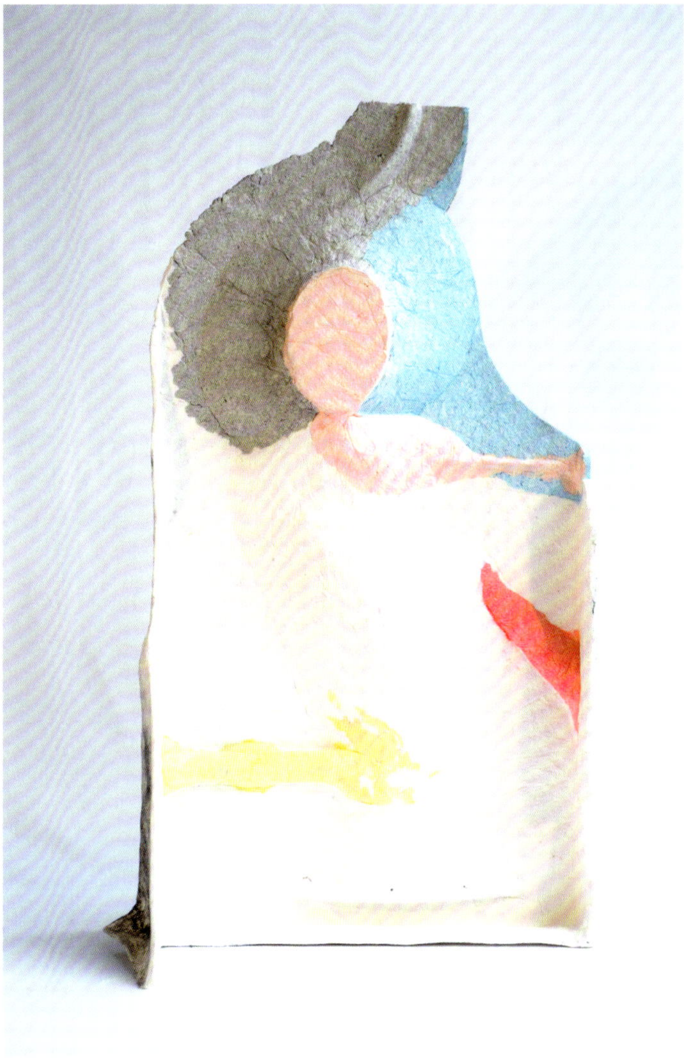

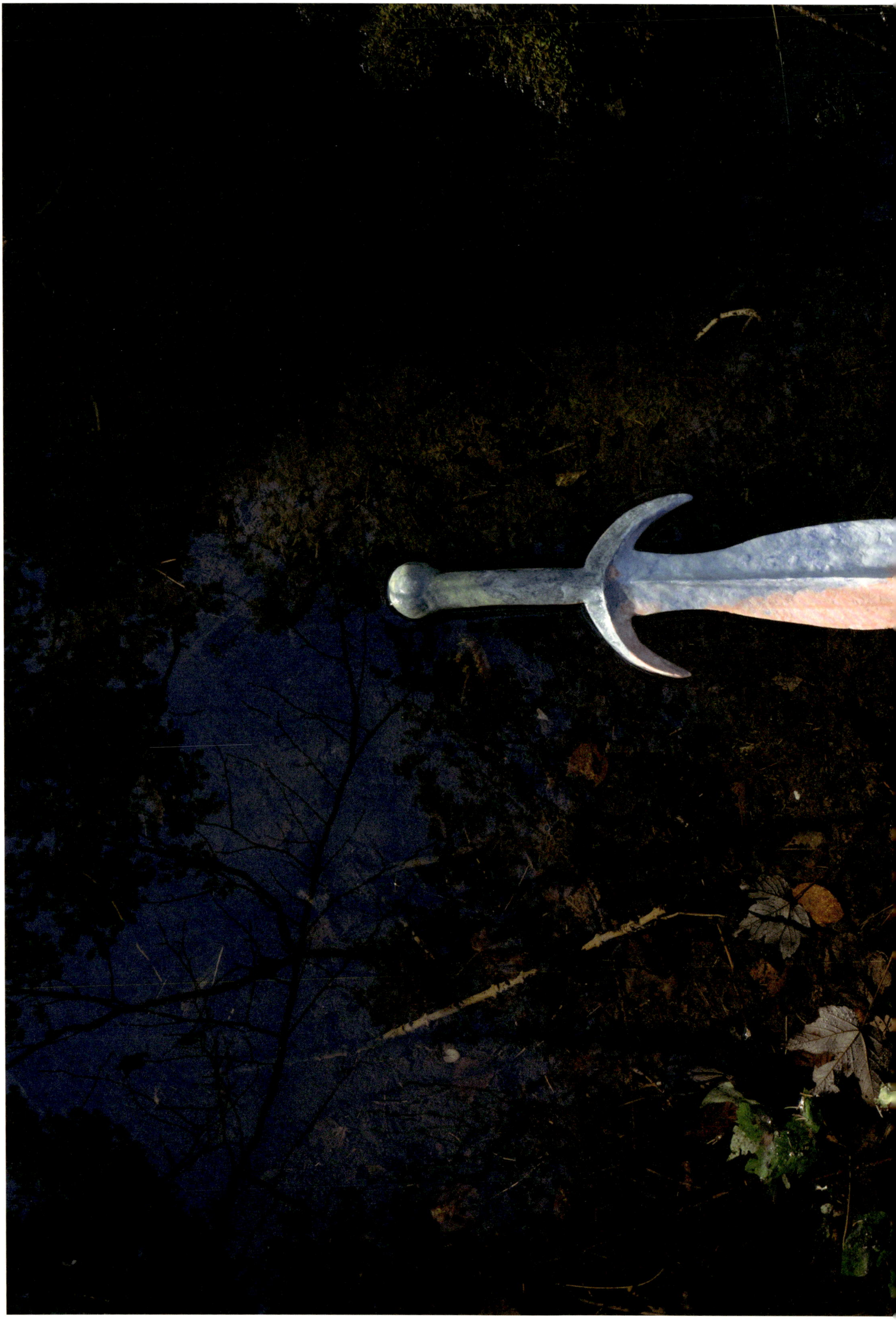

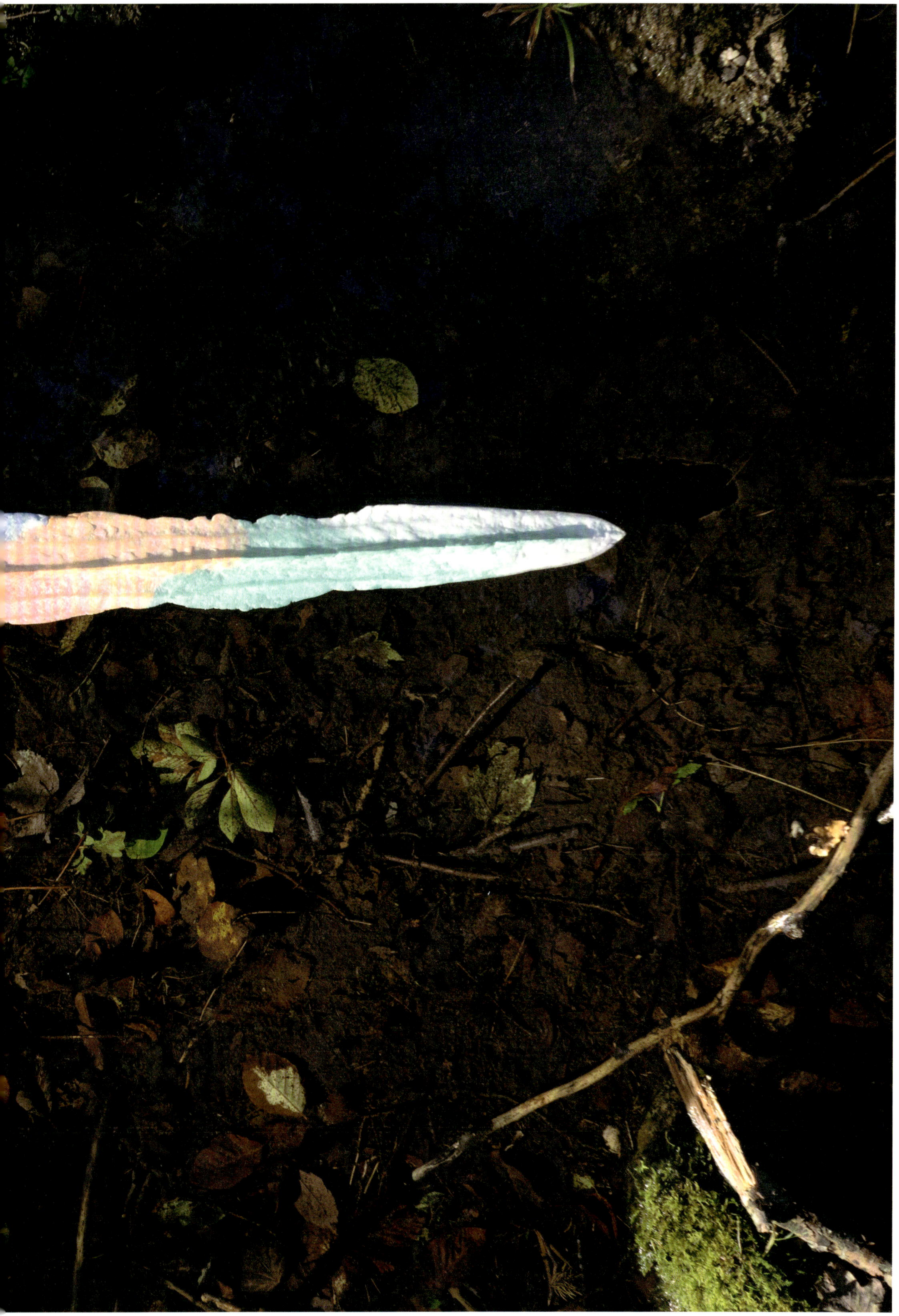

Friedrich G. Scheuer
Images

Gilg's paintings surpass themselves. The quality of the painting surpasses its motifs. Motifs are occasion, not content.

Gilg's motifs are possibilities of a figuration, are constructions of fragments of heads and bodies, senselessly meaningful as formal facts, as facts of aesthetic thought.

Fools mistake motifs for "content" and lay a slime trail of interpretive suspicions and self-serving projections.

Content is useless as a term of pictorial iconography. The quality of a work of art is not a matter of motif, of iconography. In terms of iconographic clarity, kitsch surpasses art.

Gilg's motifs are not painted for harebrained interpretations. The motifs are motivation for the unfolding of a—sensually saturated—fundamental painting. Fundamental means: Gilg's motifs, his pictorial figures exist only as realities of aesthetic appearance.

Gilg paints color beings. He drenches his objects in color, he stains them or he paints them a color skin. It is Gilg's decidedly subtle treatment of color that turns an industrial product into breathing organisms, so to speak. Matter—chemically bound pigments—becomes an aesthetically defined art construct with the status of a supra-temporal cultural value through mental and sensory activity.

Gilg's thought-images are not contrived. Rather, they seem to be suggestions: aesthetic stem cells for further growth, as if painting were a self-referential evolution of pictorial facts. Thinking and doing coincide.

This state of self-forgetful presence of mind empowers hands to act spontaneously in an unplanned way. Thus the strange gilgneric creatures arise from painting, from the craft of painting, not from surrealism-savvy speculation: a specific quality of the pictures, their color-sensible elaboration and shaping. Colors seduce reason. Gilg's colors wander between bang effect and metaphysical rapture.

We are paradoxical beings. We need groundlessness to consolidate points of view, perplexity to learn to recognize, and works of art to see the possible by thinking, the indeterminate determined to be viewed beyond the so-called reality: art.

For this purpose Jakob Gilg paints works of stubborn radicalism and beauty. We should embrace them.

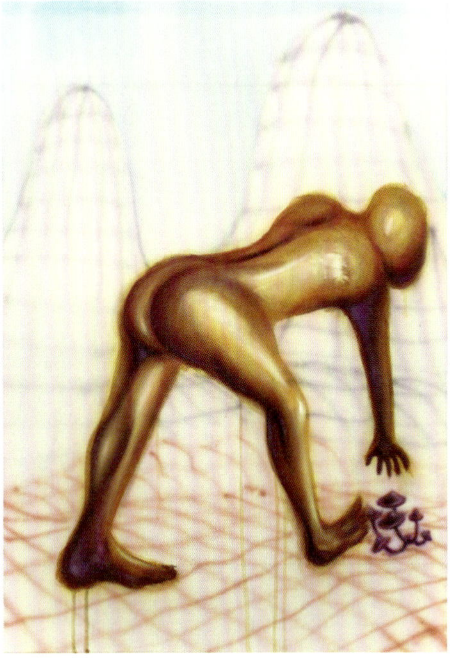

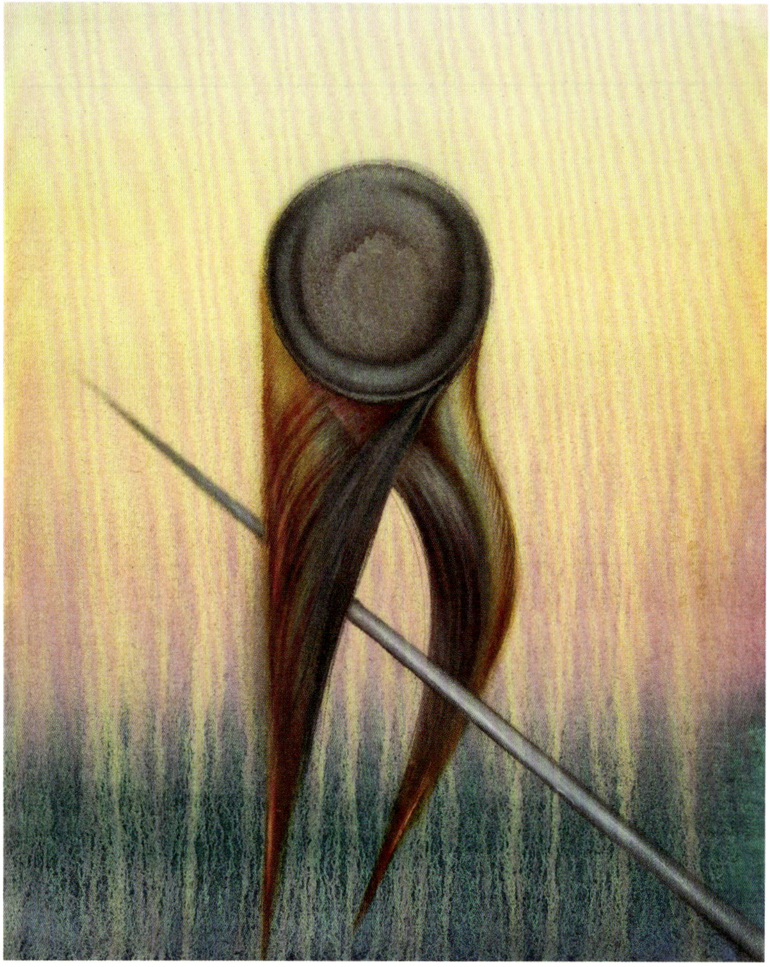

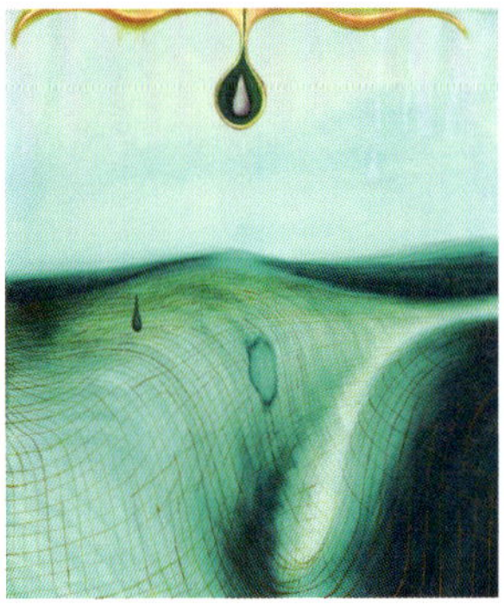

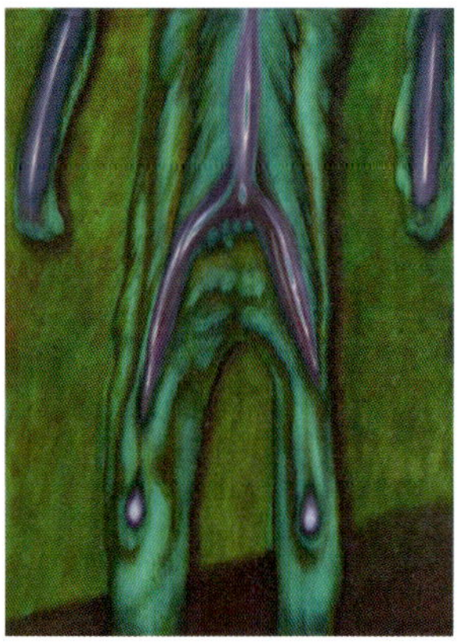

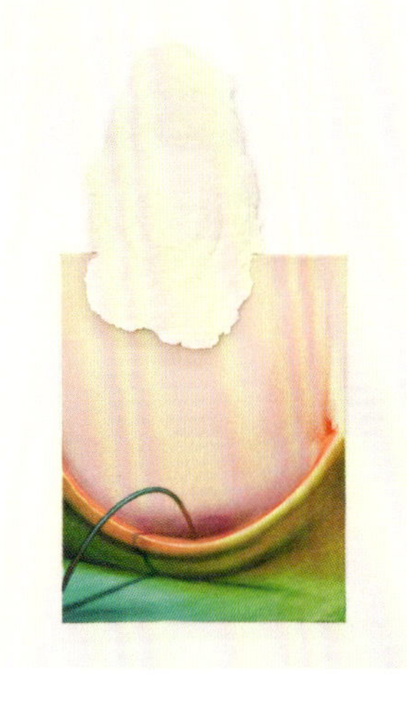

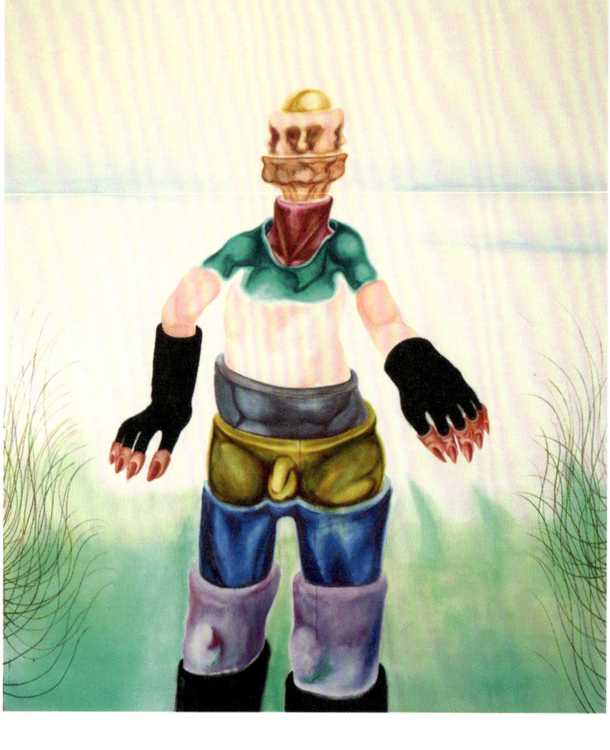

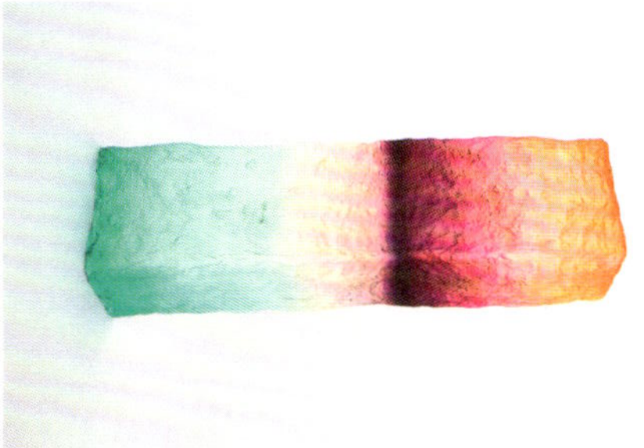
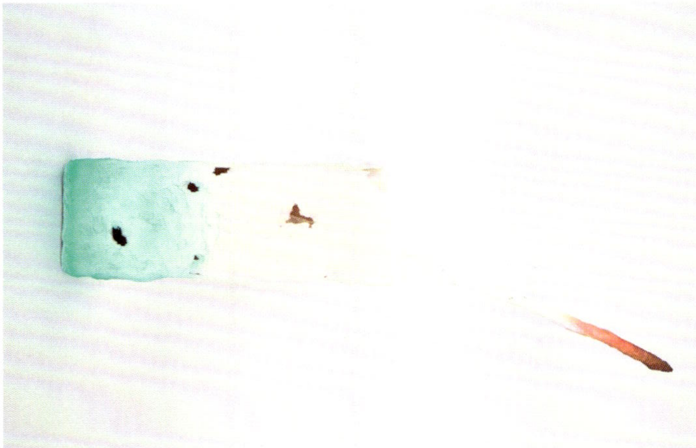
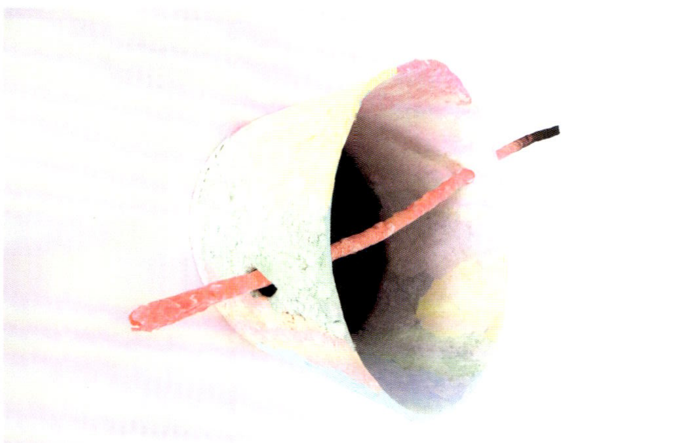
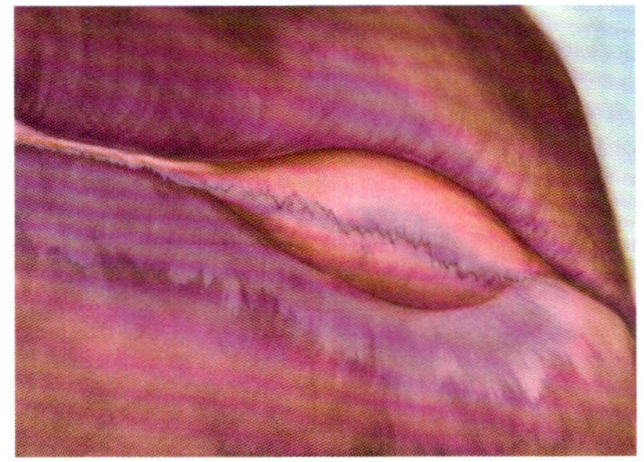
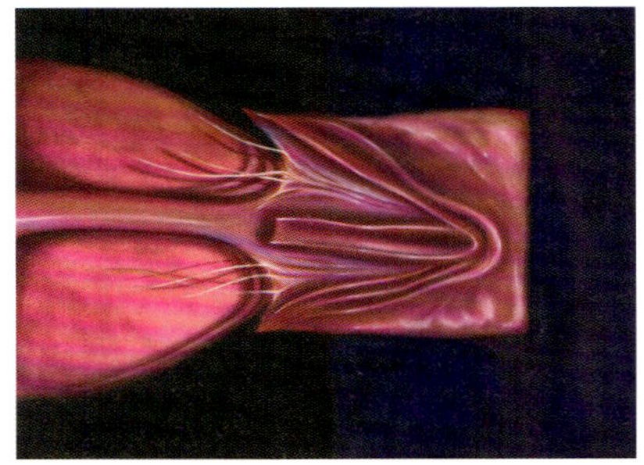
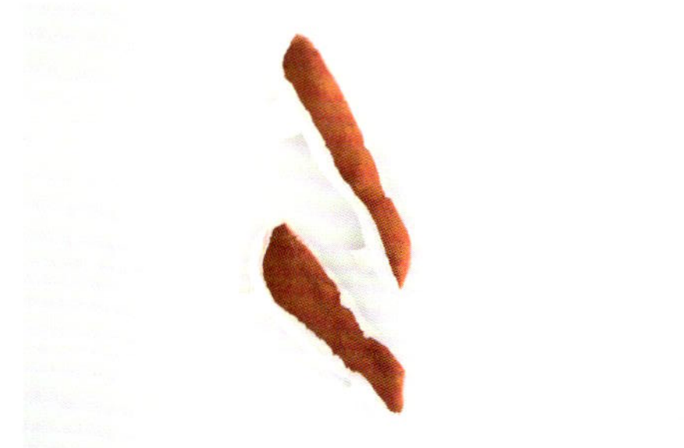
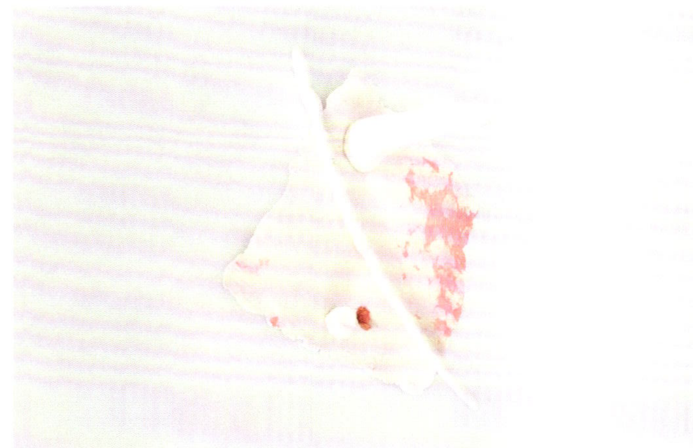
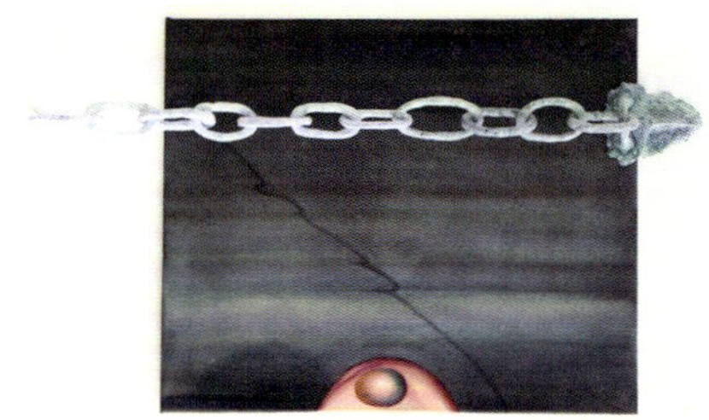

8 (2022)

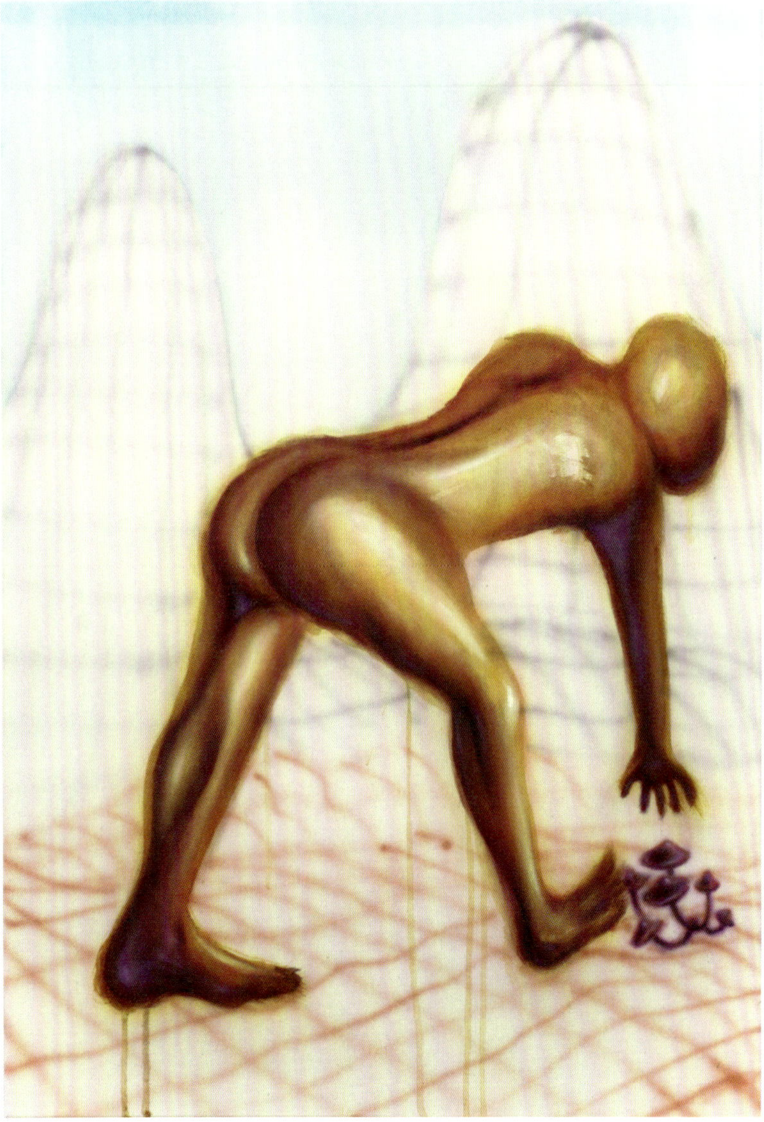

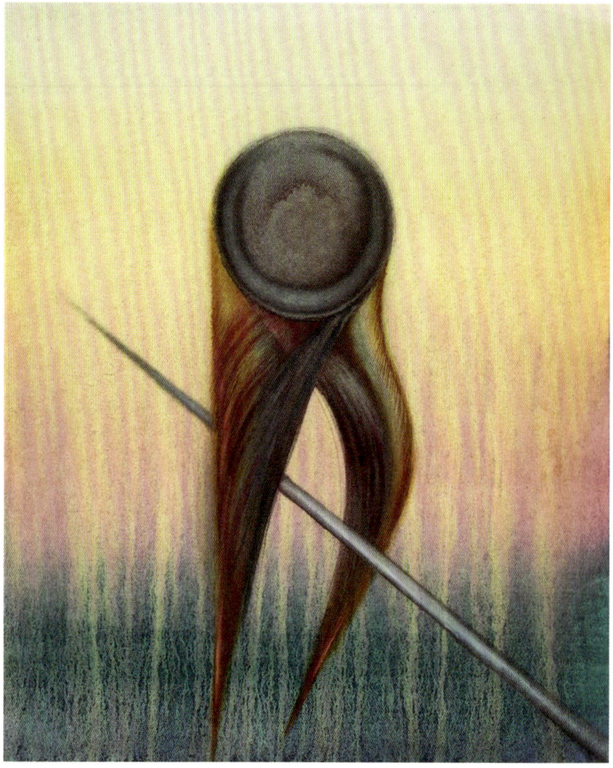

Diese Seite / This page: Mercator, 2022, Pigment, Acrylbinder, Airbrush und Ölfarbe auf Leinwand / Pigment, acrylic binder, airbrush, and oil color on canvas, 100 × 70 cm;
Renegat / Renegade, 2022, Pigment, Acrylbinder und Ölfarbe auf Leinwand / Pigment, acrylic binder, and oil color on canvas, 55 × 45 cm
Rechte Seite / Right-hand page: Life can only be understood backwards, but has to be lived forwards, 2022, Pigment auf Zellstoff und Kleister / Pigment on cellulose and paste, 15 × 21 × 100 cm × 2

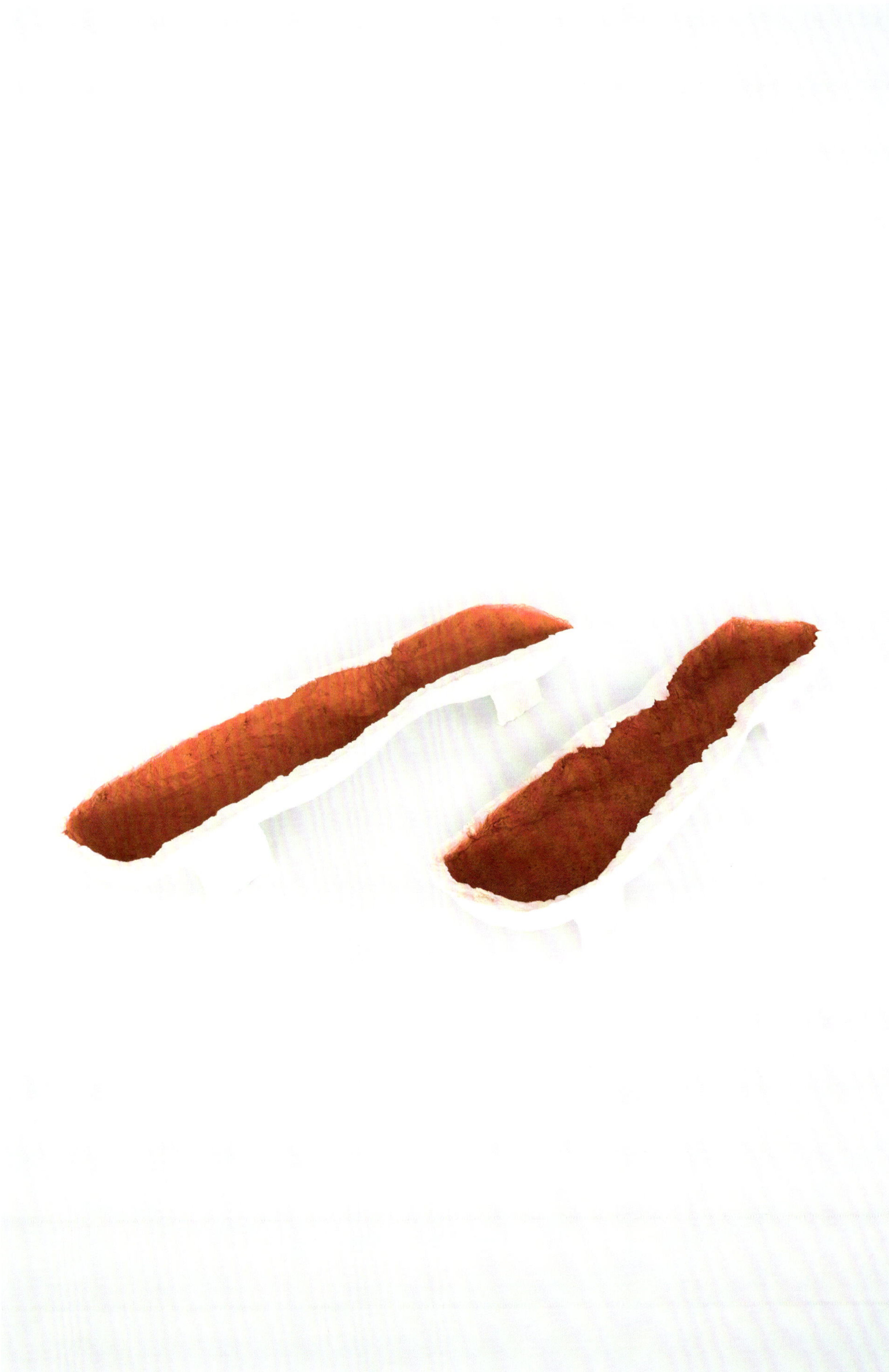

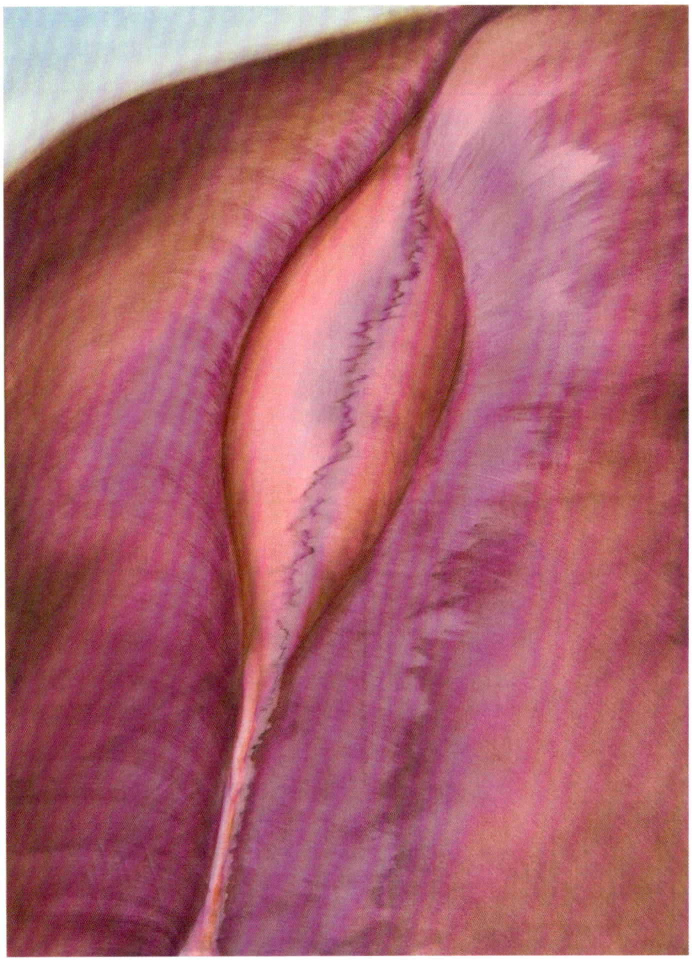

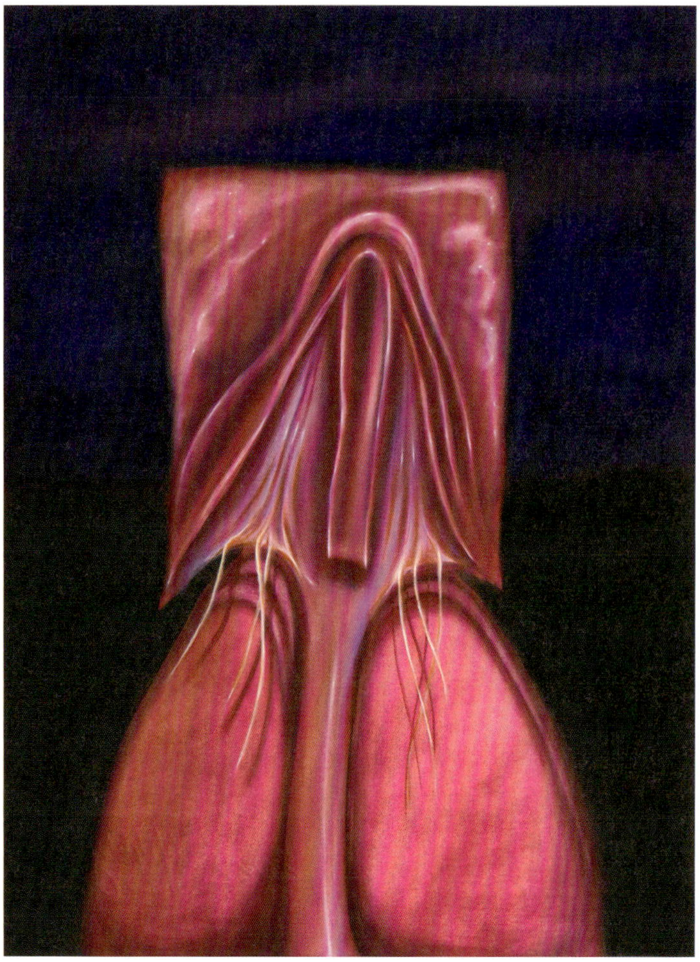

Diese Seite / This page: Holobiont, 2022, Pigment und Acrylbinder auf Leinwand /
Pigment and acrylic binder on canvas, 100 × 75 cm;
Liquidator, 2022, Pigment, Acrylbinder und Ölfarbe auf Leinwand /
Pigment, acrylic binder, and oil color on canvas, 100 × 75 cm
Rechte Seite / Right-hand page: Ihr habt die Uhren, wir haben die Zeit / You Have the Clocks, We Have the Time,
2022, gefärbter Zellstoff und Kleister / Dyed cellulose and paste, 60 × 100 × 140 cm

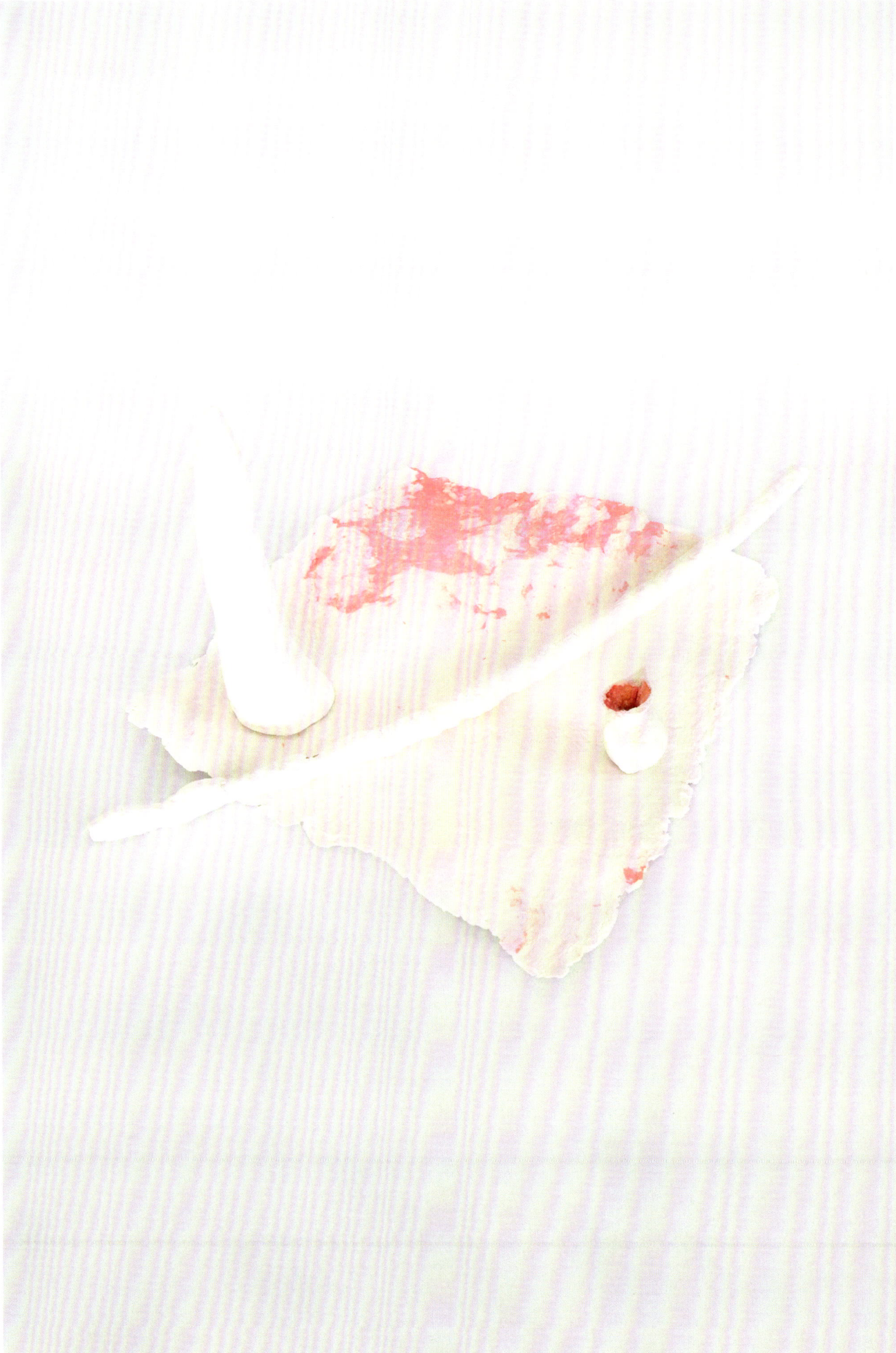

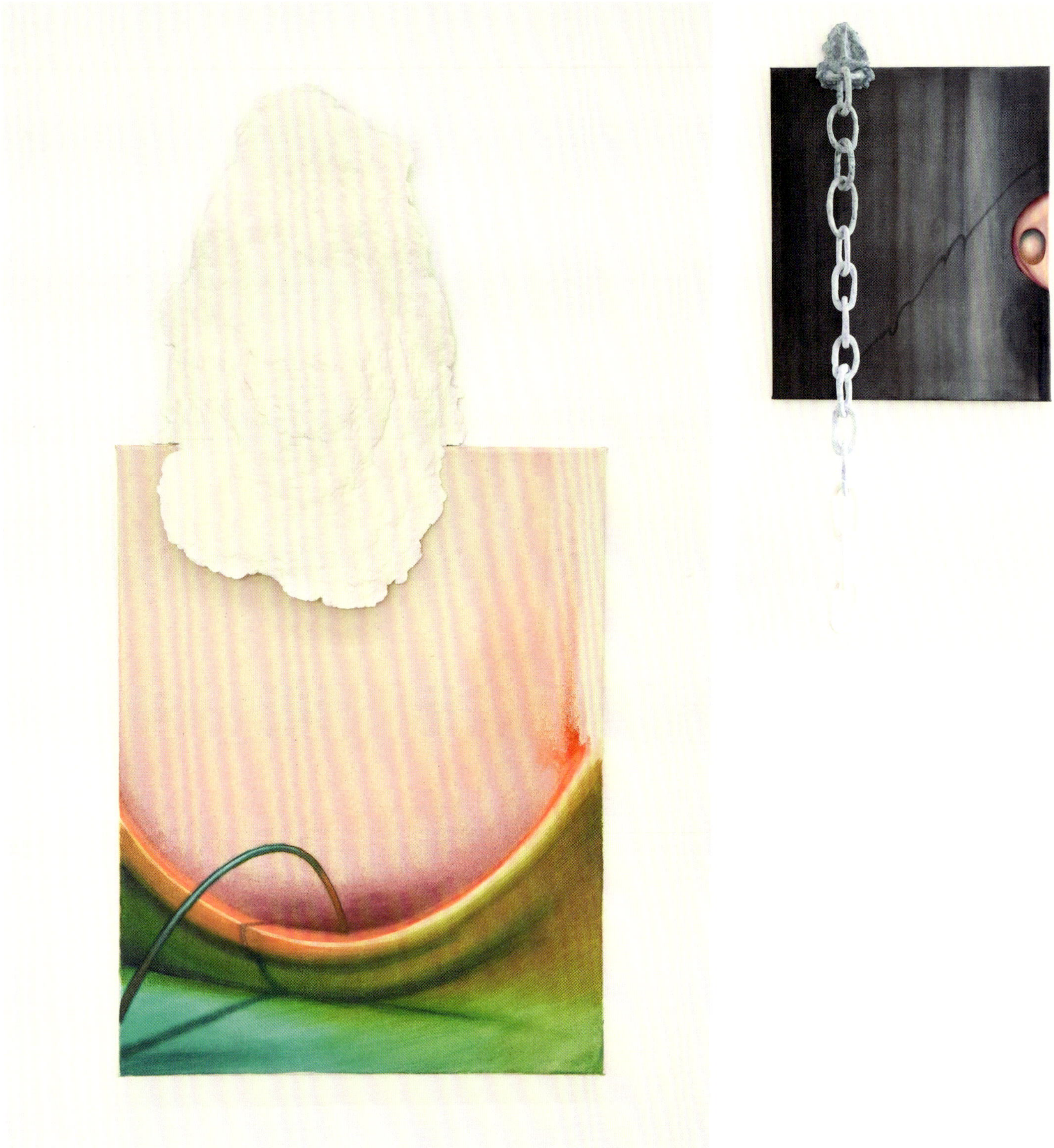

Diese Seite / This page: Napf / Bowl, 2022, Pigment, Acrylbinder und Ölfarbe auf Leinwand mit Zellstoff-Applikation / Pigment, acrylic binder, and oil color on canvas, with cellulose application, 78 × 40 × 5 cm; Attachment, 2022, Pigment, Acrylbinder und Ölfarbe auf Leinwand mit Zellstoff-Applikation / Pigment, acrylic binder, and oil color on canvas, with cellulose application, 120 × 60 × 10 cm
Rechte Seite / Right-hand page: Новая Матрёшка_/ New_Matryoshka, 2022, Pigment und Acrylbinder auf Leinwand / Pigment and acrylic binder on canvas, 230 × 200 cm

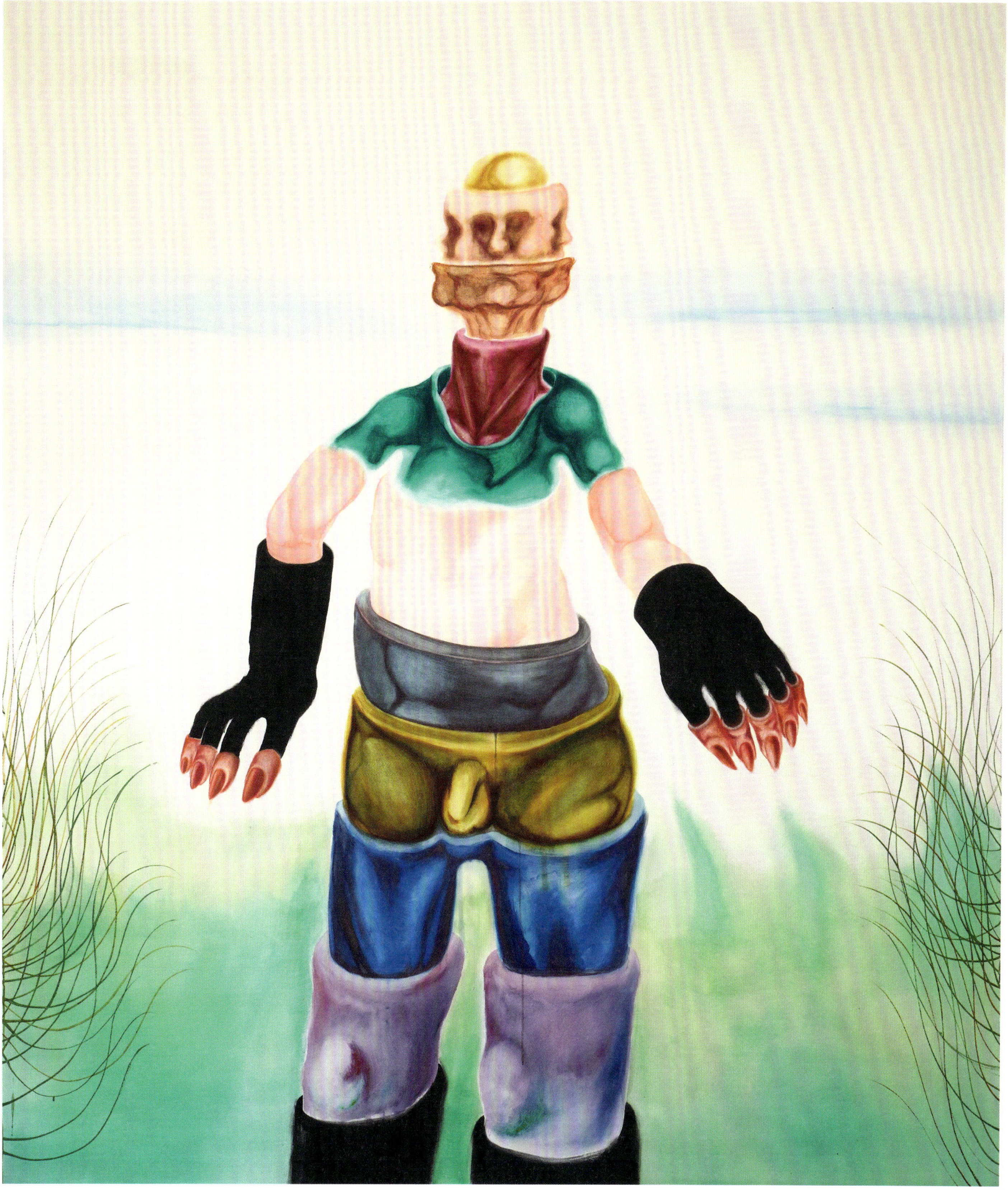

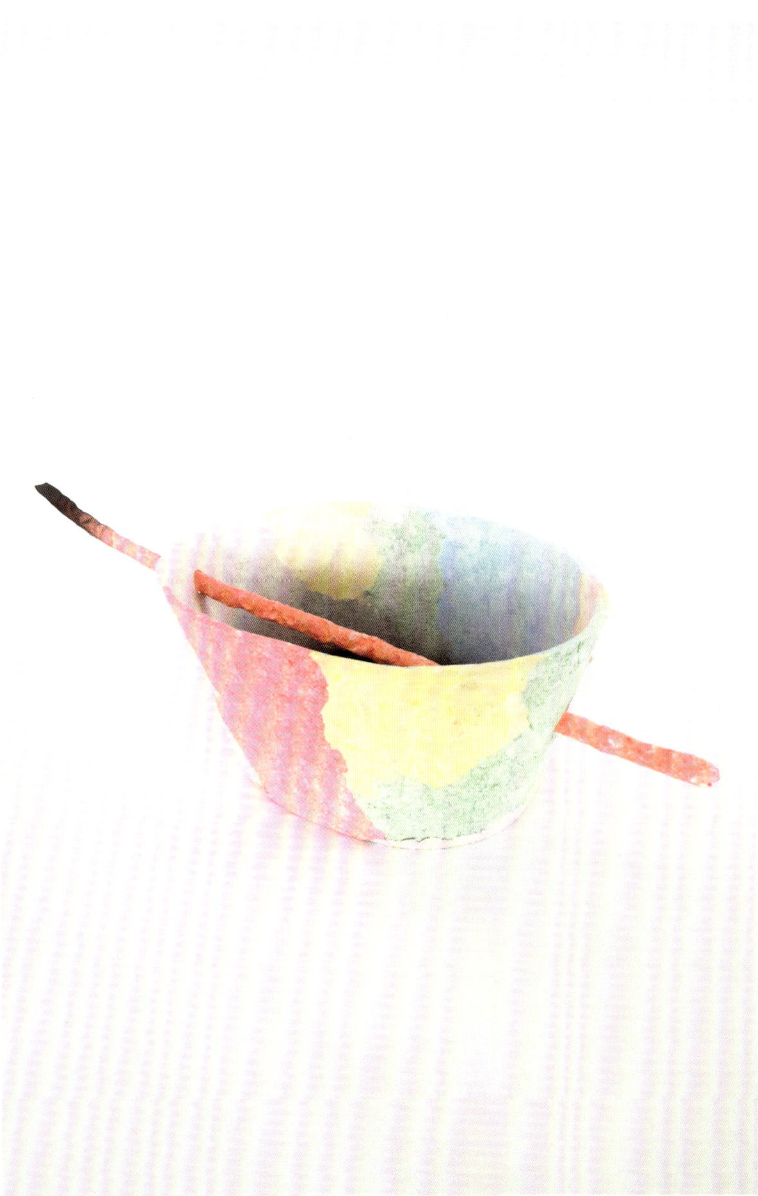

Zuber / Tub, 2022, Pigment und Airbrush auf gefärbtem Zellstoff und Kleister / Pigment and airbrush on dyed cellulose and paste, 30 × 64 × 130 cm

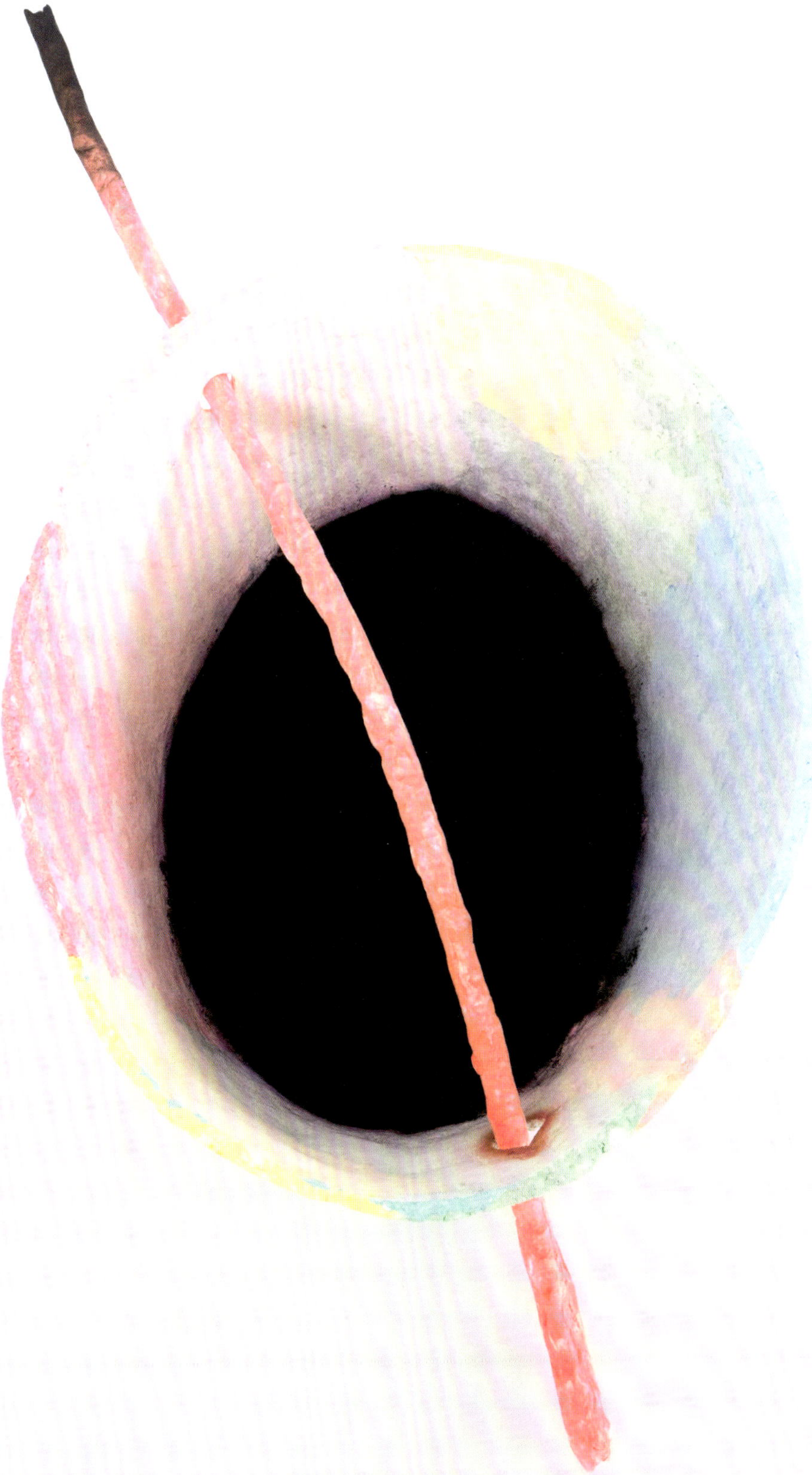

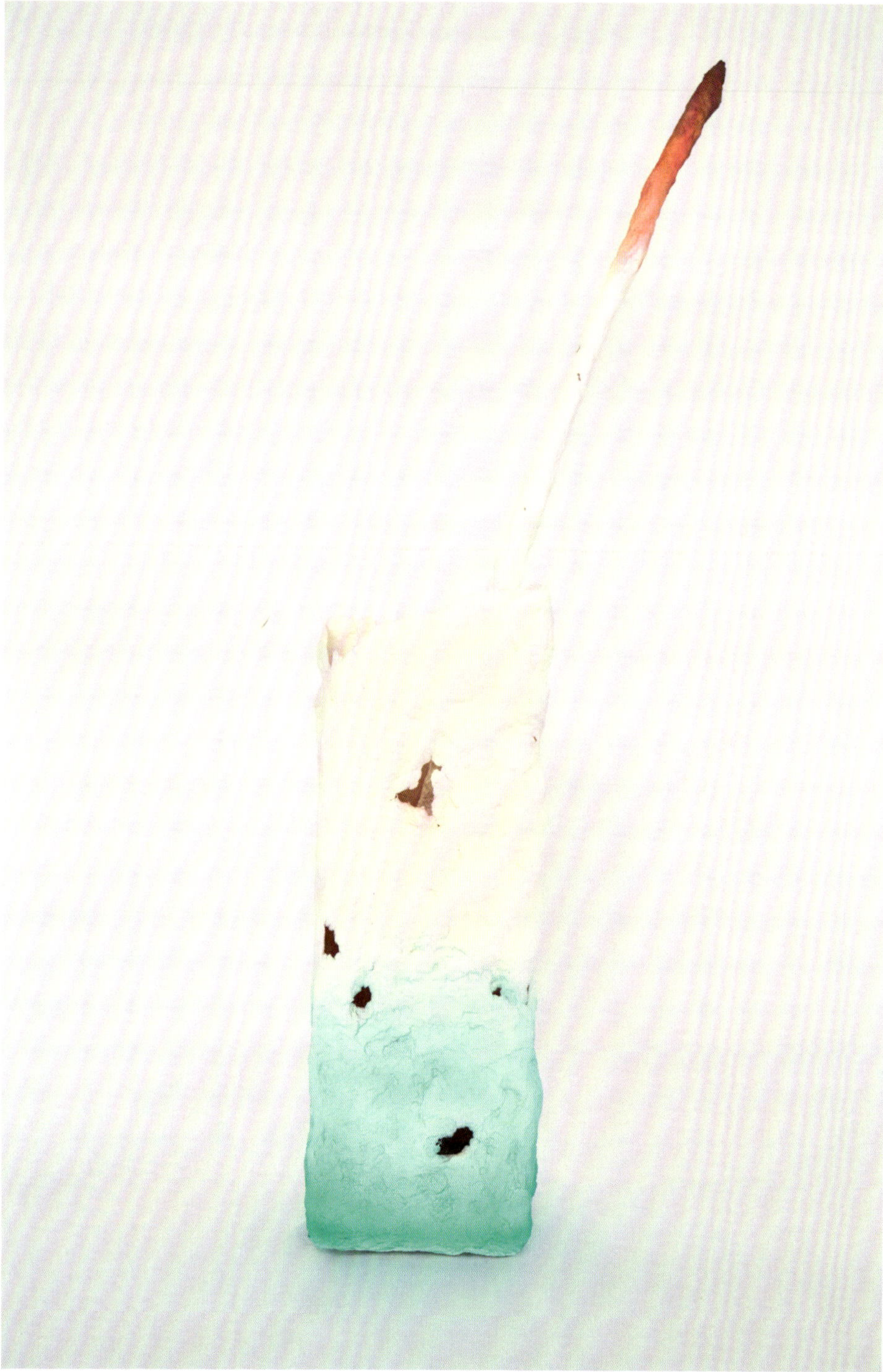

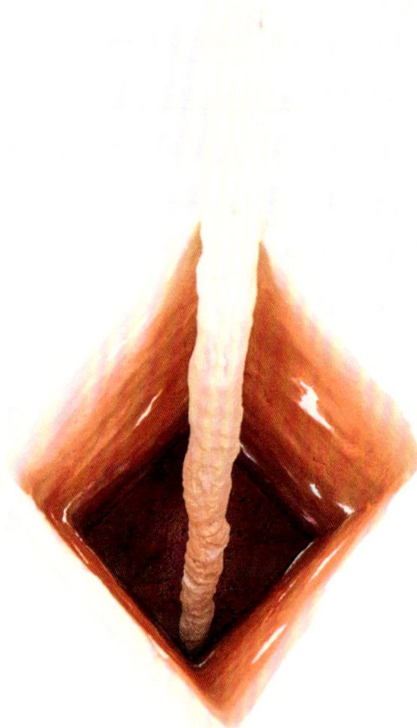

Diese Seite / This page: Atomsemiotik / Atomic Semiotics, 2022,
Airbrush auf Zellstoff und Kleister / Airbrush on cellulose and paste, 135 × 20 × 20 cm
Rechte Seite / Right-hand page: Final Frontier, 2022,
Airbrush auf Zellstoff und Kleister / Airbrush on cellulose and paste, 65 × 18 × 15 cm

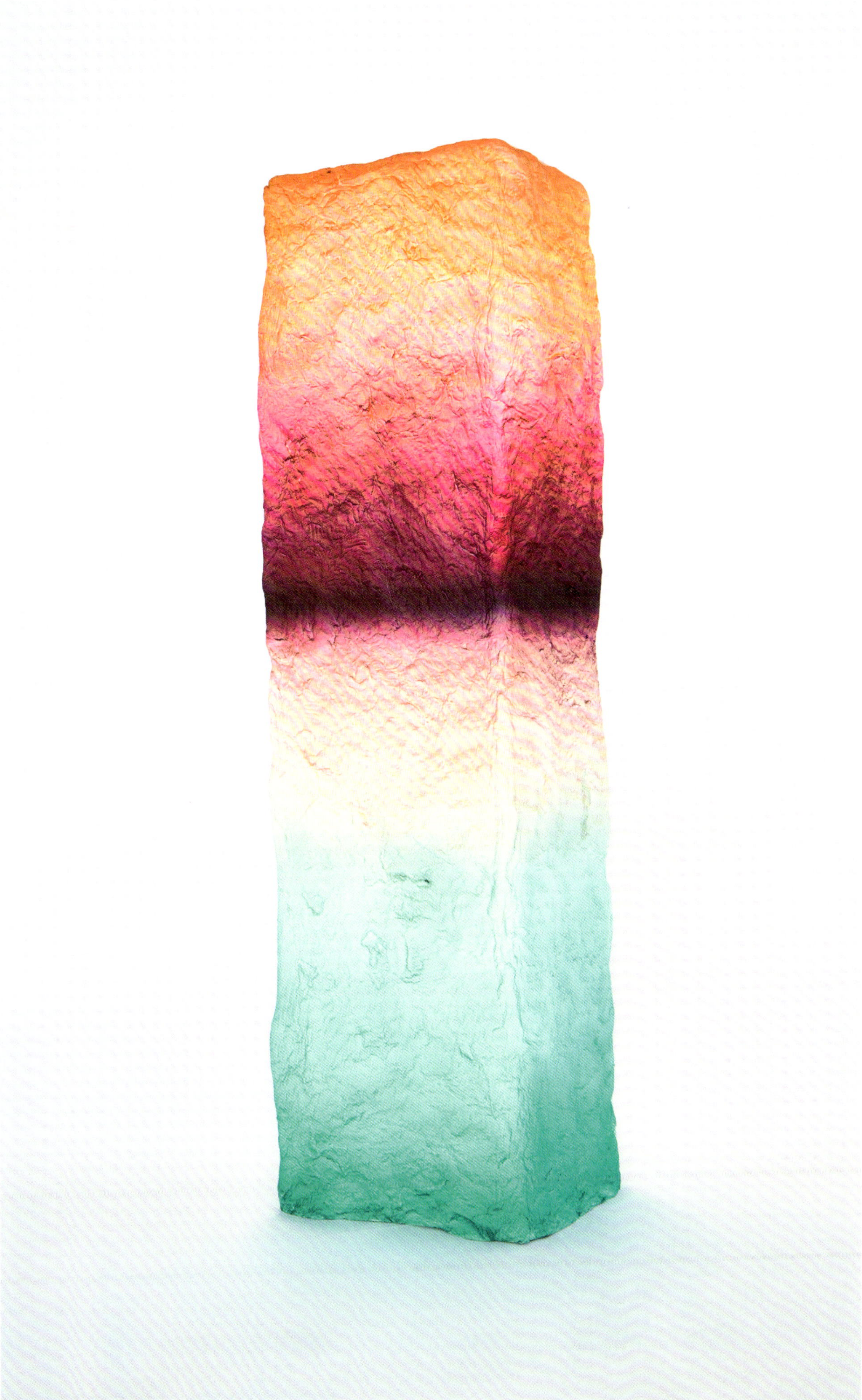

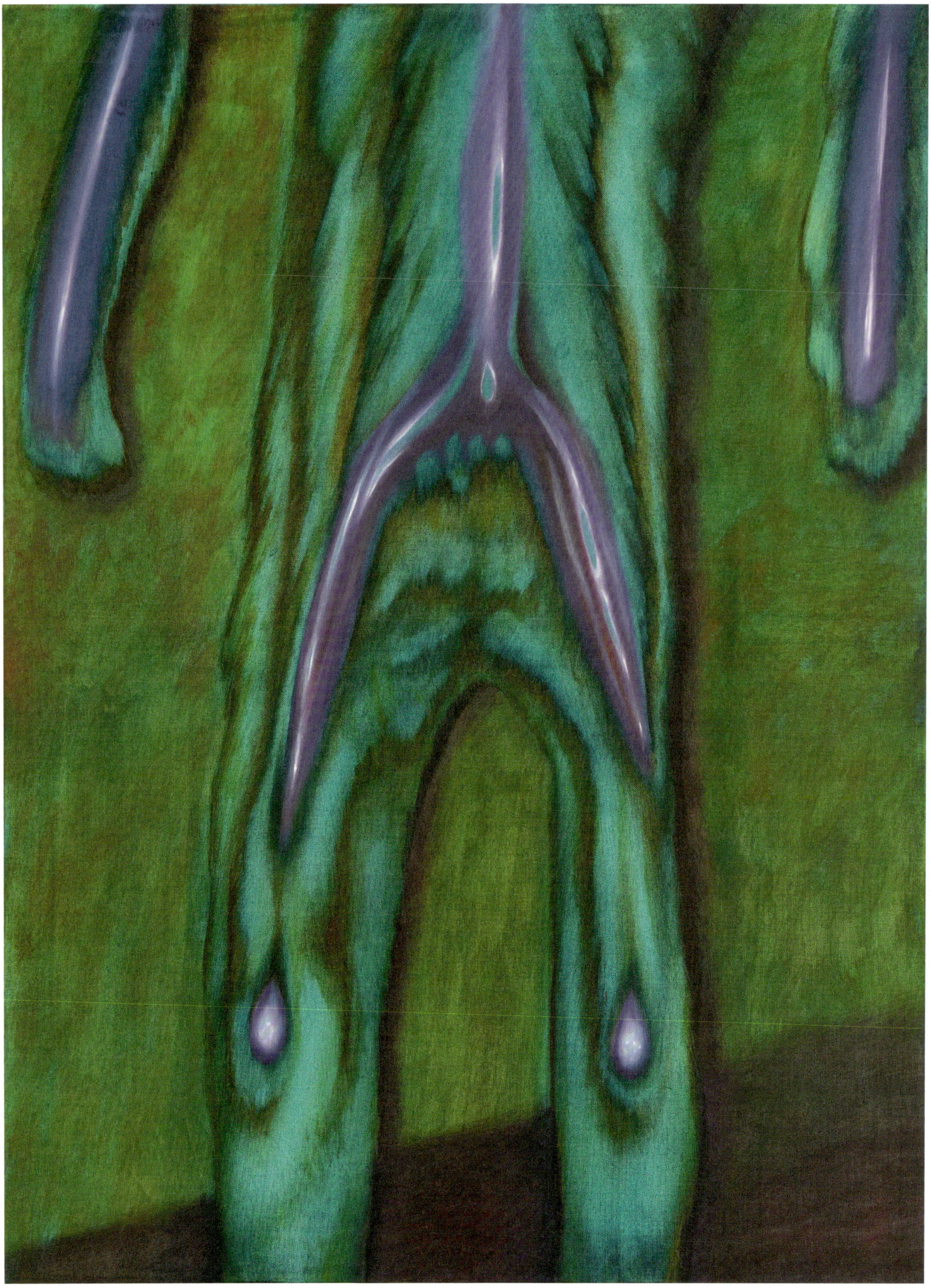

Diese Seite / This page: Camouflage, 2022, Pigment, Acrylbinder und Ölfarbe auf Leinwand / Pigment, acrylic binder, and oil color on canvas, 100 × 75 cm
Rechte Seite / Right-hand page: Homöomorph / Homeomorphic, 2022, Pigment, Acrylbinder und Ölfarbe auf Leinwand / Pigment, acrylic binder, and oil color on canvas, 120 × 105 cm

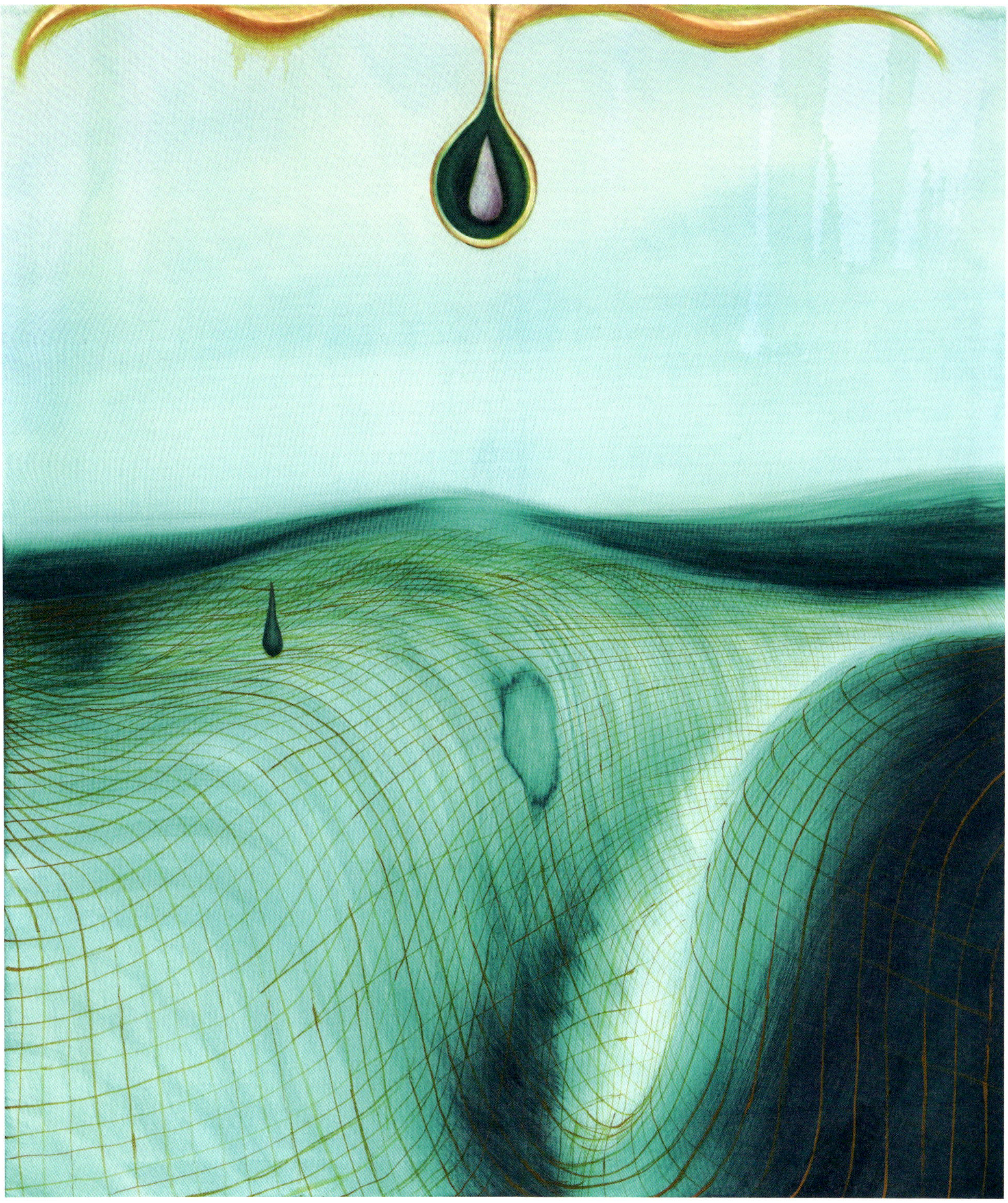

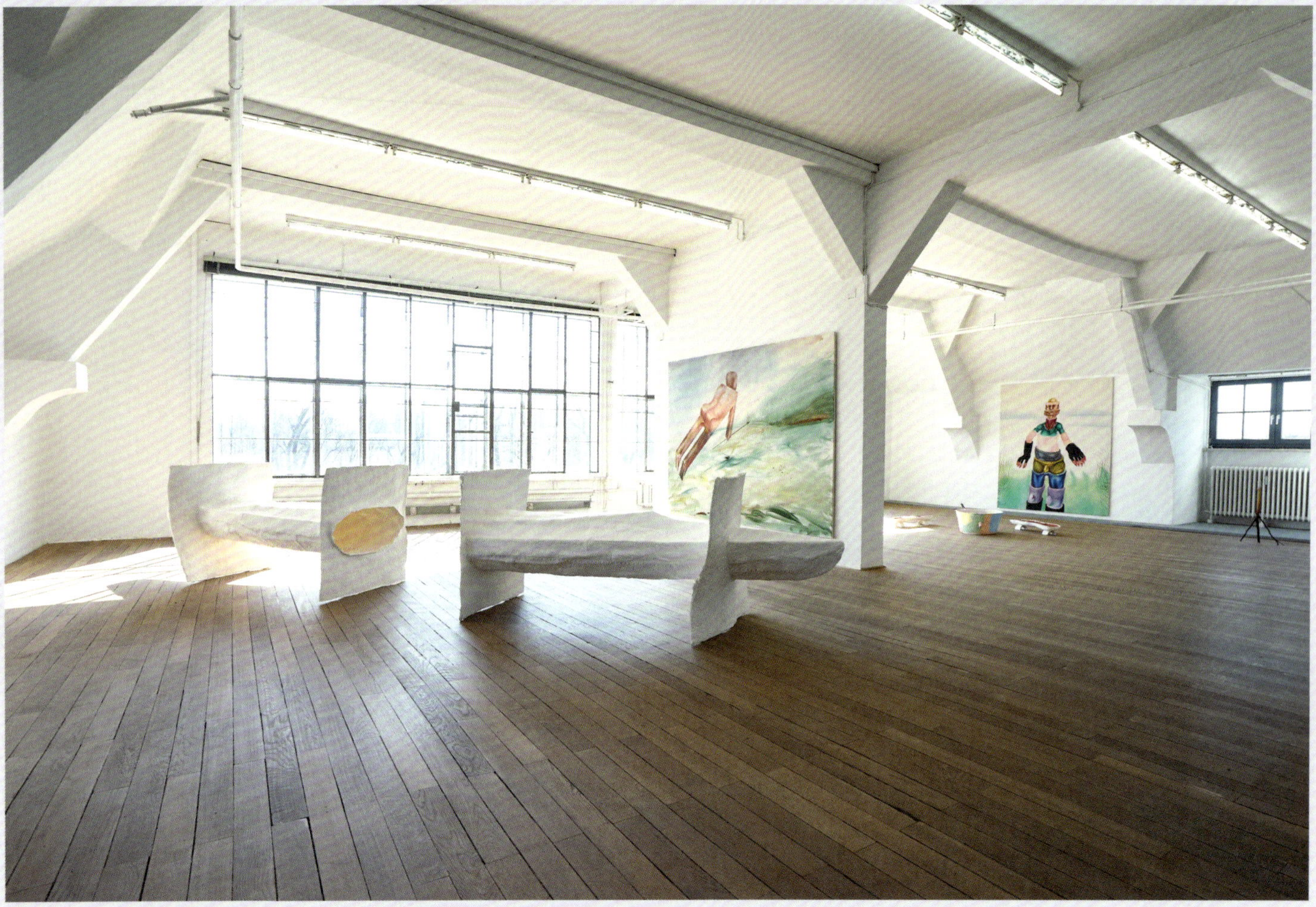

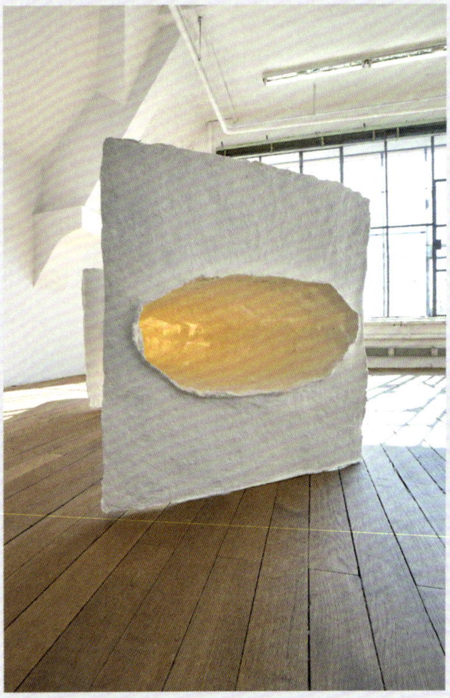

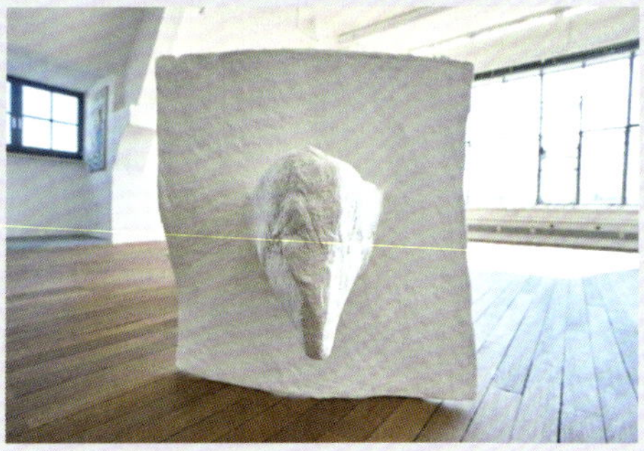

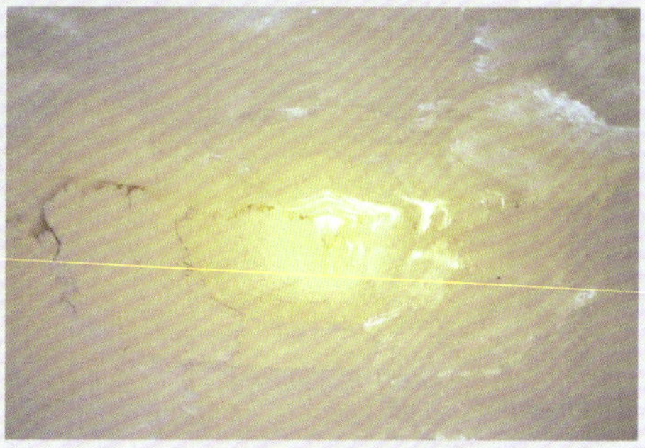

Ausstellungsansichten / Exhibition views Mercator,
Kunstverein Rosenheim, 2022
142 / 143

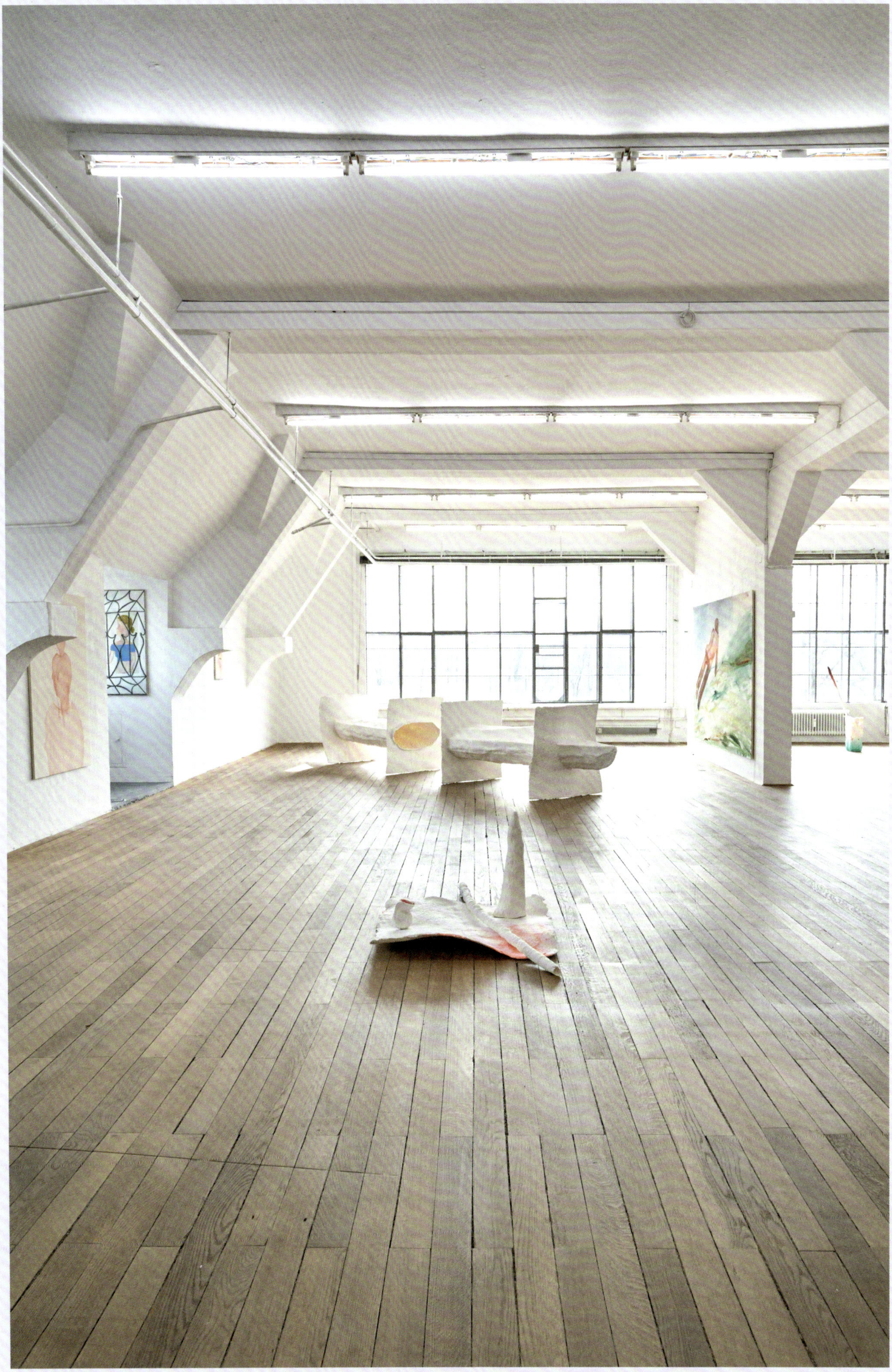

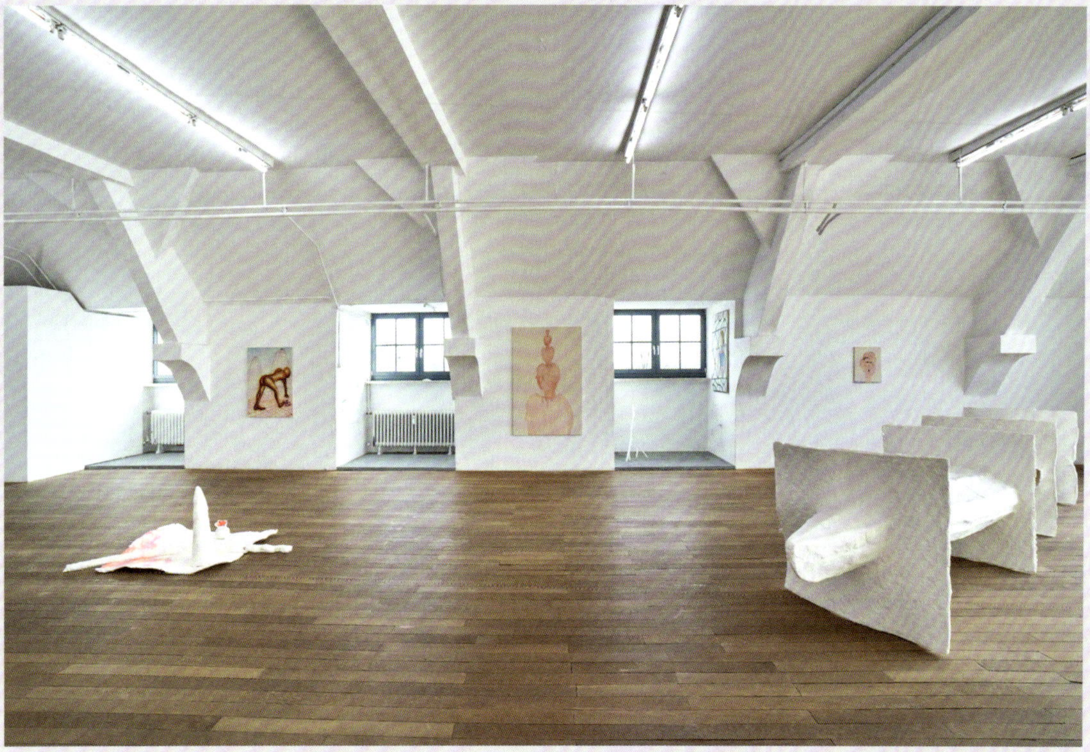

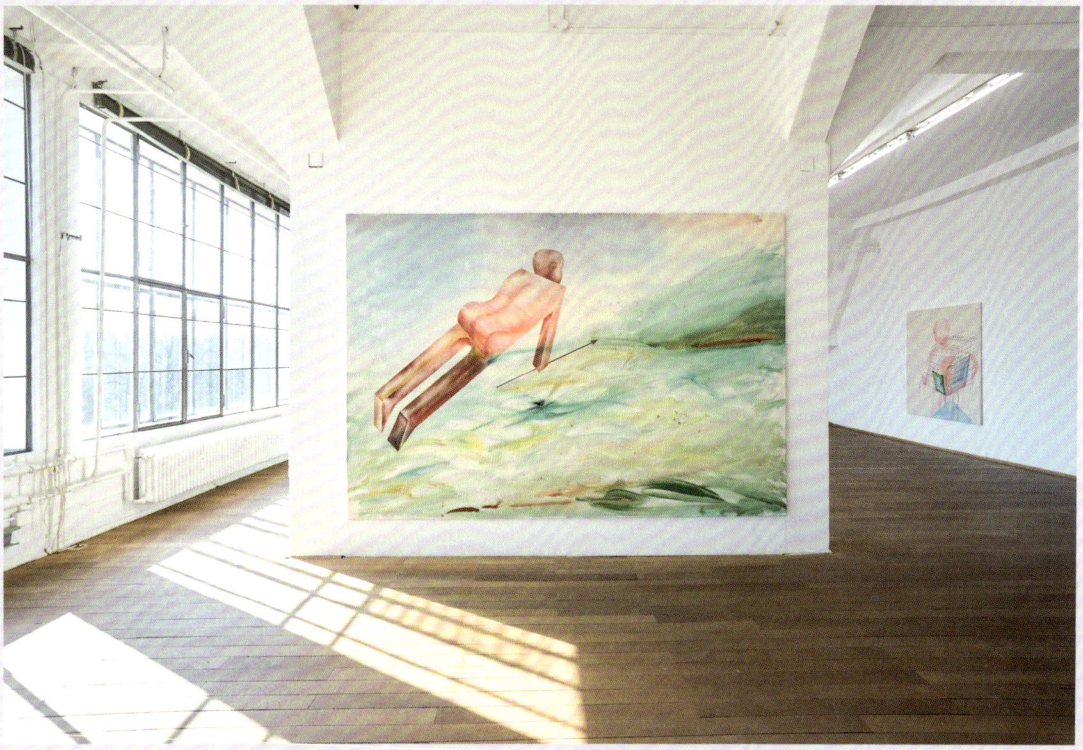

Ausstellungsansichten / Exhibition views Mercator,
Kunstverein Rosenheim, 2022

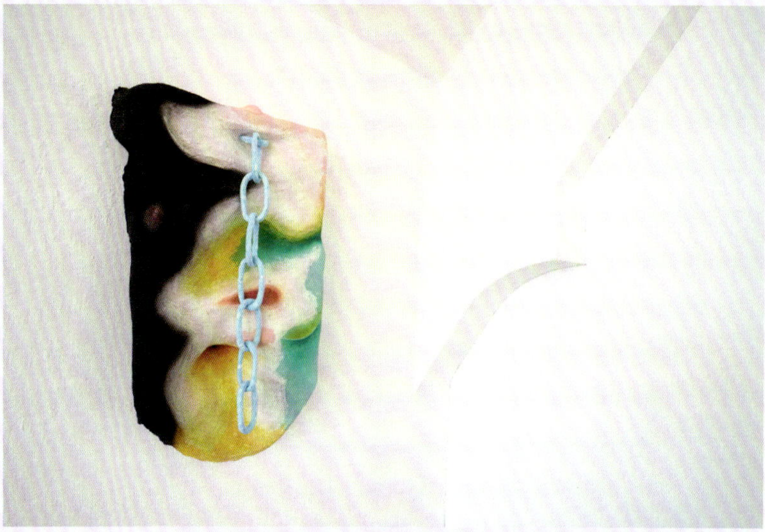

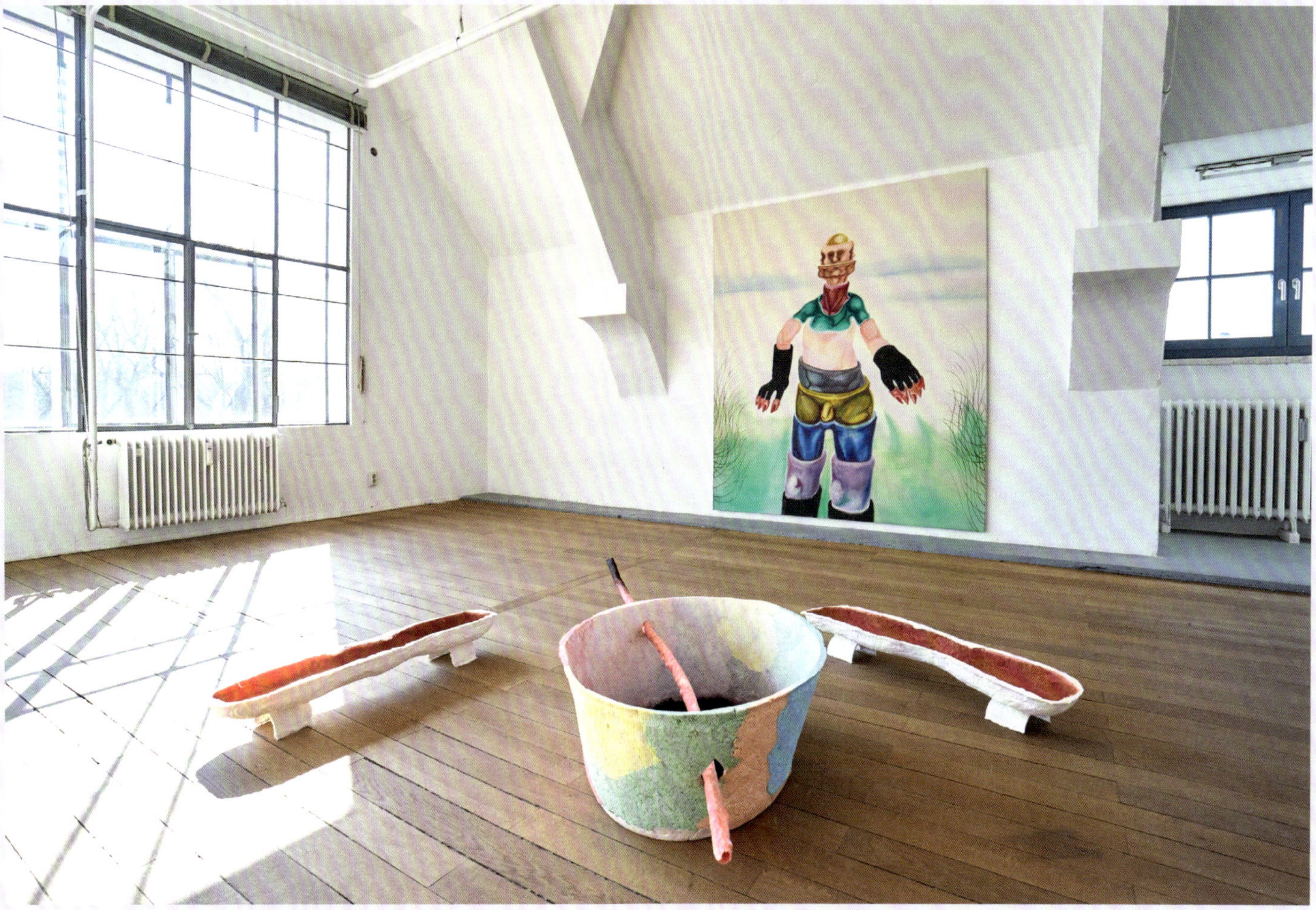

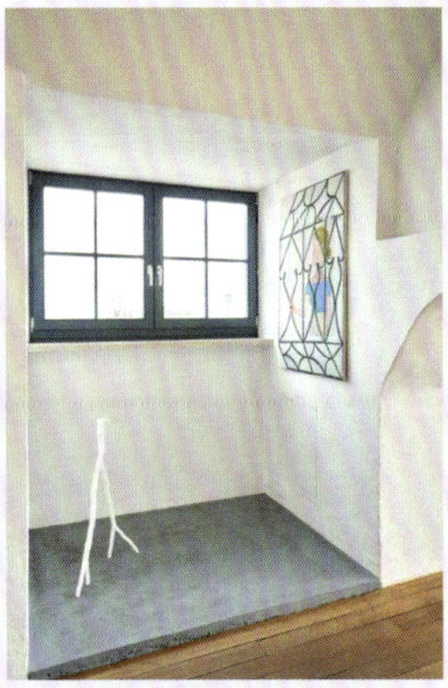

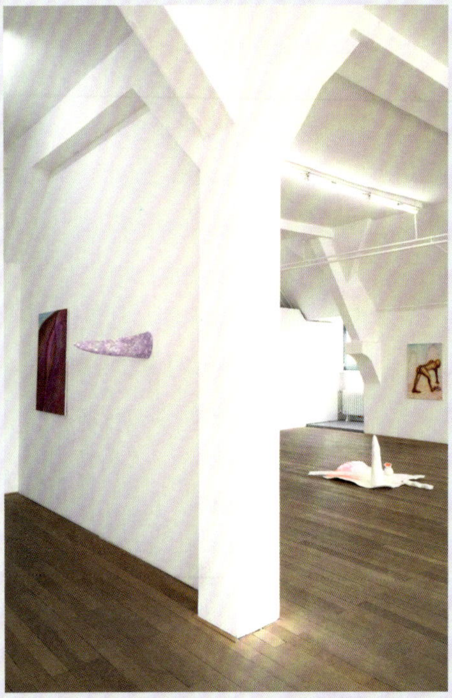

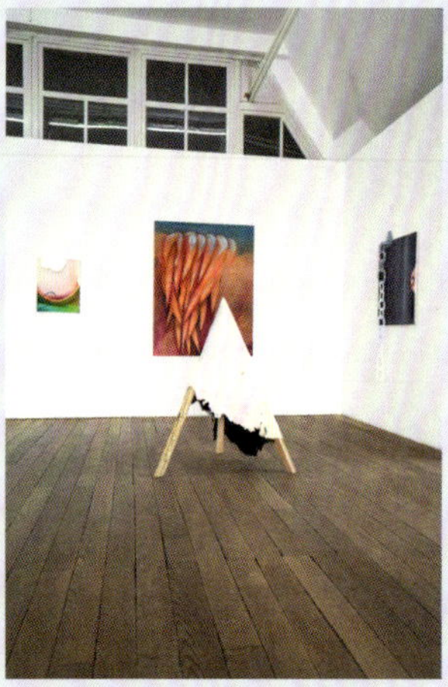

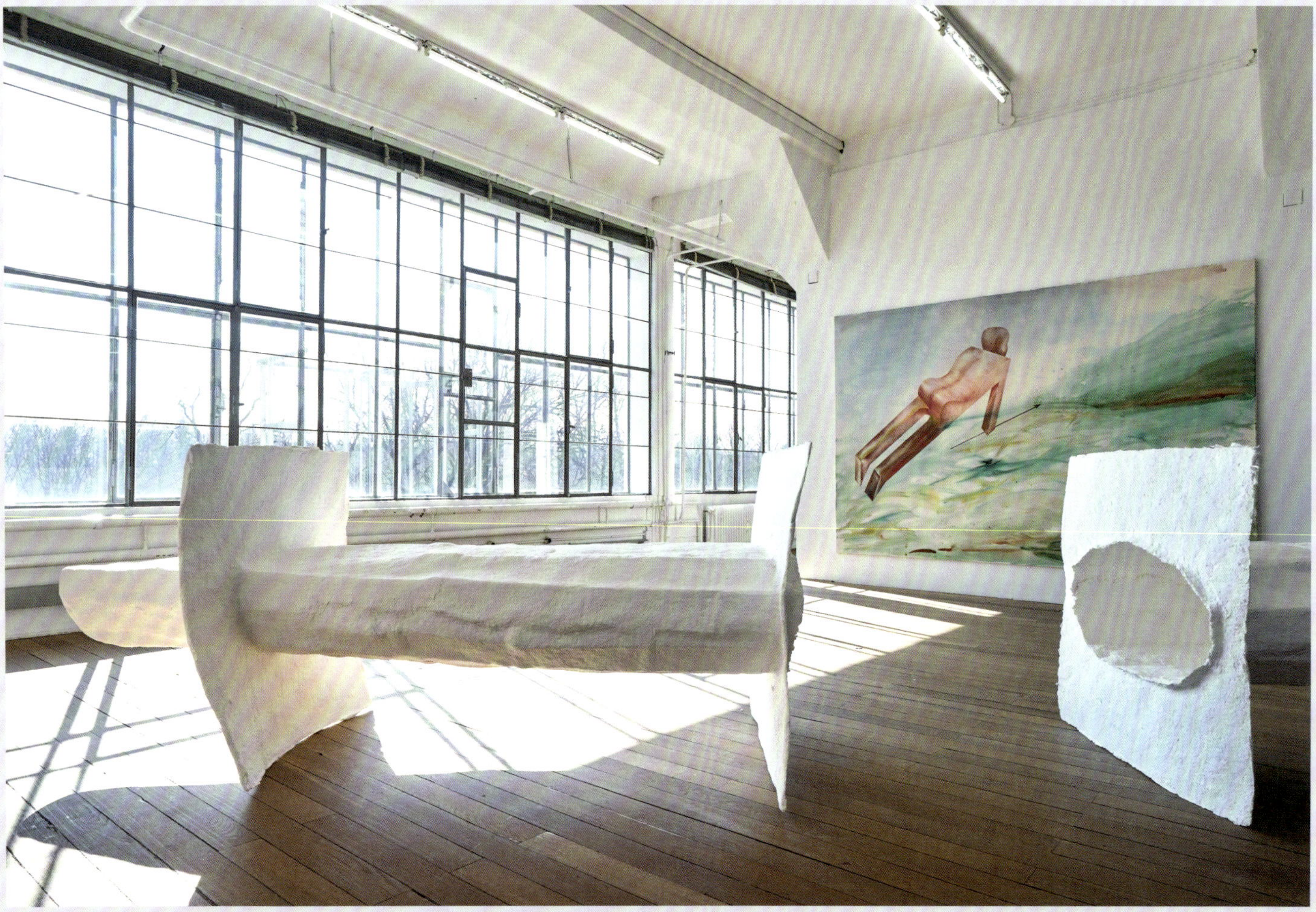

Ausstellungsansichten / Exhibition views Mercator,
Kunstverein Rosenheim, 2022
146 / 147

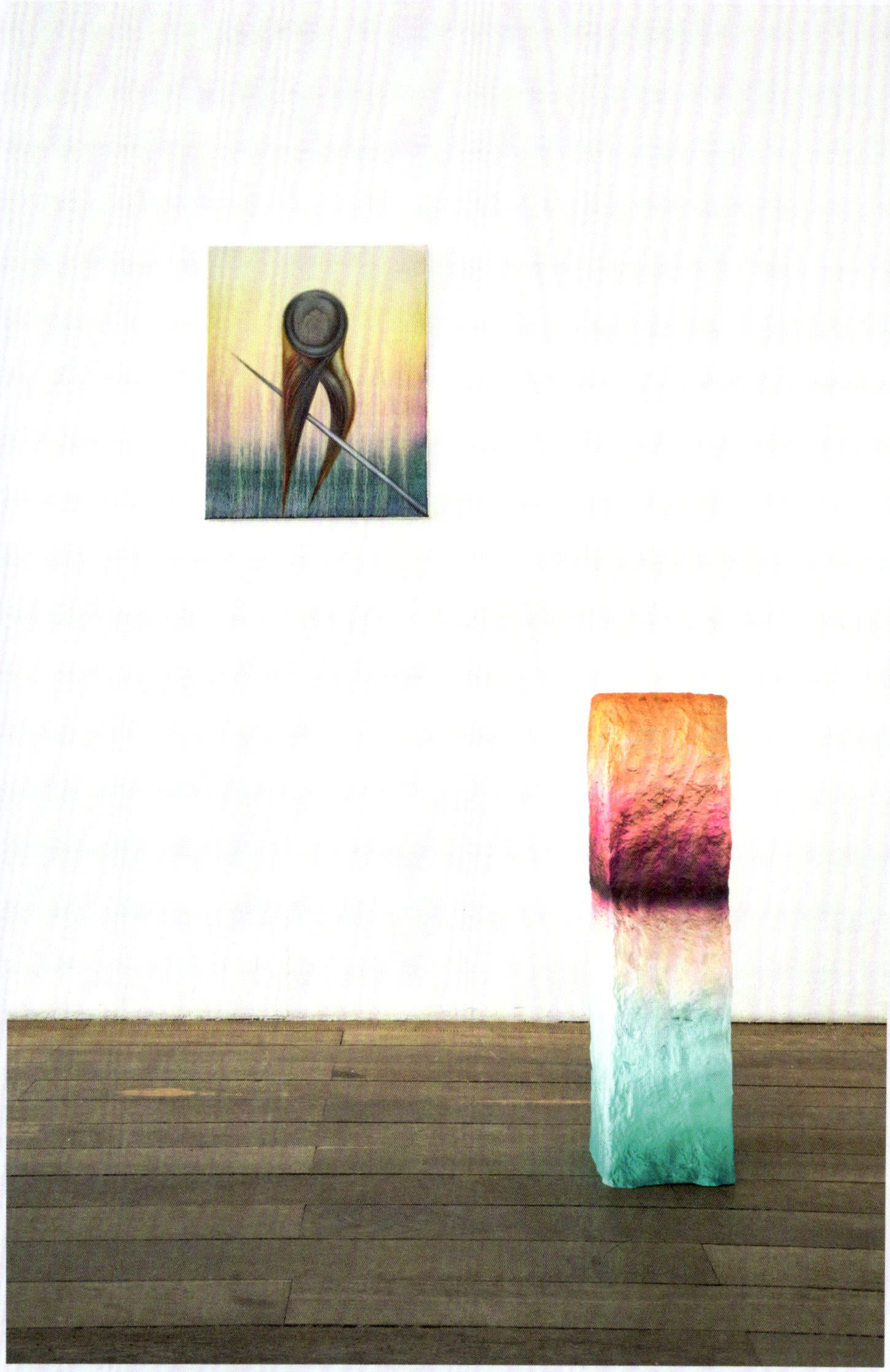

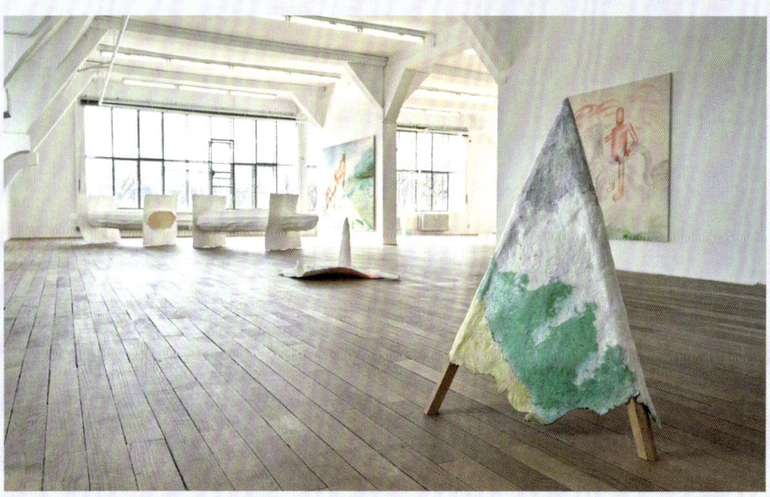

Impressum / Colophon

Jakob Gilg
*1988 in Rosenheim (D)

Weitere biografische Angaben sowie eine Auflistung der Einzel- und Gruppenausstellungen finden sie unter: / Further biographical information as well as a listing of solo and group exhibitions can be found at:

jakobgilg.de

Diese Publikation erscheint im Rahmen der Ausstellung *Jakob Gilg: Mercator* im Kunstverein Rosenheim e.V. / This book is published in the context of *Jakob Gilg: Mercator* at Kunstverein Rosenheim e.V.

5. März bis 10. April 2022 /
March 5 to April 10, 2022

Herausgeber / Editor
Kunstverein Rosenheim e.V.

Texte / Texts
Lilian Robl, Künstlerin / Artist
Friedrich G. Scheuer,
Künstler /Artist
Dr. Olena Balun, Kuratorin / Curator

Übersetzung / Translation
Laura Leppert

Lektorat / Editing
Michaela Alex-Eibensteiner

Fotografie / Photography
Jakob Gilg
Milena Wojhan

Grafik / Graphic Design
Veronika Günther

Druck / Print
Gotteswinter Druck und Medien

Papiere / Papers
Serie 02/77/1, Sylvia Lerch;
Gardapat 13 Klassica 1,3

Erschienen im / Published by:
VfmK Verlag für moderne Kunst GmbH
Schwedenplatz 2/24
A-1010 Wien / Vienna
hello@vfmk.org
www.vfmk.org

ISBN 9783903439016

Gedruckt in Deutschland /
Printed in Germany

Erstellt mit Mitteln des Förderprogrammes NEUSTART KULTUR der Stiftung Kunstfonds. Gefördert durch die LfA Förderbank Bayern / Created with funds from the NEUSTART KULTUR funding program of the Stiftung Kunstfonds. Supported by LfA Förderbank Bayern.

Besonderer Dank an / Special thanks to:
Franz Xaver Heinritzi,
Dr. Olena Balun und / and
Lilian Robl.

Vertrieb / Distribution
Europa / Europe: LKG, www.lkg-va.de
UK: Cornerhouse Publications,
www.cornerhousepublications.org
USA: D.A.P., www.artbook.com

Bibliografische Information der Deutschen Nationalbibliothek
Die Deutsche Nationalbibliothek verzeichnet diese Publikation in der Deutschen Nationalbibliografie; detaillierte bibliografische Daten sind im Internet über dnb.de abrufbar.

Bibliographic information published by the Deutsche Nationalbibliothek
The Deutsche Nationalbibliothek lists this publication in the Deutsche Nationalbibliografie; detailed bibliographic data is available on the Internet at *dnb.de*.

Abbildung Vorsatz /
Book endpaper front illustration:
Deposit, 2018, Pigment und Acrylbinder auf Leinwand / Pigment and acrylic binder on canvas,
60 × 80 cm

Abbildung Nachsatz /
Book endpaper back illustration:
Die wilde Jagd / The Wild Chase, 2020, Pigment und Acrylbinder auf Leinwand / Pigment and acrylic binder on canvas, 200 × 300 cm

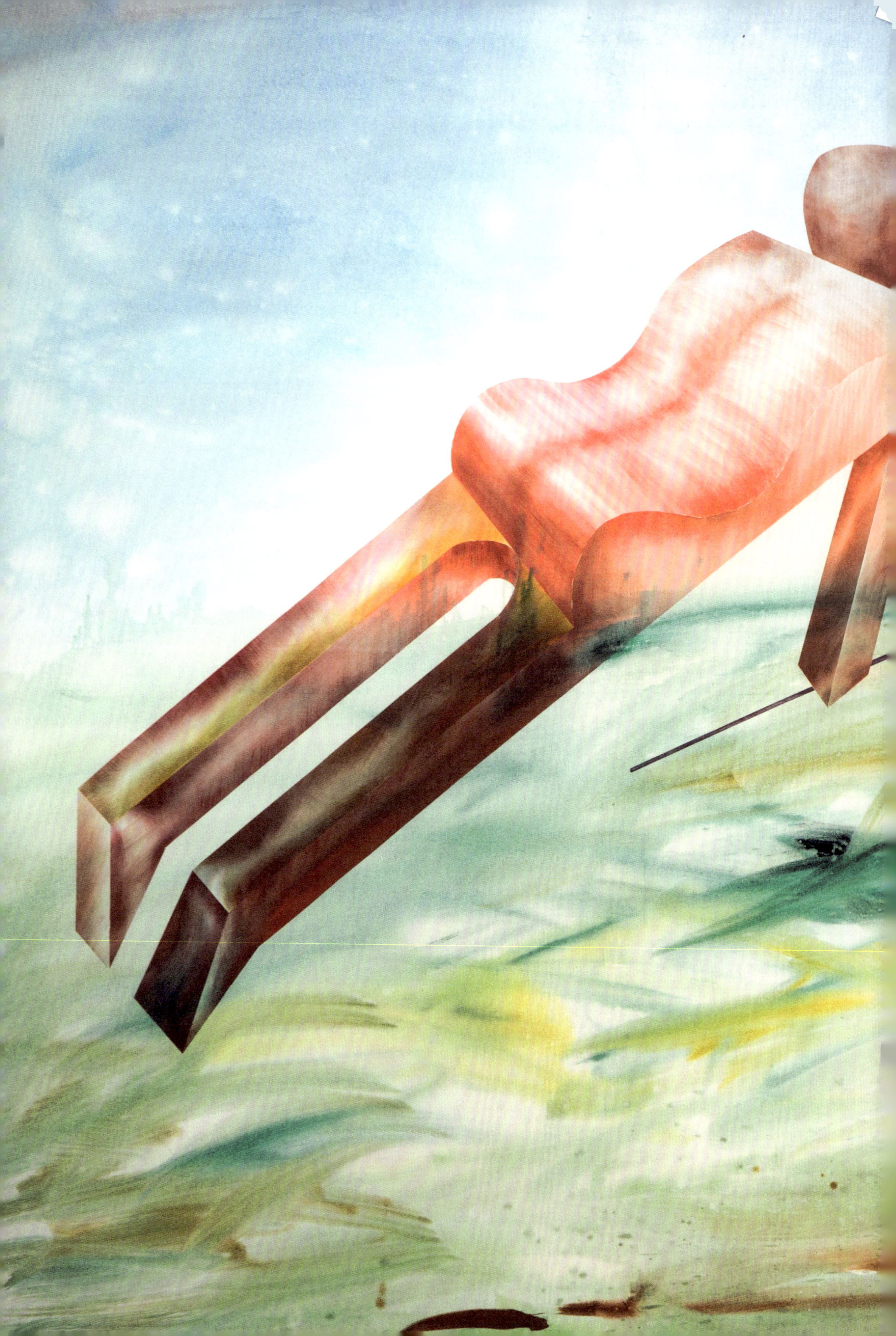